权威·前沿·原创

皮书系列为
"十二五""十三五"国家重点图书出版规划项目

BLUE BOOK

智库成果出版与传播平台

陕西蓝皮书
BLUE BOOK OF SHAANXI
陕西省社会科学院／编

陕西精准脱贫研究报告（2021）

REPORT ON PRECISION-TARGETED POVERTY ALLEVIATION IN SHAANXI (2021)

主　编／司晓宏　白宽犁　于宁锴

社会科学文献出版社
SOCIAL SCIENCES ACADEMIC PRESS (CHINA)

图书在版编目(CIP)数据

陕西精准脱贫研究报告. 2021 / 司晓宏，白宽犁，于宁锴主编. --北京：社会科学文献出版社，2021.1
（陕西蓝皮书）
ISBN 978-7-5201-7917-1

Ⅰ.①陕… Ⅱ.①司… ②白… ③于… Ⅲ.①扶贫-工作概况-研究报告-陕西-2021 Ⅳ.①F127.41

中国版本图书馆 CIP 数据核字（2021）第 023371 号

陕西蓝皮书
陕西精准脱贫研究报告（2021）

主　　编 / 司晓宏　白宽犁　于宁锴
出 版 人 / 王利民
组稿编辑 / 邓泳红
责任编辑 / 宋　静

出　　版 / 社会科学文献出版社·皮书出版分社（010）59367127
　　　　　　地址：北京市北三环中路甲29号院华龙大厦　邮编：100029
　　　　　　网址：www.ssap.com.cn
发　　行 / 市场营销中心（010）59367081　59367083
印　　装 / 天津千鹤文化传播有限公司
规　　格 / 开　本：787mm×1092mm　1/16
　　　　　　印　张：20.25　字　数：266千字
版　　次 / 2021年1月第1版　2021年1月第1次印刷
书　　号 / ISBN 978-7-5201-7917-1
定　　价 / 158.00元

本书如有印装质量问题，请与读者服务中心（010-59367028）联系

▲ 版权所有 翻印必究

陕西蓝皮书编委会

主　　　任　司晓宏
副　主　任　白宽犁　杨　辽　毛　斌
委　　　员　（按姓氏笔画排列）
　　　　　　于宁锴　王长寿　王建康　牛　昉　李继武
　　　　　　吴敏霞　谷孟宾　张艳茜　党　斌　郭兴全
　　　　　　唐　震　裴成荣
主　　　编　司晓宏　白宽犁　于宁锴
本书执行主编　魏　雯　江小容

主要编撰者简介

司晓宏 陕西省社会科学院党组书记、院长，教育学博士，二级教授，博士生导师，研究领域为教育学原理和教育管理学。主持完成教育部哲学社会科学重大攻关课题、国家社科基金课题等国家和省部级课题13项，获全国高等学校科学研究成果奖（人文社会科学）、陕西省哲学社会科学优秀成果奖等国家和省部级、厅局级科研奖15项。先后在《教育研究》、COMPARE、《光明日报》等刊物发表学术论文80余篇，独立出版《教育管理学论纲》《面向现实的教育关怀》等专著4部，主编教材5部。2017年获陕西省首批"特支计划"哲学社会科学和文化艺术领域领军人才。兼任陕西省社科联副主席、陕西省人民政府督学，第一届教育部高等学校教育学类专业教学指导委员会副主任、第二届委员，中国教育学会教育管理学术委员会常务副理事长、中国教育政策研究院兼职教授、陕西省教育理论研究会会长等。

白宽犁 陕西省社会科学院副院长，研究员。研究领域为马克思主义中国化、思想政治教育工作、宣传思想文化工作、社会治理等。在各类报刊发表文章100余篇，出版著作20余部，主持国家社科基金项目1项、其他项目20余项。

于宁锴 陕西省社会科学院农村发展研究所所长,副研究员。研究领域为发展经济学。主持和参与各类课题30余项,公开发表论文和研究报告50余篇。兼任当代陕西研究会副会长、陕西省社会学会常务理事、陕西省经济学会理事、陕西省人大常委会"三农"工作咨询专家。

摘　要

　　2020年是全面建成小康社会目标实现之年，是全面打赢脱贫攻坚战收官之年。《陕西精准脱贫研究报告（2021）》包含总报告、分报告、案例篇和专题篇四部分，回顾陕西近年来各个领域脱贫攻坚历程，深入研究陕西取得的成效与经验，为巩固脱贫攻坚成果、有效衔接乡村振兴战略打好基础。总报告全面回顾陕西脱贫攻坚的过程、成就和启示，系统梳理陕西脱贫攻坚取得的全面成果、在实践层面对陕西打赢脱贫攻坚战进行了分析和研究。分报告深入研究具有陕西特色的脱贫攻坚道路，从教育扶贫、民政扶贫、易地搬迁、健康扶贫、产业扶贫、就业扶贫等多个维度总结陕西脱贫攻坚实践，并从工作体制机制的衔接、建立防止返贫和帮扶长效机制、促进产业可持续发展、推动普惠性民生工程、加强乡风文明建设等方面入手，对如何有效衔接乡村振兴进行探索性研究。案例篇以陕西部分地区的微观调查和案例研究为主题，从陕西移民搬迁安置社区治理、县域产业发展壮大和农村集体经济发展等多视角深入剖析区域样本，为陕西脱贫攻坚与区域发展的实践之路展开探讨。专题篇对近年来陕西脱贫攻坚中的热点和难点问题进行专项研究，其中包括精准扶贫中的农村基层组织治理问题、农村电商发展、精准脱贫内生动力路径培育、新型农业经营主体壮大、农村集体经济现状问题等，从体制机制构建、生产要素培育、改革创新推动等多方面研究陕西在巩固、扩大、提

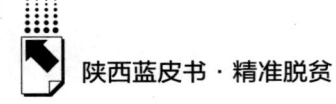

升脱贫攻坚质量中积累的有益经验，为下一步拓展脱贫攻坚成果与乡村振兴协同推进的良好局面展开深入研究。

关键词： 精准扶贫　精准脱贫　乡村振兴　陕西

Abstract

2020 marks the year China will achieve a moderately prosperous society in all respects and eradicate absolute poverty. *The Research Report on Targeted Poverty Elimination in Shaanxi Province (2021)* consists of four parts: Overall Report, Sub Chapter, Case Chapter, and Specialized Chapter. It reviews the efforts Shaanxi has made to eradicate poverty on all fronts in recent years and conducts in-depth research on the achievements and experiences earned by the province, which lays a solid foundation for consolidating achievements in poverty reduction and effectively aligning it with the rural revitalization strategy. The Overall Report gives a full review to the process, achievements and lessons of Shaanxi in poverty alleviation, systemically sorts out all the outcomes made by the province in poverty reduction, and conducts thorough analysis and research on the province's fight against poverty from the practical perspective. The Sub Chapter focuses on in-depth research of the poverty alleviation approach with Shaanxi characteristics, and summarizes the province's practice in poverty elimination from such perspectives as poverty elimination through education, social assistance, relocation of poor people, and poverty alleviation through promoting healthcare, industrial development and employment. Moreover, it explores the way to effectively align poverty alleviation with rural revitalization in the aspects such as docking working systems and mechanisms, building a long-term mechanism to prevent people from returning to poverty and provide continuous assistance, accelerating sustainable industrial development, promoting inclusive livelihood projects, and strengthening construction of rural ethics. The Case Chapter focuses on micro surveys and case studies in some areas of Shaanxi. Moreover, it conducts in-depth analysis of Shaanxi's regional samples from the angles such as governance of resettlement communities, industrial development of counties, and development of rural collective economy, so as to explore the path for the province's practice in poverty elimination and regional development. The Specialized Chapter focuses on specialized research on hot issues and tough problems that Shaanxi faces in the fight against poverty in recent years, including governance of rural grassroots organizations, development of rural e-commerce, fostering roadmaps for internal dynamics for targeted poverty elimination, development of new-type agricultural business entities, and situation of rural collective economy. It analyzes the successful experiences that Shaanxi has accumulated in consolidating, expanding and enhancing the quality of poverty elimination from such angles as building relevant systems and mechanisms, fostering productive factors, and promoting reform and innovation, so as to create favorable conditions for increasing the outcomes of poverty elimination and promoting coordinated rural revitalization in the future.

Keywords: Targeted Poverty Alleviation; Targeted Poverty Elimination; Rural Revitalization; Shaanxi

目 录

Ⅰ 总报告

B.1 "十三五"时期陕西脱贫攻坚的经验与启示
　　………………………… 陕西省扶贫开发办公室课题组 / 001
　　一　攻坚成效 ……………………………………… / 002
　　二　主要做法 ……………………………………… / 004
　　三　几点启示 ……………………………………… / 011

Ⅱ 分报告

B.2 教育扶贫：阻断贫困代际传递的陕西实践与创新
　　………………………………… 陕西省教育厅课题组 / 015
B.3 民政扶贫：脱贫攻坚兜底保障的陕西实践与创新
　　………………………………… 陕西省民政厅课题组 / 029
B.4 易地搬迁："十三五"陕西易地扶贫搬迁工作成效
　　……………………………… 陕西省自然资源厅课题组 / 041
B.5 健康扶贫：陕西巩固精准脱贫成果长效机制研究
　　…………………………………………… 李　巾　聂　翔 / 053

B.6　产业扶贫：陕西农业高质量发展研究
　　　　　　　　　　………………… 罗　丞　李　艳　梁　凡　黄　懿 / 064
B.7　产业扶贫：陕西政策、模式、成效与优化 ……… 赖作莲 / 082
B.8　就业扶贫：陕西应对疫情保就业研究报告 ……… 马建飞 / 104

Ⅲ　案例篇

B.9　陕西移民搬迁安置社区治理的过渡型特征与发展进路
　　　　　　　　　　………………………………… 李晓茯　黎　洁 / 119
B.10　汉中市城固县强产业稳脱贫经验调研报告
　　　　　　　　　　…………………………………… 张娟娟　李永红 / 143
B.11　从"产业扶贫"到"产业兴旺"的主要困境及破解之道
　　　　　——以商南县"四借四还"产业扶贫模式为例
　　　　　　　　　　…………………………………… 何得桂　公晓昱 / 154
B.12　陕南秦巴山区农村集体经济发展的困境与对策研究
　　　　　　　　　　………………………………………… 联合课题组 / 166
B.13　安康市瓦铺清酒产业发展研究报告 ……… 联合课题组 / 179

Ⅳ　专题篇

B.14　弘扬脱贫攻坚精神，推进乡村全面振兴
　　　　　　　　　　……………………… 陕西省社会科学院课题组 / 189
B.15　陕西脱贫攻坚与乡村振兴的有效衔接探析
　　　　　　　　　　…………………………………… 胡清升　党海燕 / 203
B.16　陕西金融支持农民合作社发展的实践
　　　　　　　　　　……………………… 陕西省农业农村厅课题组 / 219
B.17　陕西精准扶贫中的农村基层组织治理问题研究
　　　　　　　　　　…………………………………………… 江小容 / 232

目录

B.18　乡村振兴背景下陕西农村电商发展现状与对策研究
　　………………………………………………………… 智　敏 / 246

B.19　陕西精准脱贫内生动力路径培育的案例研究
　　………………………………………………………… 魏　雯 / 259

B.20　陕西新型农业经营主体高质量发展研究 ……… 黄　懿 / 271

B.21　陕西发展壮大农村集体经济的问题与对策研究
　　………………………………………………………… 冯煜雯 / 284

皮书数据库阅读**使用指南**

CONTENTS

Ⅰ General Report

B.1 Experiences and Enlightenments of Poverty Alleviation in Shaanxi during the 13th Five Year Plan

Research group of Poverty Alleviation and Development Office of Shaanxi Province / 001

 1. Achievements in poverty alleviation   / 002

 2. Main methods   / 004

 3. Some Inspirations   / 011

Ⅱ Sub Reports

B.2 Education Improvements: The Practice and Innovation in Blocking the Intergenerational Transmission of Poverty

Research Group of Department of Education of Shaanxi Province / 015

CONTENTS

B.3 Civilian Poverty Alleviation: Practice and Innovation of Shaanxi Province to Ensure Poverty Relief
Research Group of Department of Civil Affairs of Shaanxi Province / 029

B.4 Relocation of Residents: Achievements of Relocation work in Shannxi Province during the 13th Five Year Plan
Research Group of Natural Resources Department of Shaanxi Province / 041

B.5 Health Poverty Alleviation: Study on the Long-term Mechanism of Precise Poverty Eradication in Shaanxi *Li Jin, Nie Xiang* / 053

B.6 Industrial Poverty Alleviation: Study on the High Quality Development of Agriculture in Shaanxi
Luo Cheng, Li Yan, Liang Fan and Huang Yi / 064

B.7 Industrial Poverty: Policy, Effectiveness and Optimisation in Shaanxi *Lai Zuolian* / 082

B.8 Employment Poverty Alleviation: A Research Report on Coping with Epidemic and Ensuring Employment in Shaanxi Province
Ma Jianfei / 104

III Case Reports

B.9 Transitional Characteristics and Development Path of Community Governance of Resettlement Program Areas in Shaanxi
Li Xiaofu, Li Jie / 119

B.10 Investigation Report on the Industry Poverty Alleviation in Chenggu County of Hanzhong *Zhang Juanjuan, Li Yonghong* / 143

B.11 The Main Dilemma from "Industrial Poverty Alleviation" to "Industrial Prosperity" and Solutions
—*Take Shangnan County's "Four Borrows and Four Repayments" Industrial Poverty Alleviation Model as an Example*
He Degui, Gong Xiaoyu / 154

005

B.12　The Dilemma and Countermeasures of Rural Collective Economy Development in the Qinba Mountains of the Southern Shaanxi
Joint research group / 166

B.13　Development of Wapu Sake Industry in Ankang City
Joint research group / 179

Ⅳ　Special Reports

B.14　Carrying Forward the Spirit of Poverty Alleviation and Promoting the Overall Revitalization in Rural Areas
Research group of Shaanxi Academy of Social Sciences / 189

B.15　Effective Connection between Poverty Alleviation and Rural Revitalization in Shaanxi　　*Hu Qingsheng, Dang Haiyan* / 203

B.16　The Practice of Financial Support for the Development of Farmer Cooperatives in Shaanxi
Research group of agricultural and rural Department of Shaanxi Province / 219

B.17　The Governance of Rural Grass-Roots Organizations in Targeted Measures in Poverty Alleviation of Shaanxi　　*Jiang Xiaorong* / 232

B.18　Current Situation and Countermeasures of Rural Electric Business Development in Shaanxi under the Background of Rural Revitalization
Zhi Min / 246

B.19　Multiple Case Studies on the Cultivation of Endogenous Driving Path for Shaanxi's Precision-targeted Poverty Alleviation
Wei Wen / 259

B.20　High Quality Development of New Agricultural Management Entities in Shaanxi　　*Huang Yi* / 271

B.21　Problems and Countermeasures of Developing and Strengthening Rural Collective Economy in Shaanxi　　*Feng Yuwen* / 284

总 报 告
General Report

B.1 "十三五"时期陕西脱贫攻坚的经验与启示

陕西省扶贫开发办公室课题组*

摘　要：党的十八大以来，以习近平同志为核心的党中央高度重视脱贫攻坚工作，将其作为全面建成小康社会的底线任务纳入"五位一体"总体布局和"四个全面"战略布局，提出坚决打赢脱贫攻坚战，开创出具有中国特色的扶贫道路，创造了人类减贫史上的中国奇迹。"十三五"时期，陕西认真贯彻落实习近平总书记关于扶贫工作的重要论述，紧扣目标标准，坚持精准方略，突出问题导向，狠抓作风建设，脱贫攻坚取得重大胜利，贫困地区基础设施明显改善，贫困群众生活水平显著提升，

---

* 课题组成员：牛随前、王建鹏、杨璇、辛举、任田，陕西省扶贫开发办公室干部，研究方向为农村扶贫开发。

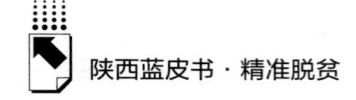

发展活力显著增强，基层治理能力显著提高，为乡村振兴奠定了坚实基础。迈入建设社会主义现代化国家新阶段，需要持续巩固拓展脱贫成果，全面加强产业就业等治本措施，不断强化易地搬迁后续帮扶，着力破解脱贫地区人才困乏、内生动力不足等问题，以期实现以产业振兴为基础的农村经济、社会、生态、文化的全面振兴。

关键词： 陕西　贫困地区　脱贫攻坚

自脱贫攻坚战打响以来，在党中央、国务院的坚强领导下，陕西各级认真学习贯彻习近平总书记关于扶贫工作的重要论述和来陕考察重要讲话精神，自觉扛起政治责任，紧扣目标标准，坚持精准方略，突出问题导向，狠抓作风建设，勠力同心，尽锐出战，砥砺奋进，取得了脱贫攻坚战的重大胜利。

一　攻坚成效

经过全省上下五年的拼搏努力，陕西56个贫困县全部摘帽，288万建档立卡贫困人口全部脱贫，历史性地解决了绝对贫困和区域性整体贫困问题，"十三五"脱贫攻坚各项任务全面完成。

（一）贫困群众生活水平显著提升

贫困地区农村居民人均可支配收入由2015年的7692元提高到2019年的11421元，占全省农村居民人均可支配收入的比重由88.5%提高到92.7%。精准资助建档立卡学生336.13万人次，建档立卡贫困家庭义务教育阶段子女未发现失学辍学现象。贫困人口基本医疗保险、大病保险和医疗救助"三重保障"实现全覆盖，30 种大病患者救治率为 99.93%，慢病签约应签尽签。完成农村危房改造 14.69 万户，建成集中安置点 2116 个，24.93 万户易地扶贫搬迁户全部入住。建成饮水安全工程 2.06 万处，农村饮水安全问题全部解决。

（二）贫困地区发展活力显著增强

"3+X"特色扶贫产业蓬勃发展，2020 年，贫困县苹果种植面积达到 531 万亩，奶山羊存栏 147 万只，设施蔬菜达到 83 万亩，分别较 2015 年增长 12.7%、41.9%、15.0%，木耳、茶叶、猕猴桃等一批区域特色产品产业发展良好，为"产业兴旺"打下了坚实基础。贫困地区创业创新日益活跃，"十三五"期间新增省级农业龙头企业 739 家、农民专业合作社 1.6 万家，建成产业扶贫基地 1.63 万个。贫困村集体经济组织实现全覆盖，集体经济空壳村全部清零。自强自立、勤劳致富的社会风尚日益浓厚，贫困群众自我发展意识、发展能力不断提升。

（三）贫困地区基础设施条件显著改善

"十三五"期间累计新建通村公路 1.2 万公里，实施通村公路"油返砂"整治 1.6 万公里，全省所有建制村通沥青（水泥）路，具备条件建制村全部通客车，历史性地实现了"县县通高速"目标。新建改建乡村卫生室 4961 个，所有贫困村都有了标准化卫生室。建设和改造 10 千伏及以下线路 6.6 万千米，新增动力容量 242 万千瓦，所有贫困村实现生活用电、动力电、光纤和 4G 网络全覆盖。群众出行难、用电难、通信难等长期没有解决的老大难问题普遍解决，往日晴天尘土满鞋、雨天道路泥泞的旧貌换成了如今道路平坦通畅的新貌，长期制约贫困地区发展的基础设施和公共服务短板已基本补齐。

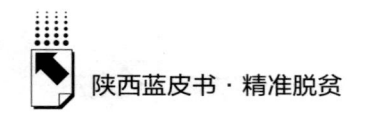

（四）贫困地区基层治理能力显著提高

选优配强贫困县（市、区）、乡（镇）领导班子，脱贫攻坚期间贫困县县级领导班子保持稳定。建强贫困村"两委"班子，注重从致富能人、返乡创业人员、退伍军人等优秀人才中选拔村干部，村党组织书记、村委会主任"一肩挑"比例明显提高。累计选派驻村工作队15843支、驻村干部90126人，党建引领作用日益凸显，广大基层干部本领明显提高，在疫情防控阻击战中发挥了重要作用。党群关系、干群关系更加融洽，党在农村的执政基础更加巩固。

二　主要做法

（一）始终坚持高位推动，自觉扛牢"国之大者"政治责任

一是提升政治站位。坚持把习近平总书记关于扶贫工作的重要论述作为省委常委会会议、省委理论学习中心组、省政府常务会、省脱贫攻坚领导小组会必学内容，持续在学懂弄通做实上下功夫，切实把脱贫攻坚作为头等大事和第一民生工程，作为增强"四个意识"、坚定"四个自信"、做到"两个维护"的现实检验。特别是脱贫攻坚收官之年，习近平总书记来陕考察并发表重要讲话，对陕西脱贫攻坚工作给予充分肯定，陕西省委省政府及时出台23条贯彻落实意见，进一步增强打赢脱贫攻坚战的思想自觉、政治自觉、行动自觉。

二是全面夯实责任。严格落实省负总责、市县抓落实的工作机制，坚持"五级书记抓脱贫"和以上率下，每名省级领导包联一个贫困县，协调指导解决实际问题。深入开展以比责任落实、比尽锐出战、比精准举措，提升脱贫质量为内容的"三比一提升"活动，夯实各级党委、政府主体责任和党政主要负责同志第一责任人责任，落

实行业部门工作责任,多次召开县委书记脱贫攻坚推进会,着力发挥县委书记"一线总指挥"作用。

三是把握规律推进。攻坚起步阶段,突出思想发动,明确目标标准,完善建档立卡,健全政策体系;全面推进阶段,聚焦核心指标,加大投入力度,攻克深度贫困,较真碰硬整改;决战收官阶段,克服疫情灾情影响,全面对标补短,建立健全长效机制,巩固提升脱贫成果。

四是分类指导落实。针对陕北、关中、陕南自然条件、贫困状况、基础设施状况等差异,统筹扶贫力量和资源投入,分片区召开推进会,实行基础设施差异化补助,制定产业分类指导意见,确保各项工作有力推进。

(二)始终坚持目标标准,聚焦"两不愁三保障"精准发力

对标对表中央要求,系统梳理政策标准,严把脱贫退出关口,"两不愁三保障"和饮水安全全面实现。

义务教育方面,创新控辍保学"七长"责任制,压实县(区)长、县(区)教育局长、乡(镇)长、村长(村委会主任)、校长、家长和师长责任,完成7900多所薄弱学校改造提升,贫困地区义务教育办学条件显著改善,"精准资助"工作连年在教育部绩效考评中获得优秀。

基本医疗方面,坚持健康扶贫"两手抓",一手抓精准施治减存量、一手抓疾病预防控增量,县域内定点医院住院全部实行"先诊疗后付费""一站式"结算服务,健康扶贫"汉中模式"在全国推广。

住房安全方面,建立危房改造"四清一责任"工作机制,完善对象、鉴定、改造、验收四个清单,形成责任闭环,实现农村危房动态清零,被中宣部作为全国农村危房改造典范列入新中国成立70周年成就展。推进易地扶贫搬迁,84.4万贫困群众搬出深山,从石板

屋、土坯房住进现代社区，生产生活方式发生了根本性改变，实现了跨越式发展。

饮水安全方面，建立农村饮水安全管理"三个责任、三项制度"和四级回访监督机制，加大饮水安全设施建设力度，长期影响群众饮水安全的区域性高氟水问题得到有效解决。

（三）始终坚持夯基固本，促进贫困群众稳定脱贫

一是培育壮大特色产业。制定三个集中连片特困地区产业扶贫规划和56个贫困县优势特色产业菜单，推进苹果"北扩西进"、猕猴桃"东扩南移"、设施农业"板块发展"、奶山羊"强种扩群"，大力推广22种模式35个范例，推动三产融合发展，农产品加工转化率提高15个百分点，初步形成"大产业、大聚集""小产业、广覆盖"的发展格局。柞水的"小木耳、大产业"，通过"企业+合作社+贫困户""借袋还菇""借袋还耳""借棚还耳"等形式，带动2.64万户实现户均增收5000元以上。完善消费扶贫工作机制，上线运行陕西扶贫空间，截至2020年11月底，建成消费扶贫专柜4320台、专区795个、专馆1563个，认定扶贫产品7745个，销售额104.2亿元，未出现贫困地区农产品滞销卖难问题。

二是拓展多元就业格局。积极推进外出就业、就近就地就业、国企扩岗吸纳就业和公益岗位托底就业，实行就业实名制，完善光伏扶贫公益岗位设置，实现有劳动能力和就业意愿的贫困家庭至少有1人稳定就业。新冠肺炎疫情发生后，陕西及时出台应对的"八条措施"，全力答好"加试题"。大力稳岗就业，采取"点对点、一站式"输送帮助贫困劳动力外出就业，2020年贫困人口外出务工总数达到210.23万人，是2019年底的117.83%。推进复工复产，各类扶贫龙头企业、扶贫车间吸纳贫困劳动力7.36万人。设置光伏专岗4.28万个，公益岗位安置就业24.87万人。

三是强化扶志扶智。总结推广党建引领、教育引导、村规民约、文明创建、公益救助、司法保障"扶志六法"等有效做法，持续开展"明理、感恩、诚信、自强"教育，完善生产奖补、以工代赈、劳务补贴等政策，项目安排、资金补助、生产资料供给等与劳动全面挂钩。加强实用技术和技能培训，建立"劳动挣积分、积分换商品"爱心超市1.03万个。注重发挥身边典型作用，连续3年组织开展省级脱贫攻坚奖评选，举办先进事迹报告会，表彰195个先进集体和1110名先进个人。耀州区"八星励志"做法成效明显，安康市新民风建设实践经验荣获全国脱贫攻坚组织创新奖。

（四）始终坚持突出重点，全力攻克坚中之坚

一是推动革命老区脱贫致富。深入贯彻习近平总书记在延安主持召开的陕甘宁革命老区脱贫致富座谈会上的重要讲话，累计安排中央和省级财政专项扶贫资金262.9亿元，革命老区基础设施、特色产业、生态环境和民生保障等各项事业健康发展，全省绿色版图向北推进了400多公里。

二是攻克深度贫困堡垒。严格落实"三个新增"要求，持续推进"六六八"工程，累计向11个深度贫困县投入中央和省级财政专项扶贫资金73.71亿元，投入苏陕扶贫协作资金31.3亿元。在11个深度贫困县开展包联的省级单位达196家，占全省总数的1/3；组织西安市、咸阳市19个经济强区和杨凌示范区叠加帮扶深度贫困县，深度贫困地区发展能力明显增强。

三是做好特殊困难群体帮扶。农村低保最低限定标准由2015年底的2500元/（人·年）提高到2020年的4827元/（人·年），97.81万建档立卡贫困人口纳入低保、特困人员救助供养等兜底保障范围。累计下拨残疾人"两项补贴"补助资金23.88亿元，惠及困

难和重度残疾人100.8万人。建设农村互助幸福院1.33万个，特殊困难群体实现了应兜尽兜、应保尽保。

（五）始终坚持强化投入，有力支撑打赢脱贫攻坚战

一是逐年加大财政专项扶贫投入。自2016年以来，累计投入省级财政专项扶贫资金144.6亿元，年均增幅38%。在2020年财政极端困难的情况下，保持财政资金投入增势不减，省级财政专项扶贫资金较上年增长20%。

二是涉农资金应整尽整。将涉农资金集中应用于脱贫攻坚工作，多个管道进水、一个龙头出水，做到资金跟着项目走、项目跟着需求走，累计整合资金807.76亿元。

三是发挥金融扶贫作用。累计投放扶贫小额信贷245.9亿元，惠及64.2万贫困户。2020年实行延期快贷，1~11月新增贷款39.6亿元，金融支持"新社区工厂"就业扶贫模式被国家列为经典案例。

四是加强资金使用监管。制定扶贫资金使用负面清单和扶贫领域风险防控、常见问题清单，持续强化扶贫审计，完善脱贫攻坚项目资金招投标管理，清理闲置扶贫资金，拨付进度连年位居全国前列，扶贫资金使用效益不断提高。

（六）始终坚持广泛动员，建立健全大扶贫格局

一是深入推进苏陕扶贫协作。坚持高层每年互访，建立涵盖省市县镇村各级、部门企业学校医院等多领域的结对帮扶工作机制，江苏财政帮扶资金累计达到74.13亿元，支持5104个扶贫项目建设，带动贫困人口116万余人。加强产业合作，支持江苏企业来陕投资，共建10个产业园区，推进劳务协作，1.75万名贫困劳动力赴江苏稳定就业。

二是拓展特色帮扶体系。充分发挥省内国企、高校和医疗资源优

势，打造形成国企合力团、校地结对"双百工程"、优质医疗资源下沉三大特色帮扶体系，9个国企合力团累计投入产业扶贫资金63.9亿元，校地结对"双百工程"建设并认定产学研一体化示范基地和实体项目110个，111家省际省内三级医院对口帮扶112家县级医院。

三是用好各方力量。37个中央定点扶贫单位累计选派挂职干部593人，直接投入资金16.9亿元，引进资金13.92亿元，实施扶贫项目3164个。深化"万企帮万村"，8583家民营企业投入资金65.1亿元，143.86万贫困人口受益，企业参与数量位居全国前列。精心组织"脱贫攻坚青春建功行动"、"三秦巾帼脱贫行动"、驻军武警帮扶、社会组织扶贫等帮扶活动，做好外资扶贫工作，全社会脱贫攻坚氛围浓厚。

（七）始终坚持问题导向，狠抓各类问题整改落实

一是压实整改责任。坚持省委常委班子带头，党政一把手牵头，分管领导具体负责，各级各部门各司其职，主动认领反馈问题，建立横向到边、纵向到底的责任体系。层层召开专题民主生活会，深挖问题根源，制定针对性举措，较真碰硬整改，做到整改一个、销号一个。

二是举一反三整改。围绕历年发现的问题，先后组织开展县际交叉检查、数据信息补正等工作。收官之年深入开展排查政策落实、脱贫任务清零，排查存在问题、整改任务清零，排查长效机制、漏点短板清零的"三排查三清零"专项行动和对上对标政策标准、横向比对数据信息、对下核实帮扶效果的"对标补短"工作，全面自查自纠，补齐短板弱项，确保整改没有漏项、不留死角。

三是构建长效机制。坚持把"当下改"和"长久立"结合起来，健全问题发现、研判、解决工作机制，紧扣整改责任、问题交办、跟

踪督办、结果运用等关键环节，形成整改工作闭环。中央专项巡视"回头看"、国家成效考核等反馈问题均已完成整改。

（八）始终坚持"四个不摘"，稳定脱贫长效机制不断健全

把巩固脱贫成果和防止返贫作为脱贫摘帽后的刚性要求，坚决防止在收官之后出现新的致贫返贫问题。

一是强化返贫监测预警和动态帮扶。对4.31万脱贫不稳定人口和4.36万边缘易致贫人口加强动态监测预警，定期研判致贫返贫风险，落实针对性帮扶措施，实现稳定脱贫不返贫。对2020年洪涝地质灾害等涉及的13.94万贫困人口及时落实临时救助、加固重建住房、恢复供水等针对性帮扶措施，未出现因灾致贫返贫情况。

二是提升产业带贫益贫效果。将带贫益贫情况作为经营主体承担产业扶贫项目、认定龙头企业和省级百强社的前置条件，支持经营主体通过订单种养、产业托管、股份合作、土地流转等与贫困户建立起利益联结关系，全省7637家经营主体带动46.5万贫困户实现稳定增收。

三是加强扶贫资产运营管理和基础设施管护，稳步推进量化赋权改革，将各级投入扶贫资金形成的资产纳入管理范畴，明晰产权归属，落实管护责任，确保集体资产保值增值、基础设施长期发挥效益。宝鸡市接续推进的扶贫资产管理、基础设施管护等巩固成果"十大提升行动"得到国务院扶贫办肯定。

四是狠抓易地扶贫搬迁后续扶持，着力构建特色产业发展、多元就业帮扶、基本公共服务、两地权益保障和搬迁社区治理五大后续帮扶体系，实行全方位跟踪式管理服务。配建扶贫车间1365个、带贫企业6717家，有劳动能力的搬迁户已实现至少一人就业创业。习近平总书记对陕西"山上兴产业，山下建社区，社区办工厂"的创新模式给予充分肯定。

(九)始终坚持从严从实,锻造过硬脱贫攻坚队伍

一是深化扶贫领域腐败和作风问题专项治理。严肃树立"十条铁规",深刻吸取秦岭北麓西安境内违建别墅问题教训,扎实开展赵正永、冯新柱案以案促改,持续用延安精神淬炼灵魂,牢固树立正确政绩观,坚决抵制政绩工程、面子工程和民生领域奢侈浪费,整治漠视侵害群众利益问题,坚决克服形式主义官僚主义。

二是严格考核奖惩。树立鲜明的考核导向,脱贫攻坚在市县年度目标责任考核的权重占到20分以上,认真落实"三项机制",实行常态化督导暗访,对脱贫攻坚任务完成较好的24个县区委书记提拔进市级班子(仍兼任县区委书记),对38名县区党政正职晋升了职级,对履职不力的7名党政正职进行了组织调整。

三是扎实开展抓党建促脱贫。出台抓党建促脱贫攻坚16条措施,建强基层组织,管好"四支队伍",深入推进村级党组织"千村示范、万村达标"活动。坚持分级分类负责,做好扶贫干部培训,开好政治理论"主修课"、方针政策"专业课"、方法技能"实践课"、纪律作风"必修课"等"四堂扶贫课",扶贫干部教育培训工作经验多次在全国脱贫攻坚座谈会、研讨会上被分享。

三 几点启示

(一)党的坚强领导是夺取脱贫攻坚伟大胜利的根本保证

习近平总书记指出,越是进行脱贫攻坚战,越是要加强和改善党的领导。在脱贫攻坚实践中,陕西各级不断提升政治站位,自觉从初心使命、本质要求、"两个一百年"奋斗目标的高度深化思想认识,自觉维护党中央权威和集中统一领导,自觉在思想上、政治上、

行动上同党中央保持高度一致，切实增强打赢脱贫攻坚战的使命感、责任感、紧迫感。认真贯彻习近平总书记关于扶贫工作的重要论述，充分发挥各级党委总揽全局、协调各方的领导核心作用，建立健全责任体系、工作体系、政策体系、投入体系、帮扶体系、社会动员体系、监督体系、考核评估体系，为脱贫攻坚提供有力制度保障。省市县乡村五级书记抓脱贫、县委书记顶上去、农村基层党组织战斗堡垒作用充分发挥，农村基层治理能力明显提升，为打赢脱贫攻坚战提供了坚强组织保证。在抗击新冠肺炎疫情过程中，基层党支部和一线扶贫队伍组成抗击疫情的战斗队，为实现抗疫战贫"双胜利"奠定了坚实基础。脱贫攻坚实践证明，越是面对艰巨任务、复杂局面，越要坚持和加强党的领导，增强"四个意识"、坚定"四个自信"、做到"两个维护"，越要加强各级党组织的领导力、组织力和执行力，确保各项事业在党的坚强领导下砥砺奋进。

（二）以人民为中心是打赢脱贫攻坚战的根本动力

人民群众对美好生活的向往，就是我们的奋斗目标。陕西始终坚持人民至上、以人为本，把让老百姓过上好日子作为一切工作的出发点和落脚点，把脱贫攻坚作为头等大事和第一民生工程，集中优势力量，落实攻击点位，歼灭坚中之坚。在工作中，陕西注重发挥人民主体地位，加大"输血"，更注重"造血"，先后推广"扶志六法"、安康新民风建设、耀州"八星励志"等扶志扶智有益做法，贫困人口内生动力显著增强；着力补齐短板，把政策和宝贵的人力、物力、财力用在贫困群众最急处、最需处、最难处，用情、用心、用力让贫困群众甩掉穷帽子；持续推动发展成果人民共享，以扎实的工作和发展成果，不断提升人民群众获得感、幸福感和安全感。实践充分说明，只要坚持人民主体地位，始终做到发展为了人民、发展依靠人民、发展成果由人民共享，就一定能激发全体人民的积极性、主动性、创造性，战胜前进道路上的艰难险阻。

（三）全方位压实责任是打赢脱贫攻坚战的重要保证

实现贫困群众如期脱贫，是全面建成小康社会的底线任务，是向党中央立下的军令状。脱贫攻坚战打响后，陕西第一时间出台了脱贫攻坚责任制实施细则，健全完善了横向到边、纵向到底的责任体系。深入开展"三比一提升"，发挥县委书记一线总指挥作用，探索创新国企高校医院特色结对帮扶体系、经济强区叠加帮扶深度贫困县机制、下沉一线攻坚"总队长制"、驻村工作队"双述双评"等压实责任的有效做法，省级开展多轮脱贫攻坚专项巡视，常态化督导暗访，实行最严格的考核评估制度，严格奖惩、以督促战，落实"三项机制"等，极大地提振了全省上下攻坚克难的精气神。脱贫攻坚责任制办法和一些有效措施，为巩固拓展脱贫成果、实现乡村振兴等提供了宝贵经验，值得借鉴和推广。

（四）精准方略是脱贫攻坚战取得完胜的科学路径

习近平总书记强调，脱贫攻坚，贵在精准，重在精准，成败之举在于精准。陕西深刻认识精准扶贫是新时代脱贫攻坚最鲜明的特征，把贯彻精准方略作为提升工作成效的有力途径，尊重客观规律、坚持实事求是、做到精准精细，创新探索出精准识别"七步工作法"、精准帮扶"户分三类"、"菜单式"扶贫、项目超市等有效做法，切实做到"六个精准""五个一批"。同时突出扶贫措施的治本性，因地因人施策，通过做好教育扶贫斩断贫困的代际传递，通过易地扶贫搬迁使贫困群众实现跨越式发展，通过技能培训等措施从根本上提升贫困群众发展能力，真正让扶贫扶到点上、扶到根上。实践证明，贯彻精准方略，坚持具体问题具体分析，不断提升推进工作的针对性、科学性，才能牢牢掌握工作主动权。

（五）锻造严实作风是打赢脱贫攻坚战的坚强保障

习近平总书记强调，脱贫攻坚，从严从实是要领。陕西把作风建设贯穿脱贫攻坚始终，牢固树立正确的政绩观，对扶贫领域腐败和作风问题时刻保持警醒，开展专项治理，坚决抵制政绩工程、面子工程和民生领域奢侈浪费，确保各项工作方向不偏、靶心不散。持续用延安精神淬炼灵魂，以"作风硬脱贫赢"为鞭策，严肃树立"十条铁规"，严防形式主义官僚主义，严防停步歇脚松劲懈怠，以钉钉子精神常抓不懈，以绣花功夫落细落实。坚持把问题整改贯穿脱贫攻坚全过程，以紧抓问题整改促进作风转变，真正把问题整改的过程变为提高工作质量和成色的过程。实践证明，打赢脱贫攻坚战既是工作的比拼，更是作风的检验。只要不畏艰险、勇往直前，善始善终、毫不懈怠，就一定能攻克前进道路上的困难险阻。

分 报 告

Sub Reports

B.2
教育扶贫：阻断贫困代际传递的陕西实践与创新

陕西省教育厅课题组*

摘　要： 用教育扶贫阻断贫困代际传递是习近平总书记对教育扶贫工作的重要指示，也是决胜脱贫攻坚的重要举措。自开展脱贫攻坚战以来，陕西省教育系统坚持以习近平新时代中国特色社会主义思想为指导，不断创新工作思路，推行符合扶贫工作需要和新时期学生需求的政策、举措，因地制宜，精准施策，取得了良好成效。本文针对陕西教育扶贫实践中的典型做法，阻断贫困代际传递的成效，从宏观和微观视角结合举证，加以论述。

---

* 课题组组长：王建利，陕西省委教育工作委员会书记，研究方向为教育扶贫；课题组副组长：刘建林，陕西省委教育工作委员会副书记、陕西省教育厅厅长；刘宝平，陕西省委教育工作委员会委员、陕西省教育厅副厅长；课题组成员：靳华锋、敖晟源、窦建伟、张振民、乔岩峰、周友伟、翁富强、杜辉、吴佳蔓。

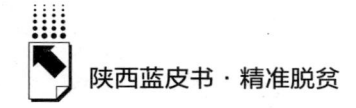

关键词： 教育扶贫　义务教育　职业教育　陕西

教育是国之大计、党之大计。习近平总书记多次强调，让贫困地区的孩子们接受良好教育，是扶贫开发的重要任务，也是阻断贫困代际传递的重要途径[①]。陕西省委教育工委、陕西省教育厅高度重视教育扶贫工作，坚持以习近平新时代中国特色社会主义思想为指导，深入学习贯彻习近平总书记来陕考察重要讲话精神，高站位、高标准，创新举措，多管齐下，努力办好公平而有质量的教育，在脱贫攻坚战中取得了显著成效，人民群众对教育的满意度、获得感大幅提升，为进一步做好教育扶贫后期工作，全面决战决胜脱贫攻坚、全面推进基础教育高质量发展打下了坚实基础。

一　站位全局，统筹谋篇抓实施

陕西省教育系统坚持把教育扶贫作为重要的政治任务来抓，把教育扶贫作为教育发展的基础工程来抓，统筹资源、整合力量，全面扎实推进教育脱贫见实效，让人民群众得实惠。

（一）加强组织领导

建立健全工作制度机制，形成长链条、全覆盖的网络工作格局。2018年机构改革后，陕西省委教育工委和省教育厅合署办公，由教育工委书记任教育脱贫办公室第一主任，教育厅厅长、省扶贫办分管教育扶贫工作的领导任主任，委厅分管扶贫工作的领导任常务副主

---

① 《习近平给"国培计划（2014）"北京师范大学贵州研修班全体参训教师回信》，《人民日报》2015年9月10日。

任，其他委厅领导任副主任，委厅各部（处）室及直属事业单位主要负责人为成员，并在原有"两办六组"的基础上，增设了"双百工程"办公室、督查巡查组、纪检监察组，形成了"三办八组"的教育扶贫工作机制。同时，调整优化委厅领导包联脱贫攻坚市方案，针对汉中、安康、商洛等2019年脱贫攻坚任务较重的市，安排2名委厅领导包联，其他市分别安排1名委厅领导包联。同时，逐级部署从省到市、县教育部门和各级各类学校，均成立教育脱贫攻坚领导小组和办事机构，抽调素质高、业务精、责任心强的同志，专门负责教育脱贫管理工作。

（二）聚焦核心任务

围绕贫困学生义务教育保障的核心问题，陕西省教育厅研究建立了以县级为主体的"七长"责任制，精准施策，多措并举控辍保学，努力实现"应入尽入""应返尽返"目标。会同省扶贫办联合印发的《关于解决建档立卡贫困家庭适龄子女义务教育有保障突出问题的实施方案》[①]，突出"两不愁三保障"中的"义务教育有保障"底线目标，明确步骤方案，确保贫困户退出"无义务教育阶段适龄子女失学辍学"。

（三）聚力精准资助

陕西省着力健全资助体系，全面构建了从学前教育、义务教育、职业教育到高等教育的资助体系，涉及37项各类资助政策，实现了资助全覆盖。利用大数据平台和信息系统，通过大数据系统精准识别、精准资助。2019年，共精准资助建档立卡家庭学生（含幼儿）48.10万人，资助金额11.85亿元，确保每一名学生不因贫困失学。

---

① 陕西省脱贫攻坚领导小组社会兜底脱贫办公室：《强化兜底保障加强制度衔接助力打赢脱贫攻坚战》，《西部大开发》2017年第2期。

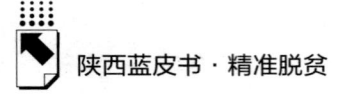

通过完善校内外资助体系，对家庭遭受重大灾害、突发事故等境况的学生，及时落实校内资助项目，保障学生顺利完成学业，降低致贫风险点。

同时，持续做好"义务教育学生营养改善计划"，2019年全省共计7287所学校的237.13万名学生享受了营养餐政策，国家试点县学校食堂供餐率达到99.88%，保障贫困学生在校健康成长，实现了不仅"进得来"，更能"留得住"。

（四）紧抓脱贫重点

"输血"重要，"造血"更重要。陕西省不断加快发展职业教育，落实招生就业措施，持续为贫困地区教育和产业的发展"造血"，拓宽贫困学生入学通道，扩大职业教育招生，增强职业技能培训，努力让每个学生都有人生出彩的机会。

1. 强化职业教育，打通关键路径

陕西省首先将教育系统所属的中职学校进行有效整合，统筹优质职教资源，仅在2017年就将省教育系统所属的中职学校从316所整合到265所。其次，打通了从中职到高职再到本科的上升通道，落实高职院校以综合评价方式录取。最后，着力搭建职业院校与企业桥梁，推动职业院校打造校企合作的骨干专业。加强产教融合、校企协同育人，形成校园人才供给端和企业需求端双向对接的"订单式"培训模式。

2. 落实招生就业政策，保障就读就业

陕西省着力从高校招生、职教招生、就业保障三方面，实现贫困学生稳定就学就业工作。首先，积极落实国家、地方和高校扶贫专项招生计划，2019年完成招生6725名，拓宽了贫困家庭子女就读优质高校的通道。其次，注重发挥职教招生扶贫作用，重点面向贫困学生推动高职学校与中职学校联合举办的"3+2"高职教育，大幅增加"三校生"升入高职和应用型本科计划。最后，进一步加大高校建档立卡家庭毕业生就业指导力度，对有就业意愿并愿意接受帮扶的建档立卡家庭大学毕业生，指导高校实施一对一帮扶。2019年全省高校建档立卡毕业生初次就业率达到96.69%，其中，深度贫困县家庭经济困难毕业生初次就业率达到93.2%，比全省高校毕业生平均就业率高出4个百分点，保障贫困学生充分就业带动家庭增收。

3. 加大适用技能培训，助力农民致富

陕西省坚持市场需求导向，充分发挥全省55个农民培训基地和2个陕西乡村振兴人才培养基地作用，大力开展中药材种植、大棚蔬菜种植、农畜养殖等农村适用技能培训，全省累计培训群众3万人次，并利用距离群众最近的各县区职教中心开展足浴、厨师等实用技能培训，共计培训当地农村劳动力5万余人次。

二 创新思路，精准举措出实效

在教育扶贫实践中，陕西教育系统在着力完成各项目标任务的同时，不断创新思路，推出新的举措、策略，提高脱贫攻坚成效。

（一）机制创新，多措并举控辍保学

1. 严格落实控辍保学"双线七长责任制"

强化县级控辍保学主体责任，夯实县（区）长、县（区）教育局长、乡（镇）长、村长（村委会主任）、校长、家长、师长等"七长"责任，通过建立月报台账、实施动态监测、加强联保联控、开展分类帮扶、进行常态督导等措施，实施网格化精准管理，根据实时动态数据纵向排查，对疑似辍学失学情况将责任落实到人，立行立改，对疑似辍学学生核查劝返，确保贫困学生"有学上"。

2. 建立控辍保学"四不"机制

陕西省以全局思路，创新建立"四不"机制，即做到机制责任上"不准辍学"、办学过程中"不让辍学"、服务保障上"不想辍学"、要求追责上"不敢辍学"，确保贫困学生义务教育就读有保障。

（二）路径创新，用"互联网+"均衡教育资源配置

2019年底，陕西省全面通过了国家义务教育基本均衡发展督导评估认定。在此之上，陕西省以推进教育信息化和大数据建设为抓手，探索出"互联网＋教育扶贫"新思路[1]，构建了教育脱贫攻坚"四张网"，进一步均衡城乡教育资源配置，使各项帮扶取得实实在在效果。

1. 保障信息网上汇聚，打造聚合力之网

将"深入开展教育网络精准扶贫扶智"作为教育扶贫的重点，借助互联网数据快速传递的特性，精心打造"互联网＋"一把手工程，成立网信和脱贫工作领导小组，形成网络扶贫扶智工作合力。设立教育信息化处，建立健全"全员参与、考核评价、滞后追责"的综合推进机制，制定并落实了教育信息化2.0行动计划专门意见。

2. 坚持资源网上联通，构建缩差距之网

陕西省全面推进教育信息化"云＋端"应用。借助互联网云平台的特性，打破地域限制，让边远贫困山区及教育资源相对短缺地区的孩子能享受到更优质的教育资源。大力推动"三通两平台"建设，目前已实现各级各类学校宽带网络全覆盖，并在全省8个市75个县（区）建成"网络空间人人通"平台。正在逐步推动"人人通平台"的规模化应用，实现各个终端"一点接入，全省共享"的效果。打

---

[1] 陕西省教育厅：《陕西省以"四张网"打造"互联网＋教育扶贫"》，2020年5月21日。

造"陕西教育扶智平台",开展省级层面平台试点应用,促进西安市同安康市、汉中市、商洛市及子洲县等贫困市、县的40余所学校精准结对,以西安市作为四大国家科教基地之一的教育资源优势,带动贫困市、县教育教学质量提升。精准推送名校校长管理经验、名师教学经验以及动态鲜活的教学资源,实现城乡学校管理共进、教学共研、资源共享、信息互通,推进教育精准扶智。

3. 保障服务网上可见,凝聚提质量之网

陕西省积极推动教育大数据建设,实现核心管理数据的融合汇聚与共享应用。在国家系统应用基础上,建成了陕西教育精准资助管理系统、大学生就业管理系统、控辍保学管理系统等特色信息系统,精准服务教育扶贫宏观决策。通过业务应用牵引,实现数据的动态更新,有效提升了教育管理的服务效能,实现各级各类教育数据在省级平台汇聚共享。截至2020年5月,省级平台共汇聚教育机构各类数据信息2万余条、师生数据近900万条,为全省教育扶贫决策提供了真实有力的大数据参考。针对全省所有在册建档立卡户学生,能够借助大数据管理实现"精准资助""控辍保学"等动态监测全覆盖,具备实时预警、当日处理的功能,切实做到"信息多跑路、学生少跑腿"。

4. 创新赛事网上评比,搭建拓平台之网

陕西省利用"互联网+"思维重构教育教学模式,提升师生的信息素养和科技应用能力,拓宽贫困学生的眼界与知识面。陕西省连续四年开展了中小学微课与信息化教学创新大赛,全省56个贫困县全部参加,参与教师累计达15万人次,汇集优秀微课和创新资源近万件。此类做法能够为贫困县区教师提供一个交流先进教学经验和方法的平台,有力地助推了贫困县区教师水平的提升。同时,开展了青少年"爱挑战"嘉年华、青少年创客创意大赛等一系列"互联网+素质教育"的拓展活动,构建"青少年创客爱挑战平台",激发青少年的创客兴趣，促进一批学校创客空间迅速兴起。并进一步创新开展了教育信息化公益行活动，把最符合一线教育需要的技术产品和网络资源，直接送到贫困地区学校，贯通教育信息化路径的"最后一公里"，确保网络学习空间实现"人人通"，使贫困学生也能公平享有同样的优质教育资源。

（三）活动创新，红色教育促脱贫攻坚

陕西是全国主要革命老区之一，陕西省教育系统借助本省红色基因，大力开展红色教育，创新设立了大创训练计划"青年红色筑梦之旅"专项，组织资助青年学生走进基层、乡村、西部和革命老区，将高校的智力、技术和项目资源辐射到广大农村地区，以红色历史教育带动青年学生思想建设。全省各高校共申报大创训练计划项目1122项，省级立项997项，推荐国家立项377项，立项资助金额超过330万元。青年学生活动带动项目资源在省内各区域间的快速流通，成为精准扶贫的有效助力。

三 因地制宜，优化策略出实招

习近平总书记指出，扶贫要实事求是，因地制宜，要精准扶贫，措施精准是实践脱贫攻坚的基本要求之一。陕西省地处我国西部内陆，经济发展相对滞后，现有国家集中连片困难县43个，数量排全国第4位；国家扶贫开发工作重点县50个，排全国第2位，省内教育发展严重不均衡。此外，省内各地贫困学生受原生家庭环境、居住地教育资源、随同父母外出就学或随长辈在乡留守等多方面因素影响，自身学习动力、学习成长氛围、享受政策精准度和及时度都存在差异或短板。因此，陕西省教育系统在教育扶贫工作中拒绝"一刀切"式施策，转由各市县根据域内教育教学发展差异和学生就学需

求不同，因地制宜，主导制定了符合域内贫困学生学习生活需要的多层次教育精准帮扶措施。

（一）汉中市的"一抓两促"模式

汉中市略阳县位于秦岭腹地，交通欠发达，属于陕西省深度贫困县。面对严峻的教育扶贫任务，略阳县依照自身区域实际，提出了抓学校党建、促教育改革、促教育脱贫的理念，力促教育质量、脱贫攻坚和群众满意度"三提升"。大力推动党员教师结对帮扶"三到位"，即机制到位、管理到位、措施到位。全县教育系统496名在职党员教师带头，按照县教体局结对帮扶机制方案要求，担任结对帮扶组长和首席帮扶人。同时，带动全县1630名教师参与，实行"开小灶、补营养"的"一对一""一对多"结对帮扶模式，依照贫困学生各自不同的学习进度和学习能力展开帮扶，取得显著成效。2017年，全省基础教育党建现场会在略阳召开，总结提炼"一抓两促"经验，并在全省推广。

（二）渭南市的"两册一函"模式

渭南市地处陕北黄土高原和关中平原交接地带，人口稠密，在册学生数量多，帮扶工作千头万绪。该市的蒲城县创新推行了"两册一函"模式。首先，面向县域内贫困学生发放"教育扶贫关爱手册"，做到册随生走、钱按册补。其次，给在县域外就读的贫困学生发放"建档立卡家庭在外就读学生认定手册"，告知当地教育部门，协调解决贫困学生在外就读中遇到的问题。再次，聘请熟知村情的或本地教师担任教育扶贫村组联络员，定期与村干部座谈交流，掌握贫困学生动态情况，及时调整结对帮扶措施。最后，开展"百校千师进万家"大家访活动，深入贫困学生家中，面对面和家长交流学生学习生活情况，关注贫困学生志向、学业与生活，整体构建积极向上的学习氛围，用关心激发贫困学生学习的内生动力。

（三）宝鸡市的"春雨+双返"模式

宝鸡市地处四省交界，区域内发展不均衡，贫困学生群体基数大。有鉴于此，宝鸡市启动实施关爱特殊困难儿童春雨计划，全面加强对贫困家庭子女、留守儿童、残疾儿童、学习困难儿童、心理障碍儿童等特殊困难儿童关爱保护工作。宝鸡市教育系统联合多部门，出台了《关于做好义务教育阶段适龄重度残疾儿童少年送教上门工作的意见》，落实义务教育阶段适龄重度残疾儿童少年送教上门工作，截至2019年覆盖重度残疾学生413人。同时，宝鸡市在县区逐村逐户对农村有劳动能力的"双返生"进行摸底，放宽年龄限制，延长培训时间，将尽可能多的"双返生"纳入培训计划。建立"双返生"信息库，编印了"宝鸡市双返生培训纪实手册"，制订培训计划，开展订单式、点餐式中长期免费技能培训，灵活增加培训时长，2019年全市开设了蔬菜种植培训、养殖培训等11个专业59期，完成"双返生"培训3562人次，有力带动贫困家庭收入增长、稳定脱贫。

（四）延安市的"双线三单"模式

地处陕北的延安是革命老区之一，山大沟深，教育扶贫点线面交错，学生流动频繁。针对本地区教育现状，延安市推行了"双线三单"管理模式，建立健全"政府一线按照户籍和教育一线按照学籍，纵向排查分层建档，横向比对补漏监管"的双线目标管理机制。依托"市级脱贫攻坚大数据平台"建立"户籍、学籍"建档立卡学生动态预警监测模块，强化"源头排查、监测追踪、分类劝保、关爱帮扶"四环节发力，建立"市级统筹协调、县区政府牵头、教育查学籍、公安查户籍、镇村查去向、其他部门配合举证"的异地追踪监管举证和定期回访机制，对"学困、厌学、复学"学生建立"一对一、人盯人"监管保学长效帮扶机制，达到对学生在学状态的有效监管和预控劝返，做到了底数精准、保学有力、结果真实。

四 久久为功，善作善成显实功

习近平总书记来陕考察时强调："脱贫摘帽不是终点，而是新生活、新奋斗的起点。"陕西省在全面完成教育扶贫重点任务的同时，着眼于脱贫攻坚成效的长期巩固和教育的优质均衡发展，坚持"志智双扶"，发挥东西合作平台和本地区高校资源优势，统筹共建，缩小城乡教育资源差距，以此拓宽贫困学生的学习生活发展之路，使贫困学生不仅能"有学上、上好学"，更能获得出彩人生，切实发挥出教育阻断贫困代际传递的效用。

（一）持之以恒抓"志智双扶"

习近平总书记强调："一定要把扶贫与扶志有机地结合起来，既要送温暖，更要送志气、送信心。"陕西省着重从扶志扶智促进脱贫致富内生动力抓起，通过双扶教育促进脱贫后成效巩固，使贫困户脱贫成效成为长期性的成果。

首先，通过教育资助政策、职业教育、统筹教育资源等措施，确保学生长期稳定在校学习提升文化素质，获得更广阔的发展上升空间，在脱贫退出后仍能在学业上不掉队，掌握"造血"的能力。其次，在各级学校持续组织开展有针对性的主题班会、小型讨论会、干部走访等交流活动，通过典型案例和沟通帮助贫困学生树立信心，克服自卑自闭心理，引导他们锤炼品德，拒绝自作聪明、远离投机取巧，心怀饮水思源的回报感恩之心[①]。鼓励他们担当时代

---

① 习近平：《在纪念五四运动100周年大会上的讲话》，《社会主义论坛》2019年第5期。

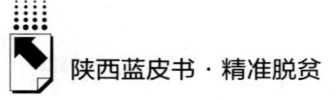

责任，积极承担家庭责任和社会责任，从"要我脱贫"蜕变为"我要脱贫"。

（二）共建共创抓区域协同

陕西省教育扶贫工作注重将自身资源与外部资源有机地结合起来，以单向扶贫向纵向与横向多维度延展，打造开放、可持续的结对帮扶体系。陕西与江苏两地协作开展多年，形成了稳固有效的交流协作联动机制。两省政府陆续签订了多份教育合作协议，促成了两省共20所高职院校结对帮扶，实施专业共建、集团协作、校企合作三线并进的举措，开展招生兜底行动，联合招收培养贫困学生，并积极推荐陕西贫困学生到东部就业，打造贫困劳动力高质量转移就业的新路径。

同时，陕西借助苏陕协作平台的交流机会，推动教育教学资源快速流通，极大地提升了陕西贫困地区的教育发展水平。例如，2019年在革命圣地延安，由南京师范大学附属中学领办、苏陕共建的"延安新区江苏中学"建成招生，江苏省选派了精干力量组成管理和教师队伍，引入江苏教育理念，成为"授人以渔"结对帮扶的典型。

（三）双线并进抓校建师资

陕西省高度重视建好群众家门口学校的任务，着力提升改造贫困地区和农村学校，提高农村寄宿制学校办学条件，重点锁定贫困地区，"精准改造"农村薄弱学校，着力"雪中送炭"，满足基本需要。先后实施了"学前教育三年行动计划"、全面改善贫困地区义务教育薄弱学校基本办学条件、普通高中改造计划等项目工程，着重促进小规模学校内涵式发展。对深度贫困县和脱贫摘帽县项目经费在正常安排的基础上倾斜30%，重点支持脱贫攻坚重点地区办学条件改善及质量提升。

同时，推动优质教育资源辐射偏远学校，使贫困学生"有学上""上好学"。首先，师资补充上加大贫困地区事业单位教师、免费师范生、特岗教师实施力度，深入推进义务教育阶段校长交流轮岗，使贫困地区教师"进得来"；其次，教师待遇上实施贫困地区教师周转宿舍建设安心工程，落实集中连片特困县乡村教师生活补助，严格落实"乡村教师平均工资收入水平不低于当地公务员"相应政策，使贫困地区教师"留得住"；最后，师资提升上进一步提高贫困地区及乡村学校师资数量和结构层次，通过国培计划、"三区"教师支持计划、"银龄计划"和"名师大篷车"送教下乡活动等工程，促进此类教师的教育教学素质稳步提高，拓展教育教学思路，使贫困地区教师"能提高"。

（四）上下联动抓"双百工程"

陕西省发挥教育大省的高校资源优势，在全国率先实施了具有陕西特色的"双百工程"（实施百所高校结对帮扶百县助力陕西省脱贫攻坚工作），专业对口帮扶，实现高校与结对帮扶单位资源的共享流通。例如，西安音乐学院立足自身办学特色，发挥文化、艺术领域优势资源，先后在结对帮扶的镇巴县、宁强县和旬邑县组建了"特色产业高校扶贫教育基地"。同时，还开展了对全县中小学、幼儿园音乐教师的培训工作，积极开展送教下乡，拓宽贫困学生视野，提升学生综合素质。自2017年启动以来，"双百工程"已成为陕西全省宏观视角下涵盖智力、教育、科技、人才、信息、文化、民生、志愿等"八大帮扶"的有力举措，统筹教育资源向贫困地区倾斜，以点对点的方式提升贫困地区学校教育教学水平和质量，是促进贫困学生素质发展的长效助推器。

"通过教育扶贫工作，发挥教育为社会发展服务的有效作用，培养更多能脱贫致富的知识型劳动者，实现贫困地区真正脱贫不返

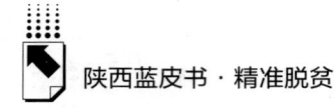

贫。"这是习近平总书记的殷切希望①。陕西省教育工作者牢记习近平总书记来陕视察的嘱托，不断结合陕北、关中、陕南的不同区位条件和教育资源分配情况，推陈出新，正在逐步形成义务教育有保障、职业教育有希望、教育资助有政策、教育公平有措施的良好局面，使一大批贫困家庭学生通过教育扶贫，不断掌握知识技能，走上工作岗位，为脱贫攻坚贡献了强劲的驱动力。但是，教育扶贫的创新、探索与构建，还需要教育系统与各级政府、结对帮扶学校共同努力，在未来的教育帮扶实践中不断验证、改进和完善，使陕西的教育扶贫取得更多的成果，进而为全国贫困地区教育扶贫工作提供借鉴，为打赢脱贫攻坚战、实现贫困代际传递的阻断、全面建成小康社会做出贡献。

---

① 袁利平：《论习近平教育扶贫战略思想》，《甘肃社会科学》2018年第3期。

B.3
民政扶贫：脱贫攻坚兜底保障的陕西实践与创新

陕西省民政厅课题组*

摘　要： 作为脱贫攻坚"五个一批"的重要举措，兜底保障担负着脱贫攻坚的底线任务，是解决贫中之贫、困中之困、坚中之坚的最后防线，是建成全面小康的托底安排。近年来，陕西省民政厅坚持以习近平总书记关于扶贫工作重要论述和对民政工作重要指示精神为统领，坚决落实省委、省政府决策部署，织密织牢"六张兜底保障网"，全面实施"四项助推脱贫攻坚行动"，着力建立健全七项长效工作机制，高效推进民政领域脱贫攻坚兜底保障，制度化实现了建档立卡贫困人口应保尽保、应兜尽兜。今后，陕西需着力做好巩固提升兜底脱贫成果、加大特殊困难群体关爱帮扶、发挥民政防返贫监测预警机制、加强脱贫攻坚领域作风建设、持续加大兜底脱贫宣传力度等五方面工作。

关键词： 民政扶贫　兜底保障　贫困人口　脱贫攻坚　陕西

---

* 课题组组长：戈养年，陕西省民政厅党组成员、副厅长，研究方向为社会保障；课题组成员：单耀峰，陕西省民政厅社会救助处处长；吕宝华，陕西省民政厅办公室副主任；陈诚，陕西省民政厅社会救助处副处长。执笔人：陈诚。

党的十八大以来，以习近平同志为核心的党中央坚持以人民为中心的发展思想，明确了到2020年我国现行标准下农村贫困人口实现脱贫、贫困县全部摘帽、解决区域性整体贫困的目标任务，这是党中央向全国人民作出的郑重承诺，必须如期实现。自决战脱贫攻坚以来，陕西省民政厅坚持把习近平新时代中国特色社会主义思想和关于扶贫民生民政工作的重要论述作为推进民政事业发展的思想旗帜、理论指引和根本遵循，从强化领导力量、创新工作机制、加大资金支持等方面全方位发力，启动全省民政领域脱贫攻坚三年行动，促进政策、责任、工作落实，构建起以低保、特困人员救助供养制度为基础，保障范围覆盖城乡、制度框架基本建立、操作程序科学规范、底线保障公平公正的社会救助体系，民政兜底保障更加精准、更加严实、更加有效。截至2020年8月底，全省已脱贫人口中纳入兜底保障80.08万人，占17.99%；17.85万未脱贫人口中纳入兜底保障17.28万人，占96.96%；4.2万监测人口中纳入兜底保障2.53万人，占60.2%；4.32万边缘人口中纳入兜底保障2.55万人，占59.06%。全省未脱贫人口兜底保障实现"清零"，脱贫监测人口、边缘人口实现"应保尽保、应兜尽兜"，民政兜底保障成效显著。

一　兜底保障的内涵

兜底保障是一项基础性的社会保障制度，通过这项制度，"兜"住最困难群体，"保"住其最基本生活，关系到脱贫攻坚任务目标如期完成，关系到全面建成小康社会整体水平。目前，我国扶贫开发已经从以解决温饱为主要任务的阶段转入巩固温饱成果、加快脱贫致富、改善生态环境、提高发展能力、缩小发展差距的新阶段。在这样的背景下，兜底保障主要针对无法依靠产业扶持和就业帮助脱贫的家庭和个人，尤其是对患有重病、重残、无劳动能力的对象要优先按照程序认定其为兜底保障对象，实施以社会救助政策为主的基本生活保障，使广大困难群众更好地分享经济社会发展成果，让全面小康的成色更足、质量更高。

当前，我国脱贫攻坚战取得重大胜利，832个贫困县全部脱贫摘帽，近1亿贫困人口实现脱贫，消除了绝对贫困和区域性整体贫困。但是在已脱贫人口中有近200万人存在返贫风险，边缘人口还有近300万人存在致贫风险，其中一些人需要兜底保障脱贫。兜底保障不仅是解决绝对贫困问题的必要举措，也是解决相对贫困问题的重要安排。站在这个承上启下、继往开来的重要历史节点，必须采取有效措施，咬定目标，坚持不懈，加快研究完善在建立健全解决相对贫困问题长效机制中发挥兜底保障职能作用的制度框架，坚决完成脱贫攻坚兜底保障重大政治任务。

二 陕西民政领域脱贫攻坚兜底保障的实践及成效

陕西民政领域脱贫攻坚始终坚持把兜底保障摆在突出位置，以织密织牢"六张保障网"和全面实施"四项助推脱贫攻坚行动"为抓手，切实兜住兜牢农村贫困群众基本生活底线，确保小康路上不漏一户、不少一人。

（一）坚持对标对表，织密织牢"六张保障网"

1. 织密织牢农村低保兜底保障网，实现应保尽保、应兜尽兜

强力推动农村低保制度与扶贫开发政策的有效衔接，落实落细"分类施保""渐退帮扶""单户保"等保障政策，将低保覆盖范围从收入型贫困家庭向因病、因残、因学等刚性支出负担过重、影响基本生活的支出型贫困家庭扩展，实现"保人"与"保户"相结合，确保将符合条件的贫困家庭、贫困人口按规定程序全部纳入农村低保范围，做到应保尽保、应兜尽兜。全省农村低保最低限定标准从

2015年底的2500元/人年逐年提高至2019年的4827元/人年，增长93%，稳定高于扶贫标准。截至2020年8月底，全省共保障农村低保对象113.8万人，较2019年底（85.7万人）净增28.1万人，有效防止了困难群众致贫返贫。

2. 织密织牢农村特困人员救助供养保障网，实现应养尽养、应救尽救

通过集中供养和分散供养两种方式，将无劳动能力、无生活来源、无法定赡养抚养扶养义务人的城乡老年人、残疾人以及未满16周岁的未成年人依法纳入特困人员供养范围。截至2020年8月底，全省共保障农村特困人员12.4万人，其中未脱贫建档立卡特困人员10.26万人，占未脱贫建档立卡贫困户总数的13.42%。全省建成农村特困人员供养服务机构454所，集中供养特困人员3.6万人；8.8万名分散供养人员已全部落实照料护理及监管责任，特困人员在吃、穿、住、医等方面实现长期稳定的有效保障。

3. 织密织牢临时救助解急难保障网，防返贫作用有效发挥

在全省推行"先行救助""分级审批"政策措施，将所有遭遇突发性、临时性、紧迫性基本生活困难的建档立卡贫困家庭和个人全部纳入临时救助范围。全省1312个乡镇（街办）全部建立临时救助储备金制度，并实现"e救助"全流程网上办理。17017个村、2957个社区全部建立主动发现机制，成立快速响应服务队，公开人员名单和联系电话，主动开展救助帮扶工作。截至2020年8月底，实施农村临时救助43.2万人，发放救助金3.7亿元；下拨乡镇（街办）储备金2.074亿元，群众通过微信公众号申请救助9.32万人次，符合条件审批通过42323人次，有效防止了困难群众因意外事故致贫返贫。

4. 织密织牢残疾人社会福利保障网，实现体系健全、保障有力

参建全国残疾人"两项补贴"信息系统，建立健全相关管理制度，规范资金发放流程、方式，提高补贴发放的准确性、时效性。加强对贫困重度残疾人的照料服务,探索通过政府购买服务、设立公益岗位、集中托养等方式,为16周岁以上不符合特困人员救助供养条件的贫困重度残疾人提供照料护理服务。2020年累计整合中省福彩公益金1335万元,精准实施"福康工程"和"民康计划",为深度贫困县建档立卡贫困户、低保家庭、特困人员中的残疾人配置矫形器、护理床等康复辅助器具。

5. 织密织牢农村留守困境儿童保障网,关爱保护体系不断完善

省、市、县三级全面建立由政府分管领导担任召集人的农村留守儿童关爱保护和困境儿童保障联席会议制度。出台《"孤儿医疗康复明天计划"项目实施细则》,资助对象从机构内孤儿拓展到所有孤儿和年满18周岁后仍在校就读的孤儿,较好地解决了孤儿医疗保障问题。全面建立县有儿童审管员、乡有儿童督导员、村有儿童主任的未成年人"三级保护网络",全省14.02万农村留守儿童、16.44万困境儿童合法权益得到有效保护。适时增加经费投入,机构供养孤儿、社会散居孤儿最低养育标准分别从1000元/月、800元/人月提高到1400元/月、1000元/人月,有效保障了孤儿的生活需求。

6. 织密织牢农村留守老年人关爱服务保障网,实现老有所乐、老有所安

全面建立农村留守老年人动态管理信息台账和定期探访制度,实现对留守老年人生活状况的实时掌握。发挥农村互助幸福院在农村养老中的基础平台作用,积极开展农村留守老年人关爱服务活动。截至2020年8月底,全省累计建成10132个农村互助幸福院,覆盖63%的行政村,为全省45.86万农村留守老人提供日间照料、短期托养、配餐、互助养老等关爱服务。通过以奖代补等措施,推动1.76万个农村老年协会定期组织开展文体娱乐、互帮互助等活动,丰富老年人生活。进一步完善老年人高龄补贴制度,确保农村70周岁以上老年人按时足额领取高龄补贴。

（二）坚持合力攻坚，全面实施"四项助推脱贫攻坚行动"

1. 加强贫困地区农村自治组织建设，战斗堡垒作用发挥显著

坚持党组织在村级协商、决策、管理和监督全过程、各环节中的领导核心地位，创新社区治理，加快推进农村基层自治组织规范化、制度化建设。结合开展扫黑除恶专项行动，配合有关部门强力推进村党支部书记、村委会主任"一肩挑"工作落实，截至2020年8月底，有83%的村级组织实现书记、主任"一肩挑"。2019年按照"因地制宜、规模适度、融合管理"的原则，采取单独建、挂靠建等方式，对全省2173个移民搬迁安置点合理划分自治单元；以易地搬迁安置点为重点，下拨4500万元省级福彩公益金，支持建设300个标准化农村社区服务中心。下发《进一步做好村规民约和居民公约工作的实施意见》，指导各地修订完善村规民约，全省70%的行政村成立了红白理事会，在防止因婚因丧致贫方面发挥了积极作用。

2. 动员社会组织积极参与脱贫攻坚行动，助推工作亮点纷呈

深化苏陕社会组织扶贫协作，2019年先后两次赴江苏对接、推介帮扶项目，全省各级民政部门共争取江苏社会组织帮扶项目64个，落实资金1441.51万元。主动做好贫困地区帮扶项目对接，为社会组织开展扶贫助农活动提供信息服务，先后协调、动员304家省级社会组织组建12个扶贫合力团，助力深度贫困县脱贫攻坚，投入资金3800万元，实施帮扶项目105个，惠及4.1万困难群众。全省1827家社会组织（行业协会、商会及公益慈善类社会组织）纷纷响应、积极参与脱贫攻坚，投入资金15.9亿元，实施帮扶项目1922个，127万名困难群众受益。

3. 汇聚公益慈善和社工人才力量，帮扶活力不断释放

动员引导全省具有公开募捐资格的慈善组织开展公开募捐活动，面向困难群众实施精准帮扶。2019年共下拨补助资金238万元，支

持18个县（区）通过政府购买方式，向农村"三留守"和残疾人等特殊困难群体开展专业服务。全省260万名注册志愿者、1.62万名专业社工常年活跃在脱贫攻坚主战场，为困难群众提供生活帮扶、心理疏导等救助服务。全年使用中省福彩公益金7.5亿元，支持脱贫攻坚兜底保障，其中列支2500万元，用于农村"三留守"慰问及贫困家庭大学新生助学。

4. 强化民政公共服务机构能力建设，托底保障成效显著

2019年，陕西出台《关于加强全省民政基础设施管护工作的意见》，安排2.34亿元资助新建儿童福利机构2个、未成年人救助保护中心8个、儿童之家60个、农村互助幸福院2000个、农村社区服务中心300个；安排3000万元资助11个深度贫困县（区）农村特困人员供养服务机构护理型床位建设；安排5057万元对全省72个农村特困人员供养服务机构进行改扩建与适老化设施改造。截至2020年8月底，全省民政系统共有各类服务机构和设施51866个，民政公共服务网络基本形成。

三 陕西民政领域脱贫攻坚兜底保障的创新做法

围绕织密织牢"六张保障网"和全面实施"四项助推脱贫攻坚行动"，全省民政系统坚持统筹协调，深化分类指导，精准科学施策，建立健全七项长效工作机制，确保民政领域脱贫攻坚兜底保障各项工作协同稳步推进。

（一）建立健全困难群众基本生活保障协调机制

发挥各级困难群众基本生活保障工作协调机制的作用，不断强化民政部门在兜底保障中的统筹职责，形成功能充分发挥、资源充分整合、各有侧重、互为补充、合力保障的工作格局。强化省、市、县兜

底保障工作协同推进机制,及时总结推广好的经验做法,研究解决存在的困难和问题;对工作推进不力、政策落实不到位、错保漏保问题突出的地方,采取通报批评、工作约谈、专项督办、限期整改等方式督促整改。

(二)建立健全困难群众主动发现机制

县级民政部门与扶贫部门定期主动对接,乡镇(街办)民政干部加大对辖区内农村低保家庭、特困人员、留守老人儿童以及建档立卡贫困家庭、1年内退出低保的家庭、1年内提交低保申请但未审批通过的家庭的走访,做到每季度至少走访探视1次,并不定期开展暗访抽查,重点查看相关政策是否落实到位,是否存在"应保未保、应救未救"情形,确保符合条件的人员能及时得到救助。各地普遍设立兜底保障政策咨询热线电话,公开征集意见、接受群众政策咨询。条件允许的县(区)通过政府购买服务,引入专业社工开展入户走访调查,多渠道掌握困难群众信息。

(三)建立健全社会救助信息公开和家庭经济状况核查机制

推广运用"互联网+监督",建立低保信息公开制度,市、县民政部门在其网站长期公布享受低保政策的人员姓名(未成年人、艾滋病患者等确需保密的对象除外)、居住村(居)委会、享受低保金数额等基本信息,并根据动态管理情况及时更新,接受社会和群众监督。完善社会救助"一门受理,协同办理"工作机制,确保困难群众求助有门、受助及时、施助精准。推动实现省、市、县(区)核对系统三级联网,各地民政部门建立适合本地实际的信息共享模式,实现事先有协议、事中能落地、事后能持续。出台《陕西省社会救助家庭经济状况核对工作操作规程》,实现省、市、县核对工作按制度办事、按程序开展,确保动态管理下的"应保尽保、应退尽退"。

（四）建立健全残疾人福利保障机制

联合省财政厅、省残联对各地"两项补贴"管理工作开展绩效评估，通过日常明察暗访、半年抽查、年终全面评估等方式，对政策落实不到位、主体责任落实不到位、管理不到位、应补尽补不到位、准时发放不到位等情况进行核查通报，将绩效考核成绩纳入民政脱贫攻坚测评范围。制定省级福彩公益金管理使用办法，建立资助精神障碍社区康复服务工作机制。

（五）建立健全农村留守儿童关爱保护和困境儿童保障机制

注重发挥农村留守儿童关爱保护和困境儿童保障工作联席会议制度作用，会同相关部门按照属地管理、分级负责的原则，建立信息报送机制，落实定期走访、强制报告、应急处置、帮扶评估、监护干预等各项工作机制，督促留守儿童父母依法履行监护职责。落实困境儿童分类保障制度、孤儿保障制度和孤残儿童福利政策，配合残联做好残疾儿童康复救助工作。支持引导专业社会力量为农村留守儿童和困境儿童提供关爱服务。

（六）建立健全农村留守老年人关爱服务工作机制

发挥农村留守老年人关爱服务联席会议制度作用，推动形成家庭尽责、基层主导、社会协同、全民行动、政府支持保障的农村留守老年人关爱服务工作格局。建立农村特困人员供养服务机构、农村互助幸福院、基层老年协会资源有效衔接机制，通过政策创制、资金支持、政府购买服务等方式，为农村留守老年人提供精准高效优质服务。

（七）建立健全社会组织参与脱贫攻坚协调推进机制

加强社会组织参与脱贫攻坚的协调衔接、统筹指导和信息统计。

积极为慈善组织、社会专业人才和志愿者开展扶贫活动提供信息服务，做好扶贫供给与扶贫需求的有效对接。加大福彩公益金投入，通过政府购买服务，支持社会组织通过产业扶贫、技术扶贫、医疗扶贫、教育扶贫、电商扶贫、扶志与扶智等形式，积极参与脱贫攻坚和助农助贫活动。加强政策支持，对提供扶贫服务的公益慈善类社会组织，允许其可直接向民政部门依法申请登记。

四 强化民政领域兜底保障的对策建议

深入学习贯彻习近平总书记关于扶贫工作的重要论述、来陕考察重要讲话重要指示精神及2020年12月3日在中央政治局常委会上的重要讲话，进一步压实责任，继续保持战时的精神状态、战时的工作要求、战时的纪律作风，对标对表全力冲刺，在巩固提升脱贫攻坚成果中践行初心使命，确保兜底脱贫质量高、成色足、可持续。重点做好五方面工作。

（一）在巩固提升兜底脱贫成果上下功夫

一是切实做到应保尽保、应救尽救，用足用好农村低保、特困人员救助供养、临时救助、困境儿童保障、留守儿童关爱保护、残疾人两项补贴等政策，重点关注贫困老年人、残疾人、儿童等完全或部分丧失劳动能力的特殊困难对象，抓好重病、重残"单人保"政策落实，确保符合条件贫困人口全部纳入兜底保障范围，避免"漏底"风险。二是做好常态化疫情防控期间困难群众兜底保障工作，及时把因疫情和患病陷入困境的人员纳入兜底保障范围，做到凡困必帮、有难必救，防止因疫致贫。三是加强与财政等部门的联动，及时足额向特困、低保、孤儿等民政服务对象发放价格临时补贴，确保困难群众不因物价上涨影响基本生活。

（二）在加大特殊困难群体关爱帮扶上下功夫

一是进一步完善事实无人抚养儿童保障政策，切实保障未成年人合法权益，做到"应养尽养"。二是全面落实残疾人"两项补贴"政策，做到"应补尽补"；积极探索通过政府购买服务、托养照料等多种方式，为贫困重度残疾人提供集中或社会化照料护理服务，更好地满足困难残疾人服务需求。三是全面落实农村留守儿童、妇女和老年人关爱服务政策，健全工作机制，加大资金投入，做到"应帮尽帮"；要健全完善信息完整、动态更新的基础数据库，提升关爱服务效能。

（三）在发挥民政防返贫监测预警机制作用上下功夫

一是认真落实省民政厅、省扶贫办《关于进一步健全完善防返贫监测预警和基本生活救助机制的实施意见》，定期与扶贫部门开展信息比对，及时掌握未脱贫人口、脱贫监测人口、边缘人口中尚未纳入兜底保障的人员信息，持续开展摸排核查，逐户逐人核实情况，落实政策，实现闭环救助。二是持续完善社会救助动态监控系统功能，扩大监测群体范围，监测预警潜在救助对象，主动发现、主动救助，切实防止致贫返贫，巩固拓展脱贫成果。三是加快健全社会救助家庭经济状况核对机制，大力推进与公安、人社、税务、不动产登记、市场监管、医保、残联以及银行、证券等部门和机构的信息核对，加大与殡葬、婚姻登记等业务数据比对力度，提高救助对象认定精准度。

（四）在加强脱贫攻坚领域作风建设上下功夫

要巩固脱贫攻坚成果，就要发扬更严更实作风，真抓实干，久久为功。一是扎实做好省委脱贫攻坚专项巡视"回头看"反馈问题整改工作，确保反馈问题按期整改清零，推动兜底保障各项政策精准落地。二是认真贯彻落实省委、省政府《关于加强和完善易地扶贫搬迁后续扶持工作的意见》，不断加强和完善易地扶贫搬迁安置点社区治理，持续提升安置点社区治理水平。三是深入推进社会救助领域漠视侵害群众利益问题专项整治，认真梳理查找纠正农村低保、特困人员救助供养、临时救助等兜底保障政策落实不到位问题，集中查处一批向低保等救助资金"伸黑手"的违纪违法问题，确保整治实效。四是对照"无盲点""零失误"的要求，认真分析研判工作中存在的问题和不足，持续推进"十个百分之百"目标任务，查漏洞、补短板、消死角，推动兜底保障工作再上新台阶。

（五）在持续加大兜底脱贫宣传力度上下功夫

一是把兜底保障政策宣传工作放在重要位置，认真总结、提炼、宣传脱贫攻坚兜底保障重大成果、优秀案例和典型经验，讲好民政兜底脱贫故事。二是做好全省民政系统脱贫攻坚表彰工作，集中表彰一批在脱贫攻坚兜底保障工作中表现突出的先进集体和先进个人。三是组织开展民政兜底脱贫先进事迹报告会，讲好民政脱贫攻坚故事，在全系统营造学先进、赶先进、当先进的良好氛围。四是系统总结脱贫攻坚以来民政兜底保障工作，制作兜底脱贫宣传片，编印兜底脱贫典型案例选编，充分展示兜底脱贫工作成果。

参考文献

李纪恒：《筑牢脱贫攻坚兜底保障的坚固防线》，《人民日报》2020年3月27日，第11版。

《习近平：在决战决胜脱贫攻坚座谈会上的讲话》，新华社，2020年3月6日。

B.4
易地搬迁:"十三五"陕西易地扶贫搬迁工作成效

陕西省自然资源厅课题组*

摘　要: 易地扶贫搬迁是解决"一方水土养不好一方人"、实现贫困群众跨越式发展的根本途径,也是打赢脱贫攻坚战的重要举措,因涉及面广、政策性强,是一项复杂的系统工程和社会工程,成为脱贫攻坚"五个一批"中最难啃的"硬骨头"。陕西严格对标中央政策标准,科学选址建设安置社区,坚持以集中安置为主、以分散安置为辅,鼓励进城入镇住社区的梯度融合安置,并坚持系统谋划,通过产业、就业、培训、教育、健康、社会保障等系列后续帮扶措施,使广大搬迁群众摆脱贫困、逐步致富。

关键词: 易地扶贫搬迁　安置社区　陕西

"十三五"以来,陕西省委、省政府坚定不移地以习近平总书记关于扶贫工作重要论述,以及关于易地扶贫搬迁系列重要指示批示精神为指引,坚决贯彻落实好党中央、国务院关于打赢脱贫攻坚

---

* 课题组组长:邹顺生,陕西省自然资源厅党组成员、副厅长,研究方向为易地扶贫搬迁;课题组成员:高刚强,陕西省自然资源厅移民办主任;李夏颖,陕西省自然资源厅移民办原副主任;苗宗杨、李强、柳智利,陕西省自然资源厅移民办干部。

战的决策部署，始终把易地扶贫搬迁作为脱贫攻坚"五个一批"的重中之重，确立了"顺应规律、系统谋划、四化同步、统筹推进、一举多赢"的战略决策，全面落实"省负总责、市县抓落实"的管理体制，自然资源、发展改革、扶贫、组织、教育、民政、财政、人社、住建、农业等系统共同发力，市、县党委政府共同实施，上上下下、方方面面坚持系统思维、整体思维和协同思维，以钉钉子的精神求真务实、尽锐出战、真抓实干，较好地完成了陕西"十三五"易地扶贫搬迁工作任务。截至目前，24.9万户84.4万名易地扶贫搬迁群众均已基本实际入住，全省旧宅腾退复垦任务也已基本完成。

一 陕西易地扶贫搬迁的做法和特色

（一）搬迁工作布局早，形成人口规模效应

"十三五"期间陕西易地扶贫搬迁规模为24.9万户84.4万人，占全省建档立卡贫困人口的近1/3，占全国易地扶贫搬迁总量的近1/10。其间，陕西省还实施了15.9万户53.9万人同步搬迁，共40.8万户138.3万人。此外，"十二五"时期实施的陕南、陕北地区移民搬迁共50万户177.99万人，其中陕南避灾扶贫生态搬迁32.4万户111.89万人。十年间，陕西共对316万名群众实施了移民搬迁，搬迁了占全省近1/10的人口，帮助他们摆脱了生活贫困，改善了居住环境，实现了过上新生活、找到新工作、拥有新期望的目标。

（二）坚守工作初心，科学规划安置选址

始终牢记"易地、扶贫、搬迁"的工作初心，在搬迁集中安置点的选址上坚持"四避开、四靠近、四达到"原则，即避开地

质灾害易发区、洪涝灾害威胁区、生态保护区和永久基本农田；靠近城市、集镇、园区和中心村；实现房产能升值、增收有保障、基础配套强、公共服务好。既大幅提升了贫困地区城镇化率，有力推动了"以人为核心"的新型城镇化建设，又从根本上奠定了改善生产条件、享有优质均等基本公共服务和如期稳定脱贫的基础，确保了安置地具备一定的产业发展潜力和就业容量。5年来，全省共建设了2116个集中安置点，探索了社区化规划布局，推进了农村新型社区建设，为"一方水土养不好一方人"的贫困群众实现跨越式发展奠定了坚实基础，增强了搬迁群众在安置社区乐业安居的信心和定力。

（三）强化以人为本，落实工程质量安全

一是按照"两年全部开工、三年基本建成"的安置项目建设布局，始终以工程质量安全为前提，明确和压实工程建设五方责任主体的责任，落实项目法人责任制、招标承包制、工程建设监理制和合同管理制，严格要求按照国家标准规范开展工程建设，实现了又好又快推进安置项目建设。二是所有集中安置项目均进行了质量验收，确保安置项目经得起历史和人民的检验。三是建立质量安全长效管护机制，对安置房及配套设施后续工程质量管理、保修、社区物业服务等工作提出了具体要求。每年入汛前，都要下发相关地灾排查防治、确保搬迁群众安全度汛的通知，防范风险，杜绝隐患。多次开展全省搬迁安置项目质量安全集中排查工作，安排市县集中力量摸清项目管理短板，突出工程质量安全监管，对排查出的问题建立台账，实现全部销号清零。

（四）突出集中安置，夯实稳定脱贫基础

聚力推行集中安置为主、梯度融合安置、鼓励进城入镇住社区，

坚持高点规划建设各类安置社区，集中资源和资金投入，减少土地等的分散浪费，科学引导多类型搬迁群众进城入镇住小区，共集中安置22.55万户76.58万人，城镇安置16.76万户60.74万人，集中安置率和城镇安置率分别达到90.8%和72%。在此基础上，对自身条件较好的，引导进城入镇安置；对贫困程度深、自身条件差、土地依赖程度高的在中心村或农村安置点安置；"五保户"和特困家庭除农村敬老院集中供养以外仍需解决住房的，通过实施"交钥匙"工程统一建设搬迁安置房，并在后续兜底保障上探索实行"一院两制"。把贫困群众与避灾、生态及工程移民安置在一起，与原有中心村和安置点的居民安置在一起，促进人口布局更加科学合理，既防止人口结构单一化，避免了"穷人扎堆"和"标签化"，又便于实现富带穷，有利于激发贫困群众自力更生的意识，以及后期脱贫和规范管理。

（五）坚持统筹并联，紧盯后续扶持

坚持系统谋划、统筹推进脱贫措施，坚持"先业后搬、以业促搬、以岗定搬、订单搬迁"的工作措施，做到"搬前精心谋、搬中抓配套、搬后快速跟"。探索推行了贯穿搬迁各环节的"五个三"（三份协议一次签、三项规划一体编、三类建设协调推、三项措施配套跟、三支力量齐发力）工作法，有效推进了人、地、房、业精准对接。同时省委、省政府印发了《关于加强和完善易地扶贫搬迁后续扶持工作的意见》以及7方面配套文件，形成了后续扶持"1+7"政策体系，把"五个一批"脱贫措施统筹起来，把党建引领、产业发展、就业帮扶、社区治理等帮扶政策叠加起来，确保最大限度地惠及搬迁群众。依据不同的社区类型和搬迁群众特征，立足工业园区的配置劳动密集型企业、立足农业园区的培育现代农业、立足旅游景区的发展配套服务业、立足转移就业的开展技能培训、立足家庭创业的

搭建服务平台，初步形成了社区工厂式、依托园区式、依托景区式、劳务派遣式、公益岗位式、三产服务式等"社区+"稳定脱贫模式，拓宽就地就近就业渠道，更多的搬迁群众在家门口有事干、有钱挣，也正在由传统农民向新型农民、职业农民、产业工人、市场主体转变。

（六）坚持党建引领，切实加强组织建设

充分发挥党建引领作用，完善组织设置，在全面采集安置点党员信息的基础上，采取单独、联合、挂靠、选派党建指导员等方式，合理设置基层党组织。坚持党组织关系与居住地相一致原则，督促搬迁党员及时转接党组织关系，全部纳入安置点所属地党组织统一管理，通过就近遴选等方式选优配强社区党组织负责人，同步做好党员发展工作，壮大社区党员后备队伍，确保党的组织和党的工作全覆盖。全面推行党员联系群众、干部代办制度，不断提升党组织服务群众的质量水平。支持岚皋县发挥党建"红色"引领作用，按照"党员到哪里，组织覆盖到哪里"要求，在14个安置小区采取单独或联合的方式成立党支部，其余108个安置点党员挂靠邻近村（社区）党组织管理，实现安置点党组织全覆盖，1182名党员及时找到了"新家"。同步成立群团组织86个，深化"智志"双扶及新民风建设，有143名搬迁群众当选所在地"三委"委员和群团执委成员，做到党的组织和工作"两个全覆盖"。

（七）紧抓后扶关键，强化就业保障

全省有701个安置点配建了标准化厂房，1104个安置点配建了农业产业园，238个安置点配建了文旅产业园，1008个安置点配

建了电商中心。一是因地因企因人采取"点对点"支持返岗复工一批、网络招聘一批、企业线上培训一批、带贫企业解决一批、公益岗位安置一批措施，帮助贫困劳动力返岗复工。全省易地扶贫搬迁贫困劳动力转移就业30.65万人，公益性岗位在岗贫困劳动力3.02万人。二是建立健全易地扶贫搬迁安置点公共就业服务体系，全省243个（800人或300户以上）大型易地扶贫搬迁安置点已全部设立公共就业服务站或窗口，转移就业组织化水平不断提升。三是支持建设新社区工厂601家，培育就业扶贫基地134个，吸纳贫困劳动力就业1.06万人。组织当地国有企业和产业项目对接，大力拓展本地就业空间，在省内转移就业贫困劳动力19.84万人。四是实施农民工和贫困劳动力百日免费线上技能培训行动，累计培训易地扶贫搬迁贫困劳动力12.28万人。大力扶持创业脱贫，全省县、乡镇级标准化创业中心总数达581个，累计培育贫困村创业致富带头人2285人，扶持3115名贫困劳动力创业。目前全省21万户有劳动能力和有就业意愿的搬迁户已实现每户至少1人就业创业。支持岚皋县实施两业"金色"增收，立足产业就业两个根本点，培育农业园区159个、集体经济合作社134个，通过林地耕地入股、流转方式累计种植魔芋、猕猴桃等特色产品11万亩，带动贫困户26963人稳定增收；建成标准化厂房10万平方米，引进新社区工厂44家，组织技术培训5308人次，转移就业1.5万人，一人就业、整户脱贫局面初步形成。

（八）筑牢脱贫基础，加大产业扶持力度

围绕产业培育、主体带动、技术帮扶三个方面，狠抓政策支持、产业配套、指导服务、集体经济关键环节。出台"3+X"特色产业发展规划，开展菜单式指导，分类支持陕南、陕北、关中做优做强优势特色产业，发展壮大乡村旅游和电商扶贫产业，延伸产业链条，促进三产融合发展。健全省级指导、市县主导、乡镇主责、村级主体的宅基地管理机制，建立一个窗口对外受理、多部门内部联动运行的农村宅基地用地建房联审联办制度，切实保障农户合理住房需求。及时修订农村产权流转交易《管理办法》，明晰产权归属，积极开展省级集体经济示范村创建活动，扎实开展"空壳社"专项清理，不断规范和壮大集体经济。国家扶贫开发系统信息显示，全省有劳动能力、有发展条件和发展意愿的贫困户已基本实现产业扶持项目全覆盖。

（九）促进社会融入，加强安置社区治理

一是进一步加大搬迁社区扶持力度，下达2020年第三批省级福利彩票公益金1000万元支持安置区农村社区服务中心项目建设。二是配强工作力量。将新招聘的社区专职工作人员向易地扶贫安置社区予以倾斜，举办易地扶贫搬迁安置社区干部省级示范培训班，提高基层干部履职能力。三是完善自治机制。大力推行村级"小微权力"清单制度，规范村级权力运行，村（居）务公开、民主协商、民主评议、村规民约实现全覆盖，促进搬迁社区文化融合、乡风融合。四是建立长效机制。建立易地扶贫搬迁安置村（社区）工作项目台账，明确任务指标，开展常态化检查督导，持续加强和完善社区治理。支持汉阴县探索建立八个中心，强化管理服务。紧紧围绕满足搬迁群众服务需求，统筹人社、民政、教育、卫生等各类政策资源，投入资金1600余万元，开设公益岗位81个，加快推进"八个服务中心"（5+3X）建设。"5"即便民服务、物业管理、平价购物、老人日间照料、儿童托管中心，以保障共性需求；"3X"即各社区因地制宜成立民事矛盾调解、文体娱乐活动、红白喜事料理中心，以满足个性化需求。目前全县20个易地扶贫搬迁集中安置点"八个中心"已全面建成运行。通过富有成效的全程

化、立体式服务，汉阴县真正把精细化管理、规范化运作、人文化关怀的服务宗旨落到了实处。

（十）完善基础公共设施，享有优质均等服务

统筹考虑安置点规模、周边设施情况、现有人口年龄结构特点和人口流量流向，完善安置区基础设施，全省2116个集中安置区饮水安全、电力入户、道路基础设施已全部达到脱贫退出要求，动力电实现有需即接。精准掌握搬迁群众子女就学需求和安置地教育资源布局，进一步加大安置点配建学校建设力度，积极推进义务教育教师"县管校聘"管理体制改革，通过对口帮扶、定向支教、"无校籍"管理和区域内走教等形式，优化师资力量布局。制定印发《建设完善易地扶贫搬迁安置点医疗卫生机构标准化建设实施方案》，建立工作台账，加大配建力度，各搬迁安置区依托配套设施和周边公共教育医疗资源，能够满足义务教育阶段学生入学和搬迁群众基本医疗需求，符合低保、特困供养条件的已实现应保尽保。全面放开建制镇和小城市落户限制，放宽市辖区落户条件，对有合法稳定住所并连续居住1年以上，或有合法稳定就业并缴纳城镇企业职工基本养老保险的人员，按照群众自愿、积极稳妥的原则，积极引导搬迁群众将户籍迁移落户至迁入地。指导白河县创新开展"居住簿"管理模式。按照"原籍管理地和林、社区服务房和人"的原则，实行人户分离管理，明确原籍与住地村、社区等各方管理与服务职责，加强居住簿政策的宣传，鼓励搬迁群众自愿将户口迁入居住地，对户口暂未迁移的实行过渡性政策，由公安机关统一核实发放"居住簿"。同时，打通公安、民政、社保、公共服务等部门信息壁垒，建立人户分离信息的共建共享、动态更新、规范使用全链条工作机制，实现部门信息联通、闭环运行、无缝对接，立体化、全方位保障搬迁群众基本权益。

二 陕西易地扶贫搬迁面临的困难

"十三五"期间,陕西84.36万名易地扶贫搬迁群众虽已实现"搬得出",但要完全实现"稳得住、逐步能致富"目标,还面临一些困难和新挑战。

(一)安置点产业配套还需持续用力

各地各安置点为解决群众就业增收问题,科学规划,加大招商力度,为安置点配套建设了一些社区工厂、扶贫车间和产业园区等,目前有效解决了陕西省搬迁群众的"两不愁三保障"突出问题,为到2020年底实现"搬得出、稳得住、能脱贫"的目标提供了有力支撑。但从长远来看,部分地区产业配套仍然存在"短、散、单、小"等问题,仍需在较长时间内持续用力解决。

(二)部分搬迁群众思想认识有待提升

有的存在"等、靠、要"思想,主动求变意识差,依赖政府扶持。有的存在故土难离思想,迁出地的土地不愿放弃,仍回迁出地务农、养殖,短时间内难以全身心投入迁入地的就业创业中去。有的因迁入地新配建的产业处在投入期,产业周期较长、收益较慢,难以在短期内收到较好的经济效益,参与的热情不足。

(三)安置社区部分劳动力资源质量不高

从日出而作、日落而息的松散式农民转变为纪律严明、操作规范的职业农民和产业工人,是一个循序渐进的过程,尤其是贫困劳动力,文化水平低、体力弱,更需要培训技术、转变观念、养成纪律。

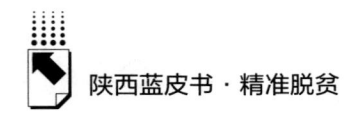

（四）搬迁群众社会融入仍需强化

易地搬迁群众搬入安置点进入新生活，在生活习惯等方面都需要转变，加上"五湖四海"的邻居对乡风民俗的理解不同，对社区融入管理提出了更高的要求。

（五）疫情对发展产业、稳定就业有一定影响

陕西常年外出务工人员比重较大，部分搬迁群众主要依靠打工收入。受疫情影响，外地部分工厂企业产业链、供应链尚未完全恢复，陕南以毛绒玩具为主的外贸产业订单减少，内销转型不足，增加了稳岗稳工的工作压力。

三 下一步工作重点

当前，易地扶贫搬迁工作已进入攻克最后堡垒的冲锋阶段，陕西将以习近平总书记2020年4月来陕考察时关于易地扶贫搬迁重要指示精神为指引，严格贯彻落实省委、省政府《关于加强和完善易地扶贫搬迁后续扶持工作的意见》的有关要求，进一步完善举措、压实责任、狠抓落实，切实加大对搬迁群众后续扶持力度，稳步推进公共服务、产业培育、就业帮扶、社区管理、社会融入、权益保障等工作，不断巩固扩大搬迁成果，使广大易地扶贫搬迁群众"搬得出、稳得住、能脱贫、逐步能致富"，实现与乡村振兴的有效衔接。

（一）持续完善后续扶持集中配套

充分发挥"十四五"规划引领作用，把安置社区规划编制纳入当地城镇社区规划一体规划、一体建设，促进基础设施、服务设施、

市场主体、产业项目向安置区聚合；深入开展建设用地节余指标交易，助力脱贫攻坚相关工作，为安置区"小配套"设施建设提供资金保障；加大力度，在安置房不动产确权办证方面取得实质性进展，在2020年底前完成对所有集中安置区的初始登记，对手续完备的安置房完成登记发证，确保应发尽发。

（二）加大产业扶持力度

依据不同的社区类型和搬迁群众特征，立足工业园区的配置劳动密集型企业，立足农业园区的培育现代农业，立足旅游景区的发展配套服务业，立足转移就业的开展技能培训，立足家庭创业的搭建服务平台，着力培育"接地气、广受益、可持续"的特色产业，发展壮大新型经营主体、集体经济和社区工厂，积极推进三产融合发展，发挥产业持久带贫作用。

（三）加大就业帮扶力度

坚持"乐业才能安居"，强化劳动技能培训和岗位收集推介，积极开展人岗对接，多渠道扩大劳务输出。用好就业扶贫台账，加强动态监测，照单精准帮扶，促进搬迁群众持续稳定就业。加大有组织的劳务输出力度，深化与发达地区劳务协作关系，在务工人员较集中的地区建立劳务输出工作站，提供劳动保障服务。对于确实难以通过市场就业的劳动力，通过开发公益专岗托底解决，确保有劳动意愿且有劳动能力家庭至少有一人稳定就业。

（四）深化社区治理服务

加强党对安置点各项工作的全面领导，将安置点党组织建设成为宣传党的思想、贯彻党的决策、执行党的路线的坚强战斗堡垒，切实服务贫困群众、深化基层治理，推动改革创新。结合搬迁群众特点和

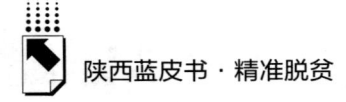

发展需要，督促市县选派政治素质过硬、熟悉政策业务、善做群众工作的干部到安置社区工作，强化就业培训、产业发展、社会事务、治安管理等职能，合理设置工作机构。

（五）促进搬迁群众社会融入

持续为搬迁群众提供文体活动、心理疏导、医疗卫生、法律咨询等服务，积极开展新生活适应性教育，增强群众社区归属感和认同感。扎实开展各类文明创建活动，加强搬迁群众生活方式的适应性培训，推进公民基本道德规范和社会公德、职业道德、家庭美德，不断提高社区文明程度，帮助群众通过自身的辛勤劳动实现脱贫致富。

参考文献

中共中央党史和文献研究院：《习近平扶贫论述摘编》，中央文献出版社，2018。

《陕西易地扶贫搬迁报告》，《当代陕西》2020年第16期。

中共陕西省委办公厅、陕西省人民政府办公厅：《关于加强和完善易地扶贫搬迁后续扶持工作的意见》，2019年11月。

B.5
健康扶贫：陕西巩固精准脱贫成果长效机制研究*

李巾 聂翔**

摘　要： 2020年脱贫攻坚到了决战决胜的关键时刻，虽然陕西省健康扶贫已经取得显著成效，但是健康扶贫防止因病返贫、因病致贫仍然是当前及今后一项长期任务。在如期完成健康扶贫全面脱贫攻坚任务的基础上，未来稳定和巩固脱贫，需要关注兜底医疗保障政策适度，增强基层医疗服务能力，更加注重贫困地区疾病预防和慢病管理等几大关键问题。同时加快完善落实健康扶贫政策，健全防止因病返贫致贫监测预警和精准帮扶机制，建立贫困地区健康危险因素防控长效机制，构建提升基层医疗卫生服务能力的长效机制，协同推进健康扶贫、乡村振兴和健康陕西建设，确保未来各种健康扶贫政策的连续性。

关键词： 健康扶贫　精准脱贫　陕西

---

* 该文为陕西省社科界2020年重大理论与现实问题资助项目（立项号：2020Z447）阶段性成果。感谢陕西省卫生健康委员会、陕西健康脱贫办公室给予本研究的大力支持。
** 李巾，陕西省社会科学院社会学研究所助理研究员，研究方向为人口与社会政策；聂翔，陕西省社会科学院社会学研究所助理研究员，研究方向为残疾人社会政策。

一 2020年陕西健康扶贫工作成效

自脱贫攻坚战打响以来，陕西省按照"一手抓精准施治减存量、一手抓疾病预防控增量"的工作思路和基本医疗有保障的工作要求，全力推进"三个一批"行动计划，全面实施疾病预防控制八大行动，切实加强医疗卫生帮扶，攻坚克难，在破解看病难、看病贵问题上取得了突破性进展。2019年，全省建档立卡农村贫困人口已全部参加城乡居民医保等各类基本医疗保险，建档立卡贫困人口全部纳入参保范围，全力落实了贫困人口医疗保障待遇、经办流程"一站式结算"等一系列举措，充分发挥了医保制度防贫扶贫的功能作用（见图1），在健康扶贫医疗保障制度的支持下，全省因病致贫户从2016年的20.2万户减少到2020年的2.01万户。[①] 对贫困人口的医疗救助力度增大，基本医疗保障待遇水平不断提高，健康扶贫的目标由初期让贫困人口"看得起病、看得好病、方便看病和少生病"，逐步转变为让贫困人口"有地方看病、有医生看病和有制度保障看病"，为促进贫困地区公共卫生和健康事业发展作出了积极贡献。

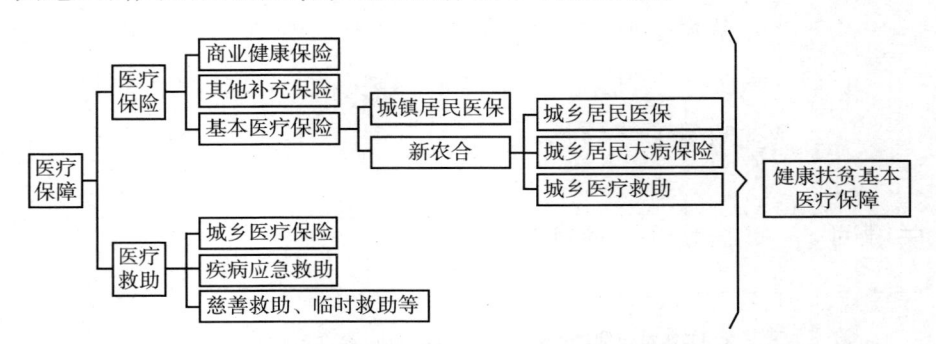

图1　健康扶贫下我国医疗保障制度体系

[①] 蔺娟：《陕西：因病致贫户减少至2.01万户》，https://www.sohu.com/a/426932552_162758，最后检索时间：2020年12月26日。

2020年是脱贫摘帽的关键之年，也是全面建成小康社会的冲刺之年。陕西卫生健康部门围绕中央关于脱贫攻坚的决策部署，及时解决健康扶贫工作任务的突出问题，强化打赢健康扶贫攻坚战的紧迫感和责任感，综合施策，多途径及时巩固健康扶贫成果。

（一）强化健康扶贫攻坚责任

陕西卫生系统全面深入学习习近平总书记关于扶贫工作重要论述和来陕考察重要讲话精神，特别是面对突如其来的新冠肺炎疫情，卫生部门在全力打好疫情防控阻击战的同时，全面落实中央关于脱贫攻坚的决策部署，强化健康扶贫攻坚责任，及时解决健康扶贫工作任务的突出问题。自2020年2月28日以来，5次召开全省健康扶贫视频会议，安排部署和统筹推进健康扶贫工作，确保"双战双赢"。

（二）全面实现基本医疗有保障

按照贫困人口"有地方看病、有医生看病和有制度保障看病"的基本医疗有保障目标标准，经过各级共同努力，2019年陕西省已全部消除县镇村医疗卫生机构和人员"空白点"。自2020年以来，在巩固脱贫成果的基础上，重点加强非贫困地区以及易地扶贫搬迁安置点医疗卫生机构建设和人员配备，确保没有盲点死角。召开覆盖到村的4次工作调度和政策业务培训视频会，夯实市县抓落实的主体责任，推动健康扶贫提质增效；指导各地配合完成脱贫攻坚普查数据审核验收工作。

（三）坚决推进问题整改

对2020年中央、省委脱贫攻坚专项巡视"回头看"，国家成效考核、巡查等反馈的健康扶贫方面问题，照单认领，建立清单台账，制定整改措施和工作方案，深入开展健康扶贫"三排查三清

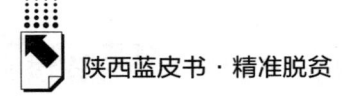

零"、"回头看"和对标补短等工作，夯实工作责任，扎实推进整改。

（四）精准实施大病慢病分类救治

印发《大病专项救治工作指南》，按照"底子清、流程好、台账全、服务实、闭环管理"工作要求，精准实施大病慢病分类救治。截至2020年8月底，累计救治30种大病贫困患者14.71万人，实现应治尽治。完善"贫困人口慢病患者家庭医生签约服务协议"，进一步规范服务内容和频次，累计签约服务79.99万人，实现应签尽签。

（五）建立健全防止因病返贫致贫长效机制

贯彻落实国家卫生健康委、国家医疗保障局、国务院扶贫办《关于建立监测预警机制强化攻坚举措决战决胜健康扶贫的通知》（国卫办扶贫函〔2020〕295号），省脱贫攻坚领导小组《关于印发建立防止返贫致贫监测预警和帮扶机制的实施意见的通知》（陕脱贫发〔2020〕6号）精神，结合工作实际，建立全省防止因病返贫致贫监测预警和帮扶机制。利用全国健康扶贫动态管理系统，对96个涉贫县基础不够牢靠、短板比较突出、出现"空白点"风险较高的县镇村医疗卫生机构进行动态监测，对因病返贫风险高的贫困户、不稳定脱贫户和边缘户进行跟踪预警，及时落实大病专项救治、慢病签约服务及其他帮扶措施。

二 陕西健康扶贫应关注的几大关键问题

2020年全国脱贫攻坚已经到了决战决胜的关键时刻，虽然目前陕西省健康扶贫已经取得显著的成效，但是健康扶贫防止因病返贫致贫仍是当前及今后一项长期任务,未来稳定和巩固脱贫成果需重点关注以下几大关键问题。

(一)确保如期完成全面脱贫攻坚任务

持续巩固健康扶贫成果。对已脱贫人口,在过渡期内继续做好大病专项救治、慢病签约服务和先诊疗后付费等政策落实。继续推进健康扶贫工作,对剩余建档立卡贫困人口,做实做细大病慢病分类救治,落实好县域内住院"先诊疗后付费"等政策,确保救治措施精准到户、精准到人、精准到病,不断提升脱贫质量。进一步开展农村贫困人口大病专项救治工作。集中救治覆盖"健康扶贫管理数据库"的建档立卡贫困人口,实现农村贫困大病患者应治尽治、不落一人的工作目标,重点解决农村地区因病致贫、因病返贫问题。

集中解决健康扶贫工作的遗留问题。截至2019年底,全省还有因病致贫户2.23万户,占贫困户总数的20.8%,截至2020年10月,因病致贫户减少至2.01万户,但剩余群体都是条件较差、病情较重、贫困程度较深的群众,是长期以来攻坚难度老大难的主要群体,对这些群体实施健康扶贫压力更大,需集中力量予以解决。

巩固健康扶贫医疗保障机制。健康与贫困密切相关,不良健康状况与贫困存在恶性循环,健康状况越差,贫困状况越严重。当前健康扶贫的核心是医疗保障扶贫,医疗保障实践主要围绕缓解疾病的经济负担和改善、促进健康状况展开,在促进贫困人口脱贫方面取得明显实效。但是因病致贫不同于就业、住房、教育等致贫因素,难以做到一次性消除。即使2020年总体消除贫困后,因病致贫返贫问题仍将长期存在,因此建立巩固健康扶贫成果的医疗保障机制尤为重要。2020年,习近平总书记在决战决胜脱贫攻坚座谈会上指出,健康扶贫属于精准扶贫的一个方面,因病返贫、因病致贫是扶贫"硬骨头"的主攻方向,这是一个长期化、不随着2020年我们宣布"消灭绝对

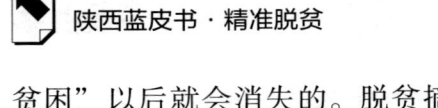

贫困"以后就会消失的。脱贫摘帽不是终点，而是新生活、新奋斗的起点。健康扶贫作为当前及今后一项长期任务，将随着稳定、巩固脱贫攻坚成果常态化、长效开展。

（二）兜底医疗保障政策要适度

健全贫困群众的医疗兜底保障制度。"针对患大病、特殊慢性病、长期慢性病致贫返贫的群众，研究对个人自付的费用进行再次补偿，落实疾病应急救助等措施，将个人自付比例控制在可承受的范围内。同时我们也要量力而行，保障适度。"[1] 医疗兜底保障是坚决打赢脱贫攻坚战的最后手段，是解决深度贫困问题的必然举措。兜底医疗保障政策措施是针对特殊贫困群体实施的医疗补偿手段，贫困人口脱贫后，健康扶贫政策需保持稳定，既满足当前需要，同时考虑贫困人口未来的医疗负担能力，确保医疗保障政策的可持续性。

为打破"因贫致病—因病返贫"恶性循环，当前的健康扶贫主要以政策补偿的形式减少贫困户的医疗费用支出，形式比较单一，仅仅满足了群众低层次的医疗需求。建议拓宽医疗保障服务范围，协同民政、扶贫等部门，为兜底救助对象提供愈后康复、日常照护等综合性服务。同时持续巩固县镇村三级医疗机构人员标准化建设成果，及时消除风险，提供有效服务。

（三）持续增强基层医疗服务能力

坚持做好医疗服务"强基层"。贫困地区卫生资源不平衡、不充分，基层医疗服务能力差，成为制约基层公共卫生事业发展的突出短

---

[1] 东丽：《国家卫生健康委员会：将健全贫困群众医疗兜底保障制度》，http：//china.cnr.cn/NewsFeeds/20190120/t20190120_524488058.shtml，最后检索时间：2020年12月20日。

板，应持续做好"强基层"的工作。陕西贫困地区基层工作条件差、待遇低、发展空间有限，医学类毕业生到基层工作的意愿不强，基层人才匮乏，县级医院缺乏学科带头人和技术骨干。一是执业（助理）医师占比较低。据统计，陕西56个贫困县县级综合医院卫生技术人员中，有执业（助理）医师资格的仅占25%；乡镇卫生院卫生技术人员有执业（助理）医师资格的仅占25.6%；乡村医生有执业（助理）医师资格的仅占9.2%。二是基层医疗救助主体救治能力堪忧。县级医院作为大病专项救治的主体，普遍缺少感染、精神、肿瘤等专业科室，仅能开展白内障、肾透析等治疗，大多数患者需要转至上级医院救治。乡镇卫生院作为农村"三级预防保健网络"的中枢，全科医生缺口达2522人，村医老化，后继乏人，60岁以上村医占到14.7%，且普遍收入偏低。此次新冠肺炎疫情暴露出疾病预防控制、传染病救治、应急管理体系存在许多短板、漏洞和弱项，需加快补齐基层医疗服务的短板。

（四）更加注重贫困地区疾病预防和慢病管理

贫困人口健康素养提升难度大，是健康扶贫工作的另一个难点。受生态、人居环境等因素影响，贫困地区群众良好的卫生习惯和生活方式尚未完全养成。据2019年监测数据，陕西省城乡居民健康素养水平为14.36%，虽然高于14.3%的西部地区平均素养水平，但低于19.17%的全国平均素养水平，同时存在区域之间、城乡之间发展不均衡的问题。目前，疫情和流行病暴发的风险仍然存在，应在农村坚持不懈地开展健康教育和健康促进工作，普及健康知识，增强风险防范意识。

慢病管理和疾病预防仍然是贫困地区卫生健康系统比较薄弱的环节。解决因病致贫，要重点强化预防保健，在慢性病管理和健康预防方面有所突破。近年来人口老龄化加快，贫困地区心脑血管疾病、糖

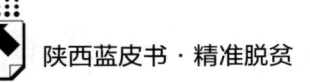

尿病、慢性呼吸系统疾病等慢病发病率逐年上升。从贫困患者疾病构成来看，大病与慢病人群正逐年增加，亟须加强贫困地区全科医师队伍建设，加大预防医学专业人才培养，加快形成传染病和慢性病、地方病综合防控的健康格局。

（五）需关注非贫困人群因病致贫保障问题

在精准扶贫政策支持下，贫困户获得健康扶贫政策扶助，因病致贫、因病返贫问题基本得到有效解决。但是针对贫困边缘群体及非贫困户的因病致贫问题，相关政策支持相对滞后。非贫困人群一般是在因病陷入贫困后，通过一定程序和流程被评为贫困户，从而逐步获得政策扶助，相关政策扶持不能及时满足需求。全面脱贫后，在巩固贫困人口健康扶贫成果的基础上，还要考虑更长时期内边缘非贫困群体的疾病风险防控问题。

三 建立健全健康扶贫脱贫的长效机制

2020年是非常特殊、关键的一年。在疫情防控的严峻形势下，既要集中精力全面脱贫，又要建立脱贫的长效机制，巩固成果防止返贫，确保2020年后各种健康扶贫政策的连续性。建议加快完善落实健康扶贫政策，健全防止因病返贫致贫监测预警和精准帮扶机制，建立贫困地区健康危险因素防控长效机制，建立提升基层医疗卫生服务能力的长效机制，协同推进健康扶贫、乡村振兴和健康陕西建设。

（一）健全防止因病返贫致贫监测预警和精准帮扶机制

强化因病返贫致贫监测预警和精准帮扶机制的针对性、精准性和实效性。聚焦全国健康扶贫动态管理系统标注的因病返贫风险较高的贫困户，全国扶贫开发信息系统标注的存在因病返贫致贫风险较高的建档立卡已脱贫但不稳定户，收入略高于建档立卡贫困户的边缘户，健康扶贫日常工作中发现的因病返贫风险较高的贫困户，并对其家庭成员患病情况、医疗救治情况、医疗费用报销和自付情况等进行监测，对因病返贫致贫风险进行预警。具体措施如下。

县级卫生健康部门会同医疗保障、扶贫部门，将预警的贫困人口作为重点对象，及时落实健康扶贫政策。县级卫生健康部门对通过预警确定的因病返贫风险较高的贫困户，组织签约服务团队开展定期随访，精准落实帮扶措施。对需要治疗干预的，及时指导做好住院转诊服务、治疗后的用药指导和康复管理等，并在健康扶贫系统中填报相关信息。县级医疗保障部门及时落实医保扶贫政策。对医保报销后费用负担依然较重的大病、重病患者，县级扶贫部门协调民政部门落实临时救助、慈善救助等措施，保障其基本生活。对预警存在因病致贫风险较高的边缘户，县级卫生健康部门对患者及时进行救治，落实基本公共卫生服务。健全贫困群众医疗兜底保障制度，由县级医疗保障部门负责，动员其参加城乡居民基本医保和大病保险。县级扶贫部门协调民政部门用足用好临时救助相关政策，动员社会公益组织、慈善机构开展救助，及时化解和防范因病致贫风险。

（二）建立贫困地区健康危险因素防控长效机制

做实做细慢病签约服务管理。对农村建档立卡贫困人口实现家庭医生签约服务应签尽签，做到签约一人、履约一人、做实一人，重点加强高血压、糖尿病、结核病、严重精神障碍等慢性病规范化管理与服务。优先为孕产妇、儿童、老人、残疾人等重点人群提供签约服务和慢性病综合防控，降低因病致贫返贫风险。稳定乡村医生队伍，围绕贫困人口慢性病服务需求，提供健康咨询、指导科学用药等有针对性的服务，提高贫困人口慢性病签约服务质量。

全面推进贫困地区健康教育和健康促进工作，提升贫困人口健康素养。深入开展农村人居环境治理，推进农业污染治理、垃圾污水处理和村容村貌提升。加强健康教育，宣传健康扶贫政策，开展健康知识传播，引导贫困地区群众形成健康的生活方式。通过"互联网+"医疗健康，开设健康扶贫微信公众号，发放《健康膳食指引》《居民保健手册》等健康知识读本，强化健康保健意识，宣传和普及健康素养基本知识与技能，引导形成健康生活方式，综合提升贫困人口健康素养。

（三）建立提升基层医疗卫生服务能力的长效机制

综合施策不断提升基层医疗卫生服务能力。巩固提升贫困地区医疗卫生机构标准化建设成果，确保2020年以后贫困地区县、乡、村三级医疗卫生机构全部达标。实施基层人才提升工程，继续实施县及县以下医疗卫生机构医学类本科生招聘计划、全科医生特岗计划等人才综合培养项目，深化医教协同，多渠道培养医学人才；深化县、镇、村三级医疗机构人才招聘录用、派驻巡诊、培养培训；统筹推进健康扶贫和深化医改工作，深入实施县域内医疗共同体和信息化建设。利用远程医疗云平台，加强对基层人员的政策业务和适宜技术培训。持续深化三级医院对口帮扶贫困县县级医院机制，在优质医疗资源下沉、专科建设、推广新技术方面重点发力。

（四）协同推进健康扶贫、乡村振兴和健康陕西建设

推动城乡卫生健康事业均衡、协同发展。深入推进健康扶贫"对标补短"工作。在健康扶贫医疗保障体系自身发展中，地区、城乡之间居民医疗保险存在较大差异，在慢性病病种数量、起付线、报销标准等方面差别较大，鼓励城乡医疗保障体系多层次发展，推动政府、市场、社会组织多元力量合作，共同参与医疗保障体系建设，促进城乡卫生健康事业均衡、协同发展。

积极推进健康扶贫与乡村振兴战略、县域综合医改、健康陕西建设的有机衔接和融合发展。在健康陕西战略下全面考虑健康扶贫工作，既考虑健康扶贫对贫困人口的重点扶持，也凸显医疗保障的大健康理念。未来全民脱贫后，应围绕全生命周期的健康管理，建立以全民健康为核心的长效发展机制。2013年世界卫生组织报告提出了全民健康覆盖的概念，"全民健康覆盖"是指所有人都应当享有所需要的有质量的卫生服务，包括健康促进、预防、治疗和康复等，并且不因利用这些服务而出现经济困难。全球性医疗卫生系统改革的根本目标在于实现"全民健康覆盖"[1]。而要实现这一目标，任何国家或地区的医疗改革都必须致力于解决"可及性、质量和可负担性"三个关键问题[2]。陕西应顺应社会发展大趋势，建立合格的、可及的、高质量的医疗服务系统，构建乡村振兴战略背景下以人为本的全民健康服务体系。

参考文献

陕西省健康脱贫办公室：《陕西省健康扶贫工作总结》，2020年9月。

田晓航：《为决战决胜脱贫攻坚筑牢健康之基——国家扶贫日之际透视健康扶贫成效》，http://www.xinhuanet.com/2020-10/15/c_1126616565.htm，最后检索时间：2020年10月25日。

中国人口发展研究中心编著、贺丹主编《中国健康扶贫研究报告》，人民出版社，2019。

---

[1] 世界卫生组织：《2010年世界卫生组织报告——卫生系统筹资——实现全民覆盖的道路》，http://www.doc88.com/p-1177287223927.html，最后检索时间：2020年10月6日。

[2] 孟庆跃：《卫生经济学》，人民卫生出版社，2013。

B.6
产业扶贫：陕西农业高质量发展研究[*]

罗丞 李艳 梁凡 黄懿[**]

摘　要： 经过多年发展，陕西粮食作物产量、产值持续增长。农业生产能力稳步提升，农产品竞争力明显提高。水果、蔬菜和茶叶等特色产业集聚效应凸显，发展势头良好。粮食、蔬菜、奶类、稻谷、油料、茶叶、大豆、羊肉等主要农产品区域布局日趋合理。尽管如此，陕西农业在向高质量发展转型过程中还面临三产融合程度低、品牌影响力不足、村集体经济营利能力较弱、经营管理人才缺乏、创新驱动能力不足等困难。应当大力拓展农业多功能性，以特色农业推动三产融合发展。构建区域公用品牌体系，加强农产品品牌市场营销。创新集体经济发展方式，强化科技驱动，加大资金投入力度，全面推进农业高质量发展。

关键词： 产业扶贫　高质量发展　陕西农业

---

[*] 本文系陕西经济社会发展研究重大课题"后脱贫时代陕西加快乡村振兴步伐举措研究"和陕西省农村合作经济工作站课题"陕西农业农村经济结构分析"的阶段性成果。

[**] 罗丞，陕西省社会科学院农村发展研究所副所长，研究员，研究方向为乡村振兴理论与实践；李艳，西安工程大学管理学院院长，教授，研究方向为管理科学与工程；梁凡，西安工程大学管理学院讲师，博士，研究方向为农业经济管理；黄懿，陕西省社会科学院农村发展研究所助理研究员，博士，研究方向为农业经济。

陕西地处我国西北地区，南北跨度大，气候以干旱、半干旱为主，山地多，川原少，农业用地约占全省土地面积的87%。近年来，按照"产业兴旺、生态宜居、乡风文明、治理有效、生活富裕"的乡村振兴实施总要求，全省扎实推进特色现代农业建设，以农业高质量发展为主线，统筹推动农业提质增效，农业生产能力持续提高，农产品供给能力不断增强。

一　陕西农业发展状况

（一）农林牧渔业

1. 产值

近年来，陕西不断强化农业基础，农业综合生产能力得到有效提升，农业呈现总量增长、增速稳定的良好发展态势。通过调整农业产业结构、优化区域布局做大做强优势特色产业，着力打造和建设了"四大粮食功能区"（陕北长城沿线、渭北旱塬、关中灌区、陕南川道区）、"五大特色产业带"（渭北陕北苹果、陕北肉羊、关中奶畜、陕南生猪、秦巴山区茶叶）、"六大产业板块"（西咸都市农业、秦岭北麓猕猴桃、渭南设施瓜菜、宝鸡高效果菜、渭北樱桃、黄河沿岸红枣），并已初具规模，农业经济效益显著提升。2018年，全省深入推进农业特色产业"3+X"工程，提出"以千亿级苹果为代表的果业、以千亿级奶山羊为代表的畜牧业、以千亿级棚室栽培为代表的设施农业"的发展目标。

（1）农林牧渔业总产值不断增长，增速放缓但高于全国水平

2008~2018年，全省农林牧渔业总产值保持持续增长的趋势。2018年农林牧渔业总产值达到3239.98亿元，比2008年增加1962.13亿元，增长1.54倍，在全国31个省区市中位列第17，比

2008年上升1位。2008~2018年农林牧渔业总产值增长比全国总体水平高0.56个百分点,其中,种植业①、林业、牧业、渔业产值比2008年增长1.85倍、2.62倍、0.77倍、3.92倍,分别高出全国平均水平0.63个百分点、1.13个百分点、0.36个百分点、2.56个百分点。全省农林牧渔业总产值不断增长,但是增速逐渐降低,2008~2018年平均增长10%,2010年增长率快速上升到最大值24.59%,随后迅速下降到12%以下,2014~2018年的平均增长率仅为4.81%(见图1)。

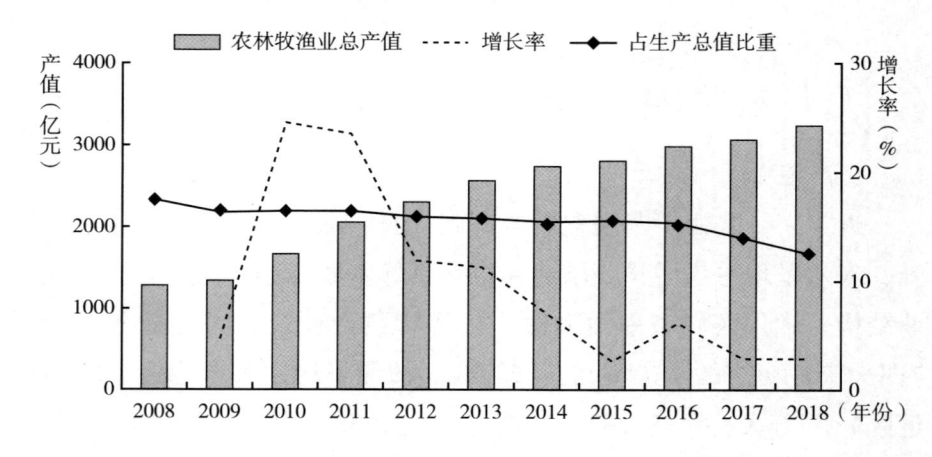

图1 2008~2018年陕西农林牧渔业总产值情况

资料来源:《陕西统计年鉴》(2009~2019)。

(2)种植业、牧业占比大,林业波动大,渔业发展快

2008~2018年,全省农林牧渔业总产值构成变化不大,渔业、林业的占比始终为1%、3%,牧业产值占比从32%下降到23%,与"十三五"畜牧业30%的产值占比目标仍存在差距,而种植业产值比重则上升了9个百分点,从64%上升到73%,种植业产值和牧业产

---

① 为避免与广义农业混淆,此处"农业"用"种植业"代替。

值占农林牧渔业总产值的比重达到95%以上。2018年全省种植业比重比全国高出19个百分点,而林业、牧业和渔业发展均滞后于全国平均水平。

种植业。2008年陕西省种植业产值仅为775.85亿元,到2018年增长到2244.96亿元,增加了1469.11亿元,增长1.89倍。2010年种植业产值增速达到最高值25.62%,此后增速虽然逐渐降低,但2008~2018年的平均增速仍然高达11.58%,种植业的发展取得长足的进步(见图2)。

林业。2008年林业产值为41.47亿元,到2018年增长到104.62亿元,增加了63.15亿元,增长1.52倍。2008~2018年的平均增长率为10.71%,2008~2013年林业产值出现大幅度波动,其中较为特殊的一年为2010年,林业产值增长出现了负值,大幅下降了22.90%,产值跌至35.18亿元,随后又快速反弹,在2012年实现最大增长率38.01%,此后增长率呈现逐渐降低后上升的趋势。

牧业。2008年牧业产值为385.26亿元,到2018年增长到682.83亿元,增加了297.57亿元,增长77.24%。2008~2018年平均年增长率为6.19%,增长速度整体呈现先上升后降低的趋势,2011年增速达到最大值,为27.22%,此后增长放缓,到2016年产值达到最大的695.93亿元,2017年牧业产值出现负增长,减少了31.95亿元。

渔业。2008年渔业产值仅为6.06亿元,到2018年快速增长到29.83亿元,增加了23.77亿元,增长3.92倍。增长率呈现先上升后下降的趋势,2012年增长率达到最大值37.52%,2008~2018年渔业年均增长率达到17.71%,成为陕西省农业领域发展最快的产业。

2. 规模与效率

(1) 种植业

粮食作物生产保持基本稳定。从生产规模来看(见图3),全省

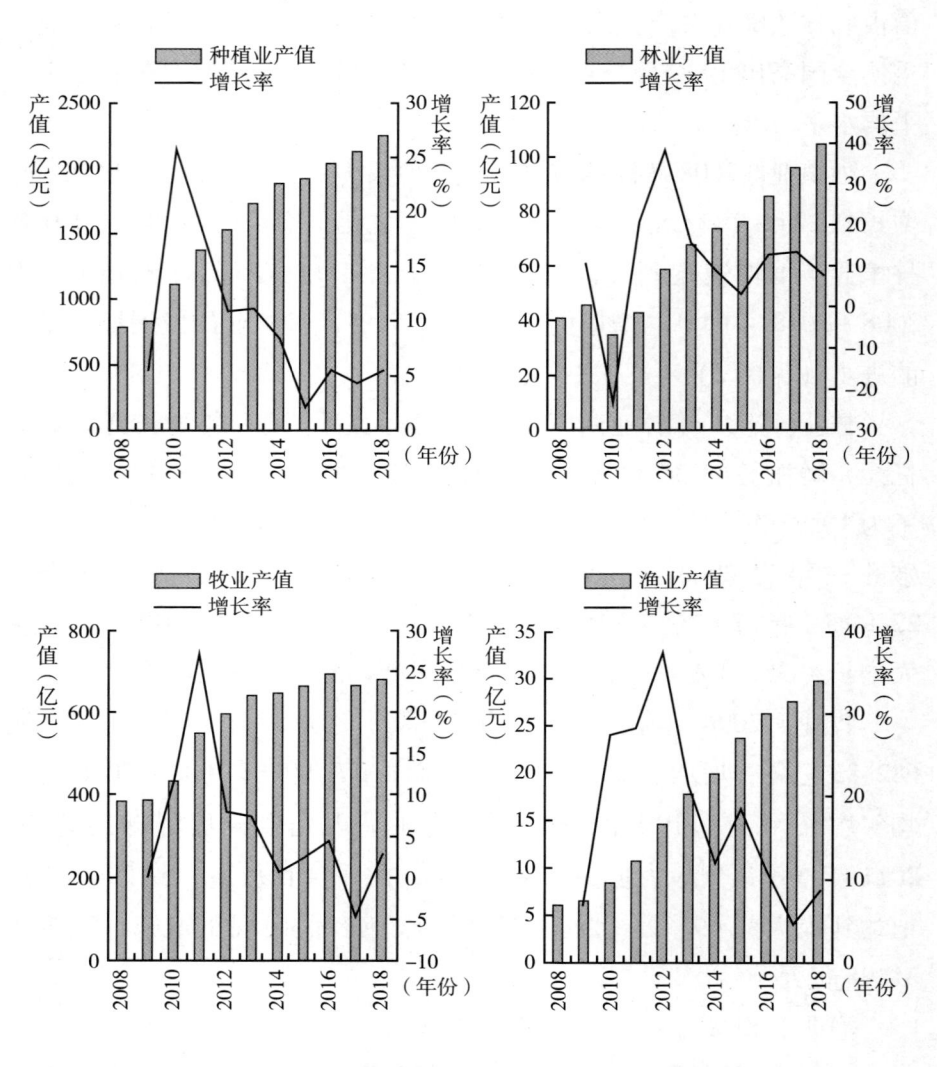

图 2 2008~2018 年陕西农业各部门产值变化

资料来源：《陕西统计年鉴》（2009~2019）。

种植业以粮食作物为主，2019 年粮食种植面积为 2998.67 千公顷，比 2008 年减少了 221.41 千公顷。2019 年粮食作物产量达 1231 万吨，比 2008 年增加 80.11 万吨，2008~2019 年呈现波动增长，年平均增长率为0.64%，2009年、2013年、2014年、2018年出现了负增长。从生产效率来看，2008～2019年粮食作物单位产量逐年增长，2019年粮食作物单位产量为4105公斤/公顷，比2008年增加547公斤/公顷，虽然单位产量逐年增长，但远低于2018年全国6120公斤/公顷的谷物单产水平。

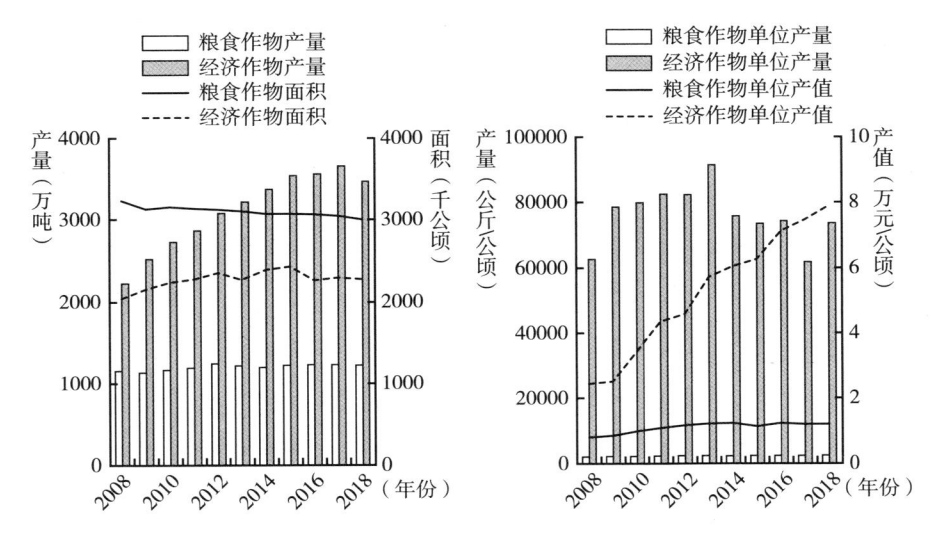

图3 2008～2018年陕西种植业生产规模及效率变化

资料来源：《陕西统计年鉴》（2009～2019）、陕西省农村合作经济工作站。

经济作物生产效率高，单位产值高速增长。与粮食种植面积逐年减少相对应，经济作物（棉花、油料、麻类、糖料、烤烟、蔬菜、瓜类、茶叶、水果）面积呈波动增长态势，2018年为2279.05千公顷，比2008年增加236.49千公顷。2008～2017年经济作物产量呈逐年增长趋势，2017年为3661.71万吨，比2008年增加1433.73万吨，年均增长5.73%。从生产效率来看（不含瓜类），2008～2018年经济作物单位产量呈现先上升后降低的趋势，2013年单产最高达到91399.49公斤/公顷，2018年为73533.31公斤/公顷，每公顷比2008年增加10943公斤，每公顷产值为7.89万元，增加5.44万元，增长2.22倍。

（2）林业

全省林业产业发展稳中向好，林麝养殖数量和麝香产量占全国70%以上，花椒产量全国第一，核桃、油用牡丹面积居全国第二。2008～2018年，全省核桃的种植面积、产量增长明显，其中产量增长3.06倍；花椒的种植面积和产量都长期保持稳定增长，2018年达5.76万吨，比2008年增长30.89%；板栗产量呈现先稳定增长、后爆发的趋势，2018年产量达31.88万吨，比2008年增长6.91倍（见图4）。

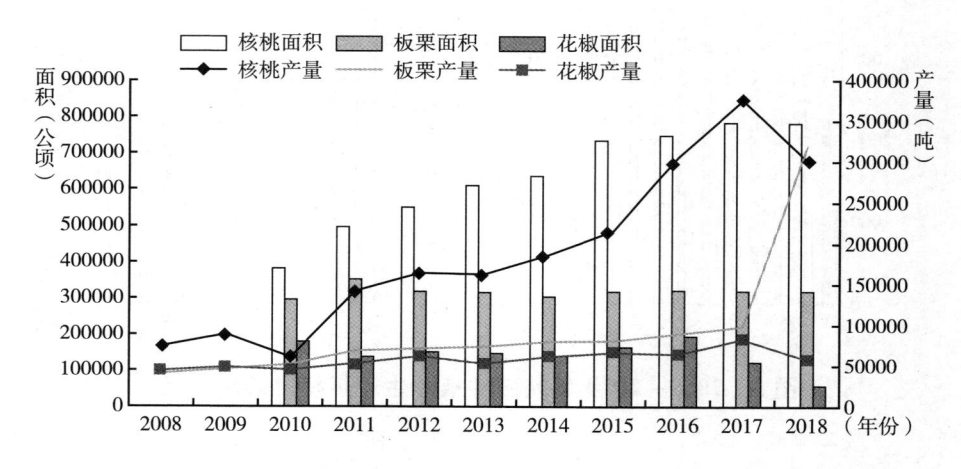

图4　2008～2018年陕西省主要林产品种植面积、产量情况

资料来源：《陕西统计年鉴》（2009～2019）。

（3）牧业

从养殖规模来看，2018年猪、牛的存栏数分别比2008年下降16.00%、17.68%，羊、家禽存栏数比2008年分别增长14.56%、31.86%。2018年肉类和禽蛋产量分别为114.46万吨和61.58万吨，仅比2008年增加2.94万吨和13.66万吨，在全国31个省区市中排第21位和第13位，占比分别为1.33%和1.97%。奶类产量基本呈现下降趋势，2018年产量为159.73万吨，比2008年减少了37.92万吨，在全国排第8位，占比为5.02%。其中，羊乳产业优势明显，陕西是全国最大的奶山羊养殖基地、羊乳加工基地，全省奶山羊存栏、羊奶产量、羊乳品市场份额分别占到全国的36%、46%和85%，羊乳企业具备100万吨的年加工能力。

(4) 渔业

虽然全省渔业规模不大，但是通过突出地域特色、调整养殖结构及品种结构，布局合理的现代渔业生产体系基本形成，即以沿渭河、汉丹江生态渔业产业带为重点的大水面增殖养殖、池塘健康养殖等商品鱼基地，以库坝群为主的陕北生态渔业，以城市郊区为重点的休闲渔业，以秦巴山区为中心的仿生态大鲵人工养殖示范区。2018年渔业水产品产量比2008年增加13.26万吨，达到18.48万吨，增长2.54倍，远高于全国0.32倍的增长水平。从养殖面积来看，2018年陕西省水产养殖面积达5.28万公顷，比2008年增长近6倍。渔业产量虽然增长较快，但生产效率还需进一步提高。

(二)农村第二产业

1. 产值情况

2018年全省规模以上农副食品加工企业635家，比2008年增加了384家，占到全省规模以上加工企业的9.83%；2018年规模以上农副食品加工业用工人数为6.22万人，占全省规模以上加工企业的4.24%。2018年全省规模以上农副食品加工业总产值达到1442.96亿元，比2008年增加了1210.75亿元，增长幅度超过5倍，农副食品加工业生产规模扩张迅速。农副食品加工业产值不断增长，但是发展速度逐渐放缓，2008~2018年，规模以上农副食品加工业产值增长速度不断下降，增速从2009年的34.43%下降到2018年的5.97%，平均增速为20.50%。2008~2018年规模以上农副食品加工业产值占全省规模以上工业总产值的平均比重为4.61%，并且该比重逐渐增加，2018年占比为5.73%，比2008年提高了2.56个百分点（见图5）。

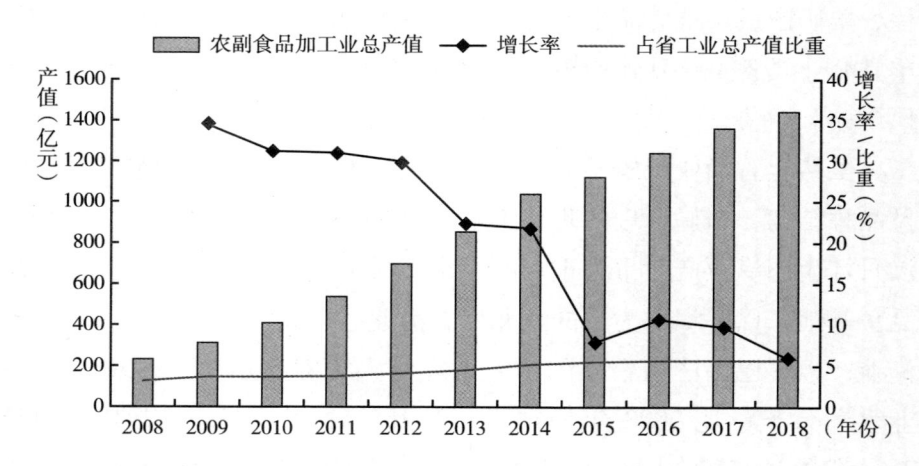

图5 2008~2018年陕西规模以上农副食品加工业产值情况

资料来源：《陕西统计年鉴》（2009~2019）。

2. 经营情况

2018年全省规模以上农副食品加工业主营业务收入达1245.47亿元，比2008年增加了1036.99亿元，增加了4.97倍。虽然主营业务收入一直呈现增加趋势，但增长速度逐渐放缓，2008~2018年规模以上农副食品加工业主营业务收入平均增速为20.14%，2009年增速高达38.18%，而2018年则降至1.58%，增速大幅下降。2008~2018年规模以上农副食品加工业主营业务收入占全省规模以上工业主营业务收入的平均比重为4.57%，并呈现先增加后降低的趋势，2008~2016年该比重从3%逐渐增加至5.58%，随后又降至2018年的5.4%（见图6）。

2018年规模以上农副食品加工业利润总额为67.60亿元，比2008年增加了63.87亿元，增幅高达17倍。利润总额整体呈现先增加后降低的趋势，2008~2018年平均增速为20.14%，除了2013年出现小幅负增长外，2008~2016年利润总额都是大幅增加，2008~2009年增幅尤其明显，达到3.64倍，2016年利润总额达到最高的80.79亿元，此后不断减少，2018年利润总额比上年减少了10.18%。2008~2018年规模以上农副食品加工业利润总额占全省规模以上工业利润总额的比重平均为2.9%，并且整体呈现先增加后降低的趋势，2008~2016年该比重从0.43%增加至5.21%，随后又降低至2018年的2.77%。

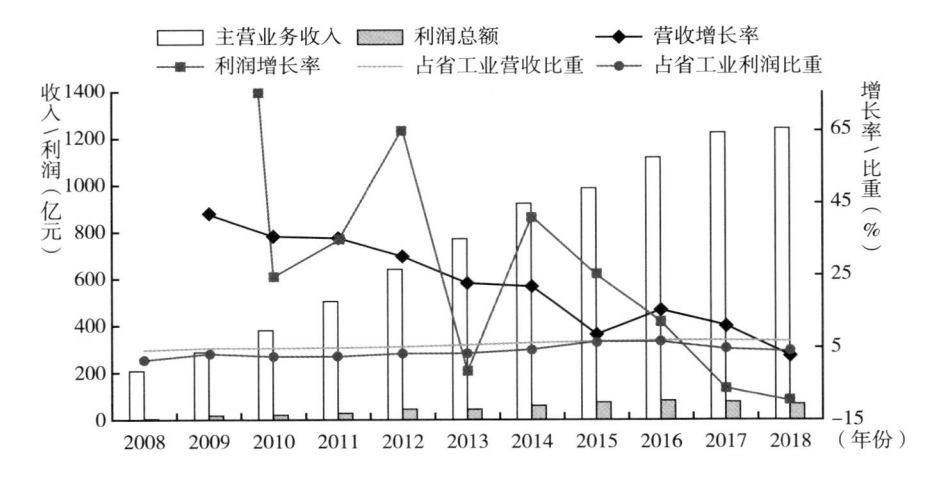

图6 2008~2018年陕西规模以上农副食品加工业营收状况

资料来源：《陕西统计年鉴》（2009~2019）。

（三）农村第三产业①

1. 发展迅速，对农林牧渔业总产值贡献较低

2008~2018年全省农林牧渔服务业产值持续增长，2018年达到177.75亿元，比2008年增加108.54亿元，增长1.57倍。2017年农

---

① 主要讨论"农、林、牧、渔专业及辅助性活动"的情况。

林牧渔服务业产值占全国的比重为3.03%，全国排名第12位，比农林牧渔服务业产值最高的山东省低501.1亿元。2008~2012年增长率不断提高至14.84%，随后逐渐放缓降低至9.2%，年均增长9.93%（见图7）。

农林牧渔服务业产值对农林牧渔业总产值的平均贡献为4.94%，2010~2018年农林牧渔服务业产值在总产值中的比重呈先下降后上升趋势，在2018年达到最高的5.5%，比全国平均水平高0.34个百分点。虽然农林牧渔服务业取得了较快发展，对农林牧渔业总产值的平均贡献分别高于林业和渔业3.24%和0.92%，但是远低于种植业和牧业的产值贡献，而且增长速度与林业和渔业发展速度相比仍然较低，平均增长速度分别低0.78%和7.78%，农林牧渔服务业发展仍处于相对落后的状态。

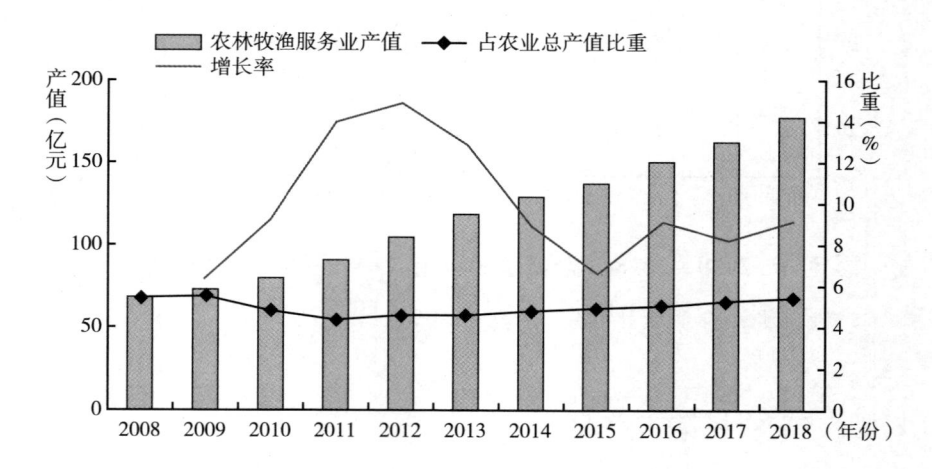

图7　2008~2018年陕西省农林牧渔服务业产值变化

资料来源：《陕西统计年鉴》（2009~2019）。

2. 区域发展水平存在较大差异

从空间分布来看，关中是陕西省农林牧渔服务业发展程度最高的地区，2018年产值为121.46亿元，占到全省的68.33%。其次为陕南，2008~2018年陕北和陕南农林牧渔服务业增长速度不断加快，而关中近几年增长速度则逐渐放缓（见表1）。

表1 2008~2018年陕西省区域农林牧渔服务业产值变化

单位：亿元，%

地区	产值 2008年	产值 2018年	增长率 2008~2011年	增长率 2012~2014年	增长率 2015~2018年	2018年比重 占本地农林牧渔	2018年比重 占全省
陕北	9.15	22.86	4.71	9.84	14.07	3.53	12.86
关中	42.21	121.46	12.39	14.78	8.06	6.63	68.33
陕南	17.30	32.70	1.25	7.42	10.65	4.30	18.39

资料来源：《陕西统计年鉴》（2009~2019）。

二 陕西农业的主要特征

（一）粮食生产稳步提升

全省粮食作物产量、产值持续增长。2019年产量1231万吨，比2008年增长80.11万吨，年平均增长0.64%。除大豆产量下降外，其他粮食品种产量都呈增长趋势，稻谷增长最快，达18.87%。2018年粮食产值359.69亿元，对种植业总产值的贡献为16%。2019年粮食单产4105公斤/公顷，比2008年增加547公斤/公顷。

（二）农产品竞争力明显提高

农业生产能力稳步提升，农产品竞争力明显提高，林产品、禽蛋和水产品产量呈上升趋势。近11年，蔬菜、水果的产量增速分别达68.48%、43.41%；茶叶、核桃快速发展，产量增长均在2倍以上。此外，从人均主要农产品来看，2018年全省油料、水产品的人均产

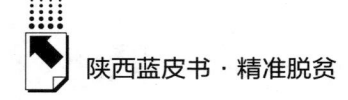

量分别增长0.2倍、2倍，猪肉、牛羊肉的人均产量分别增长15.32%、20%。

（三）特色农业发展势头良好

2018年全省经济作物产值占种植业总产值的80.13%，水果、蔬菜和茶叶的产值占经济作物总产值的86.65%。其中，苹果种植面积896.36万亩，产值497.77亿元，比2008年增加364.87亿元，年均增长8.34%；蔬菜产值625.51亿元，比2008年增加425.07亿元，产量达1808.44万吨；茶叶产值53.08亿元，比2008年增加44.44亿元。特色农业发展势头良好。

（四）区域布局日趋合理

从产值来看，种植业主要集中在关中，增幅整体放缓；林业主要来源于关中和陕南；牧业主要集中在关中；渔业发展程度普遍较低，主要集中在关中和陕南。从产品来看，粮食、蔬菜、奶类等农产品的主产地分布在关中，稻谷、油料、茶叶的产区主要分布在陕南，大豆、羊肉等主要分布在陕北。从各市（区）情况来看，咸阳、西安、渭南的农林牧渔业总产值在陕西省居前三位。

三 陕西农业高质量发展面临的主要问题

（一）三产融合程度低

乡村旅游是最常见的三产融合表现形式。截至2019年，全省共创建了国家三产融合发展先导区5个，打造了中国美丽休闲乡村25个、全国休闲农业示范县13个，三产融合发展取得了一定进展。但是还存在农产品加工业滞后、标准化生产意识不强、休闲农业同质化现象严重、农村人力资本不足、农户参与产业融合能力较弱等问题，三产融合度仍然偏低。

（二）品牌影响力不足

全省只有主要的特色农产品形成了标准生产体系，大多数产品生产的标准化程度仍然较低。经过多年发展，全省"两品一标"产品数量初具规模，发展迅速。但是占全国比例仍然较低，且主要集中在关中地区，以果品类、农产品类为主，畜禽、粮油、蔬菜等类别较少，产品品牌的影响力、竞争力有待提升。

（三）村集体经济体量偏小，盈利能力较弱

全省村集体经济整体实力与全国平均水平差距较大，区域发展不平衡，大部分村集体资产未得到有效利用，村集体盈利能力普遍较弱。2018年全省村集体经济组织资产和总收入分别为561.9亿元和96.2亿元，仅占全国村集体经济组织资产和总收入的1.3%和2.0%。

（四）经营管理人才缺乏

农村劳动力文化程度普遍偏低，截至2018年，全省农村剩余劳动力中（16～45周岁），初中以下文化程度547.6万人，占劳动力总数的75.8%。新型农业经营主体的管理水平较低，90%的合作社缺少经营管理和市场营销等人才。高素质农民比重较低，运用新理念、新技术对周边农户的辐射带动作用有限。

（五）创新驱动能力不足

一是农业科技创新不足。全省农业科技研发资金投入与科技人员配置比例较低，财政投入的涉农科技创新资金也呈下降趋势。同时，农业科技研发能力不强，推广力度不大，农业科技贡献率较低。二是

投融资渠道创新不足。一方面，土地、村集体资产等进入流通环节的模式创新不够，农村现有资源盘活力度小；另一方面，农村固定资产投资主要面向第三产业，对于农业生产条件的改善作用有限，且社会参与的创新不足。

四 陕西农业高质量发展的对策建议

（一）拓展农业多功能性，以特色农业推动三产融合发展

健全和完善农村产业融合发展机制。切实贯彻实施国家各类推动农村一二三产业融合发展政策，积极争取国家项目支持；开展示范引导工作，宣传推介农产品加工业发展典型、休闲农业和乡村示范县（区）、美丽乡村等先进，充分发挥引领带动作用。引导加工企业向粮食生产功能区、重要农产品保护区以及特色农产品优势区，现代农业产业园、科技园、农民创业园聚集发展；发挥比较优势，鼓励关中和陕南、陕北形成"农产品销售营销+原料基地"共享发展机制；积极推动初加工、精深加工、综合利用加工协调发展，实施农产品加工业提升行动。

（二）构建区域公用品牌体系，加强农产品品牌市场营销

围绕陕西省"3+X"农业产业体系，由政府引导农业龙头企业、行业协会，共同制定"十四五"时期农产品区域公用品牌创建规划，力争在形成涵盖区域主要特色农业产品的区域公用品牌体系，建立品牌标识、标准、使用、推广等一系列管理制度，发挥品牌带动效应。构建政府、企业、社会组织等共同参与的农产品品牌宣传推介机制，借助中央媒体和省市各类媒体，农产品博览会、展销会等渠道，以及新媒体等新兴手段，加强品牌市场营销。

（三）因地制宜，创新集体经济发展方式

将村集体历年积累的资金、土地补偿费等货币资产，通过参股经营等方式转为经营资本，获取股金、利息和资产增值等资本运营收入。利用各级财政扶持资金和村级自筹资金组建发展集体经济基金池，由政府国资公司负责运作，营利收入返还增加集体经济收入；注重联合与合作，实行统筹发展，针对集体经济薄弱村联合开展优质资产回购与项目建设，增强自我造血功能，促进集体经济发展；以村办企业为基础，以股份合作为纽带，动态调整股权结构，建立现代企业制度，积极吸引外部资金、技术、人才，走"以工业化为牵引，带动城镇化建设，进而率先推进农业农村现代化"的发展道路；引导、扶持村集体利用集体所有的非农建设用地或村留用地，兴建标准厂房、专业市场、仓储设施、职工生活服务设施等，通过物业租赁经营等方式增加村集体收入。充分利用美丽乡村建设成果，大力发展美丽经济，拓展集体经济发展空间，打造村域景区、农家乐、民宿经济等，把绿水青山变成金山银山；围绕村域产业化经营，创办多种形式的村级经营性服务实体，通过开展购销服务增加村集体收入。通过资源整合、产研结合打造集生产加工、参观体验与三产融合于一体的特色农副产品加工示范高地，推动农旅深度融合；凭借山水、田园等特色自然资源，开发增收项目，实现村级集体经济稳定增长。通过村集体领办土地股份合作社，推动农业适度规模经营，着力提高劳动生产率和土地产出率，实现土地经营收益最大化。

（四）多措并举，激励社会人才投身农业

积极鼓励外出务工人员、退役军人回乡创业，持续优化营商环境，提供服务平台，确保创业创新稳定发展。全面建立高等院校、科研院所等事业单位专业技术人员到乡村挂职、离岗创新创业制度，鼓

励和支持企业家、党政干部、专家学者、技能人才等通过下乡担任志愿者、投资兴业等方式，参与农业农村发展。建立有效的引导和激励机制，增强农业农村从业人员，尤其是高素质农民的职业自豪感和自信心，设立高素质农民创业扶持基金，使强农、惠农、富农政策向农业农村从业人员倾斜。构建完善的利益保障机制和风险分担机制，建立健全中央、省、市、县财政和省再担保机构、担保机构及银行"三位一体"的小微企业担保风险分担补偿机制，降低农业农村从业人员创业风险，保护其从业创业积极性。鼓励有能力的村组干部、合作社负责人等带头发展产业。

（五）加强建设，强化科技驱动

加强农业科技创新体系建设，建立政府、企业、高等院校和科研院所等创新主体协同互动和创新要素顺畅流通、高效配置的创新系统，加大农业科研投入力度，加快创新团队和人才梯队建设。围绕生物技术、资源利用、农业工程、食品加工与营养安全等关键领域，进行科技攻关，组织实施粮食、生猪、"3+X"特色产业等科技重大专项重点项目研发。大力开展农业科技协同创新，发挥杨凌农科城在农业科技产业化、农产品深加工等方面的示范推广作用。持续培育农业科技型中小企业，创建一批主要农作物生产全程机械化示范县，提升农业科技园区建设水平。组建一批具有专业背景，掌握法律、知识产权、市场管理等知识的专业成果转化团队，筹建省级农业科技服务云平台，促进农业科技成果转化应用和农业适用技术推广。

（六）强化保障，加大资金投入力度

整合涉农财政资金，优化政府资金支农支出结构，转变资金投入方式，保障农业农村发展的资金投入；加快构建多层次、广覆盖、可持续的农村金融服务体系，鼓励金融机构、商业保险机构创新涉农业

务和产品，为农业生产主体提供资金支持服务和风险应对保障；完善农业产业扶持基金制度，吸引社会资本参与农业项目建设和运营。进一步加大公共财政对农村基础设施建设的投入力度，探索建立城乡基础设施和公共服务设施互联互通、共建共享机制，完善农产品加工、销售等配套设施建设。

B.7 产业扶贫：陕西政策、模式、成效与优化

赖作莲*

摘　要： 产业扶贫是脱贫攻坚的治本之策。陕西在脱贫攻坚中，因地制宜地实施产业扶贫，形成了特色农业产业、光伏产业、旅游产业、加工制造产业等多种扶贫产业发展类型，并在产业扶贫中形成了"龙头企业+贫困户""合作社+贫困户""政府+供销社+金融+企业+贫困户""党支部+村集体+贫困户"等多种组织形式。通过股权联结、"保底收益+分红"、"先借后还"、订单农业等利益联结形式，较好地保障了贫困群众的利益。产业扶贫有力地推动了贫困县（区）全部实现脱贫摘帽，促进了贫困地区农村居民收入快速增长、农村产业发展，促进了贫困地区经济发展、农业新型经营主体培育壮大和农村集体经济发展壮大。要总结推广产业扶贫模式，推动产业扶贫向产业兴旺迈进。

关键词： 产业扶贫　扶贫模式　陕西

产业扶贫是精准扶贫"五个一批"工程中的首位工程，是脱贫

---

* 赖作莲，陕西省社会科学院农村发展研究所副研究员，博士，研究方向为农业经济管理。

攻坚的治本之策、固本之基和关键之举。习近平总书记指出："要脱贫也要致富，产业扶贫至关重要。"产业扶贫不仅直接助推贫困群众发展产业增收脱贫，而且还有力促进其他扶贫措施取得成效。陕西在脱贫攻坚中因地制宜地实施产业扶贫，形成了众多有效的产业扶贫模式，有力地推动了陕西决战决胜脱贫攻坚。

一 产业扶贫的相关政策

产业扶贫政策是中国打赢脱贫攻坚战的重要举措，是脱贫的根本之策。2015年10月16日，国家主席习近平在减贫与发展高层论坛上首次提出"五个一批"的脱贫措施，随后，"五个一批"的脱贫措施被写入《中共中央 国务院关于打赢脱贫攻坚战的决定》。"五个一批"的首位工程就是发展生产脱贫一批。《中共中央 国务院关于打赢脱贫攻坚战的决定》明确要求："引导和支持所有有劳动能力的人依靠自己的双手开创美好明天，立足当地资源，实现就地脱贫。"

（一）我国产业扶贫政策的发展演变历程

我国产业扶贫是在开发式扶贫理念下实施的重要扶贫措施，在扶贫开发的实践中产业扶贫政策不断形成和完善。我国先后出台和实施的主要产业扶贫政策如表1所示。

表1 产业扶贫的主要政策梳理

年份	政策文件	产业扶贫政策要点
1997	《国家扶贫资金管理办法》	提出"实施扶贫项目应当亦有助于直接提高贫困户收入的产业作为主要内容"
2001	《中国农村扶贫开发纲要（2001~2010年）》	正式提出"产业化扶贫"这一概念。提出"形成有特色的区域性主导产业""积极发展'公司加农户'和订单农业""鼓励大中型农产品加工企业""加强农产品批发市场建设"

续表

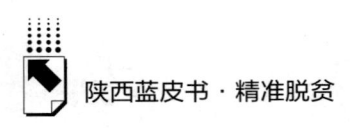

年份	政策文件	产业扶贫政策要点
2011	《中国农村扶贫开发纲要（2011~2020年）》	提出"建立特色支柱产业体系"的任务，"培植壮大特色支柱产业，大力推进旅游扶贫""通过扶贫龙头企业、农民专业合作社和互助资金组织，带动和帮助贫困农户"
2012	《关于集中连片特殊困难地区产业扶贫规划编制工作的指导意见》	提出"相关地区编制产业扶贫规划""各片区县用于产业发展的扶贫资金要占财政专项扶贫资金的70%以上"
2014	《关于创新机制扎实推进农村扶贫开发工作的意见》	提出"改善对农业产业化龙头企业、家庭农场、农民合作社、农村残疾人扶贫基地等经营组织的金融服务"
2015	《中共中央 国务院关于打赢脱贫攻坚战的决定》	提出"实施贫困村'一村一品'""完善资源开发收益分配政策""设立贫困地区产业投资基金"
2015	《中华人民共和国国民经济和社会发展第十三个五年规划纲要》	提出"'互联网+'产业扶贫""电商扶贫、光伏扶贫、乡村旅游扶贫工程"
2016	《贫困地区发展特色产业促进精准脱贫指导意见》	提出"力争到2020年，贫困户掌握1~2项实用技术""建立产业扶贫县域考核指标体系"
2016	《"十三五"脱贫攻坚规划》	提出"农林产业扶贫""旅游扶贫""电商扶贫""资产收益扶贫""科技扶贫"
2018	《关于打赢脱贫攻坚战三年行动的指导意见》	提出在剩余3年时间内要加大产业扶贫力度，完成脱贫目标

（二）陕西产业扶贫的相关政策

陕西省在积极落实好国家各项产业扶贫政策的基础上，又结合陕西实际出台了一系列政策措施，特别是脱贫攻坚期间陕西产业扶贫政策密集出台（见表2）。

表 2　脱贫攻坚期陕西产业扶贫政策梳理

年份	政策文件	政策要点
2015	《中共陕西省委陕西省人民政府关于贯彻落实〈中共中央国务院关于打赢脱贫攻坚战的决定〉的实施意见》	提出"大力扶持产业脱贫,发展特色产业"。要求陕南重点发展茶叶、生猪、柑橘、核桃、猕猴桃、魔芋、中药材等,关中重点发展苹果、奶畜及设施蔬菜等,陕北重点发展小杂粮、苹果、红枣、马铃薯、养羊等产业;加强贫困地区农民合作社和龙头企业培育,通过吸收贫困户土地经营权入股等方式,强化与贫困户的利益联结机制;支持贫困地区农产品加工、矿产资源开发、生态旅游服务等二、三产业发展
2016	《陕西省国民经济和社会发展第十三个五年规划纲要》	提出"大力发展生产脱贫""坚持市场导向,因地制宜发展特色产业,积极承接产业转移。增强贫困地区自身造血能力。支持劳动密集型产业、环境友好型产业、农产品加工流通业向贫困地区布局,建立经济组织与贫困户的利益联结机制",推行"政府+龙头企业+合作社+贫困户"模式
2017	《陕西省"十三五"农村脱贫攻坚规划》	提出"扶持生产发展一批",实施"特色主导产业扶贫、现代农业产业精准扶贫、资产性收益扶贫、旅游扶贫、电商扶贫、光伏扶贫"等"产业扶贫工程"
2018	《中共陕西省委陕西省人民政府关于打赢脱贫攻坚战三年行动的实施意见》	提出"扎实推进产业扶贫""深入实施特色产业提升工程,着力打造'3+X'特色产业体系,发展千亿级苹果为重点的果业、千亿级奶山羊为重点的畜牧业、千亿级设施农业为重点的特色种植业,因地制宜做优做强茶叶、猕猴桃、核桃、花椒、红枣、蚕桑等特色产业"
2018	《关于实施"3+X"工程加快推进产业脱贫夯实乡村振兴基础的意见》	提出实施农业特色产业"3+X"工程,大力发展以千亿级苹果为代表的果业、以千亿级奶山羊为代表的畜牧业、以千亿级棚室栽培为代表的设施农业,因地制宜做优做强魔芋、中药材、核桃、红枣和有机富硒、林特系列产品等区域特色产业,为打赢脱贫攻坚战、实现乡村振兴产业兴旺奠定坚实基础

在推进产业扶贫的过程中,各部门又围绕产业扶贫中存在的突出问题,出台相关配套政策,强化保障支撑作用。例如,2019年陕西省农业农村厅制定了《强化主体带动促进产业扶贫精准脱贫指导意

见》《贫困地区精准发展优势特色产业助推脱贫攻坚指导意见》等，规范资金管理、合作社建设，完善利益机制，夯实产业基础。一系列中央、省级产业扶贫政策为陕西产业扶贫提供了政策依据和路径遵循。

二 产业扶贫的类型模式

产业扶贫的关键在于选准产业，要在综合考虑贫困地区的产业基础、资源禀赋和生态环境等因素的基础上，确定适合本地实际的特色产业。如果产业选择不当，扶贫目标难以实现。在选准产业的基础上，通过完善产业链条，打造出具有市场竞争力的产品品牌，从而实现产业扶贫目标。

（一）特色农业产业扶贫模式

根据产业发展基础、资源禀赋、产业优势和产业发展规划，2018年，陕西省委办公厅、省政府办公厅联合印发通知，要求各地、各部门认真贯彻落实《关于实施"3+X"工程加快推进产业脱贫夯实乡村振兴基础的意见》，要求围绕以千亿级苹果为代表的果业、以千亿级奶山羊为代表的畜牧业、以千亿级棚室栽培为代表的设施农业，以及茶叶、魔芋、中药材、核桃、红枣等区域特色产业的发展，实施产业扶贫，打赢脱贫攻坚战。

1. 果业扶贫模式

陕西是全国水果种植第一大省。依托果业基地，实施果业扶贫，使水果成为带动贫困群众"脱贫致富果"。

苹果作为陕西最主要的水果。在渭北黄土高原，特别是在六盘山区、吕梁山区苹果产业是最重要的扶贫产业。洛川是著名的苹果之乡，以发展苹果产业推动产业扶贫。从2014年开始，持续加大产业扶贫资金投入，使全县85%以上的贫困户通过发展苹果产业，实现增收脱贫。凤翔县范家寨镇地处渭北沿山旱腰带地区，到2014年底，全镇贫困人口5534人，80%以上的贫困人口分布在山区、半山区和沿山旱腰带。范家寨镇通过加快苹果产业转型升级，推动苹果产业提质增效，推动贫困群众脱贫。

2. 养殖产业扶贫模式

养殖产业扶贫模式是通过发展猪、牛、羊、鸡、蜂等畜牧养殖产业带动贫困群众增收脱贫的扶贫模式。按照《关于实施"3+X"工程加快推进产业脱贫夯实乡村振兴基础的意见》，陕西大力发展以千亿级奶山羊为代表的畜牧业，通过畜牧业发展带动贫困户脱贫致富。

陇县、富平、乾县等奶山羊基地县实施奶山羊扶贫。富平县利用奶山羊基地县的优势，推动奶山羊产业扶贫，出台奶山羊产业扶贫扶持办法，根据新建养殖场的规模大小给予补助，对于贫困户，只要养殖奶山羊，每只就能获得补助400元。咸阳市永寿县、安康市汉滨区、紫阳县围绕生猪养殖这一特色主导产业，实施生猪养殖产业扶贫。

3. 设施农业扶贫模式

按照《关于实施"3+X"工程加快推进产业脱贫夯实乡村振兴基础的意见》，陕西大力发展以千亿级棚室栽培为代表的设施农业，以设施农业发展带动贫困群众脱贫致富。

延安市安塞区利用地处黄土高原丘陵沟壑区，光热和土地资源丰富的自然优势，大力发展设施果蔬产业，带动贫困户脱贫致富。到2019年，安塞区温室大棚面积达6.1万亩，亩均收入16300元，有11000多户农民实现了增收致富。

韩城市西庄镇史带村金天地现代农业临河示范园以设施瓜果蔬菜种植带动贫困户脱贫。示范园流转土地1500余亩，建设了日光温室大棚30座、薄膜拱棚60座，种植了30多个品种，瓜果蔬菜年产量达1000余吨，不仅每年为全镇314户贫困户保底分红，而且还为千

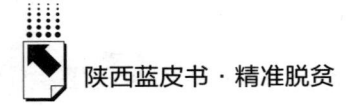

余人提供了就业岗位，带动了全镇农民脱贫致富。

4. 小众特色产业扶贫模式

陕南的茶叶、魔芋、中药材、猕猴桃、柑橘、核桃、中蜂，陕北的中药材、红枣、中蜂等，关中的猕猴桃、梨、葡萄等区域特色产品也是重要的扶贫产品，有力地带动了贫困群众脱贫。

安康市汉滨区、紫阳县，汉中市南郑区、西乡县，商洛市商南县、丹凤县等陕南大部分县（区）都通过发展茶叶带动贫困户脱贫致富。彬县韩家镇太光村通过建设万亩优质核桃产业园带动贫困户脱贫。柞水县金米村通过发展木耳产业带动贫困户脱贫。铜川市鸿伟实业有限公司通过带动农民发展兔业，带动贫困户脱贫。大荔县安仁镇通过发展冬枣产业，带动了全镇贫困人口1276人实现脱贫。

（二）光伏产业扶贫模式

光伏扶贫是国务院扶贫办确定的"十大精准扶贫工程"之一。光伏扶贫是通过铺设太阳能电池板发电，电能"自发自用、多余上网"，农民既可以使用这些电能，也可以将多余的电量卖给国家电网，光伏大棚下还可发展林下经济，从而实现增收脱贫。

2016年，国家在延安实施了首批光伏扶贫项目，包括村级光伏电站共计65.771兆瓦，帮扶9500户贫困户，集中式地面电站共计200.52兆瓦，帮扶6948户贫困户。

位于最北部的榆林市是陕西省太阳能资源最丰富的区域，光伏扶贫产业规模和覆盖面积位居全省第一。截至2019年底，榆林全市12个县市区累计建成并网光伏扶贫电站276座，总规模达19.4万千瓦，可惠及4.5万户建档立卡贫困户，部分贫困村实现了全覆盖。榆林吴堡、米脂等县在实施光伏扶贫中，还通过"光伏+中药材""光伏+蔬菜"，较好地实现了光伏发展和农业生产双赢，探索出发展低碳经济、节能减排和生产、绿色清洁能源的有效路径。光伏产业扶贫项目在陕北实施的同时，也在关中、陕南的多个县区实施。

商洛市商州区将光伏发电作为产业扶贫的主要产业之一，制定了光伏发电扶助政策，设立光伏发电站配电基础设施建设专项资金，对贫困户每户提供补助。同时，积极引导和鼓励国有企业、民营企业参与光伏扶贫工程建设。

（三）旅游产业扶贫模式

旅游产业扶贫模式是通过发展乡村旅游、休闲农业，带动贫困户融入旅游产业链，促进其增收，实现脱贫的扶贫模式。

陕西以1178个"全国乡村旅游扶贫重点村"为重点实施旅游产业扶贫，采用旅游示范县建设、旅游景区建设、文化旅游名镇建设、旅游扶贫重点村建设、汉唐帝陵旅游带发展、旅游土特产生产销售等途径，推动乡村旅游产业发展，带动贫困群众脱贫。

宝鸡市针对大约50%的贫困人口集中在生态优良、乡村旅游资源丰富的北部乔山、南部秦岭、西部关山地区的现实，大力发展乡村旅游扶贫。通过设立产业引导基金，引导各类资金数亿元，集中将近50个扶贫攻坚重点村打造成乡村旅游村，使贫困群众通过乡村旅游产业的带动摆脱贫困。

（四）加工制造产业扶贫模式

加工制造产业扶贫模式是在推进脱贫攻坚过程中，积极承接东部地区劳动密集型的产业转移，建立社区工厂，形成了以电子元件加工和服饰制造业等产业为扶贫产业发展类型的扶贫模式，也被称为"社区工厂"扶贫模式。

安康市平利县率先试点建设社区工厂，在集中搬迁安置区，通过招商引资等方式，引进电子加工、毛绒玩具、服装加工等劳动密集型加工制造企业，解决搬迁群众就业不足问题，实现搬迁户"楼上居

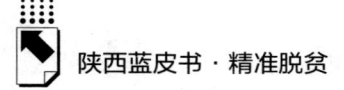

住、楼下就业"。加工制造业成为重要的产业扶贫类型。截至2018年底，平利全县累计发展社区工厂83家，形成毛绒玩具、服装手套、电子元件、手工艺品四个产业集群，提供就业岗位6000余个，工人每月平均工资2000元以上。

陕西从2017年开始在全省推广平利社区工厂就业扶贫模式。到2018年底，陕西省发展社区工厂526家，吸纳贫困劳动力就业7713人。

三 产业扶贫的组织形式

（一）"龙头企业+贫困户"模式

这一模式是通过龙头企业的带动，帮助贫困户发展产业，实现增收脱贫的模式。随着产业的发展、市场环境变化及企业的成长，贫困地区又逐渐发展出"龙头企业+基地+贫困户""龙头企业+合作社+贫困户"等多种形式，但龙头企业的带动是主导力量。安康市的阳晨模式是典型的"龙头企业+贫困户"模式。

安康市汉滨区阳晨现代农业科技有限公司是一家种猪繁育、商品猪饲养、饲料研发生产、生物质能源开发与利用及现代生态农业示范的农业科技公司。公司通过向贫困户提供仔猪、技术指导及生猪收购等方式，带动贫困户从事生猪养殖业，并通过流转土地、提供劳务务工等方式带动贫困户增收。阳晨牧业的精准扶贫模式在2017年成功入选农业农村部评选的全国12家产业扶贫典型榜样企业。2019年10月国务院扶贫领导小组办公室授予阳晨公司全国"万企帮万村"精准扶贫行动先进民营企业的称号。

咸阳泾渭茯茶有限公司在汉中西乡等地采用"企业+合作社+贫困户"的方式，发展茶叶产业带动贫困户脱贫。公司通过大规模茶园建设及采购茯茶制作原料黑毛茶的形式，收购贫困户采摘的黑毛茶原料及雇用当地贫困户加工茶叶，带动西乡县 5 个镇 23 个村 263 户贫困户脱贫。

陕西森弗天然制品有限公司是一家农产品深加工企业。公司通过与示范园、合作社、贫困户签订订单协议，由贫困户向公司生产提供农产品，农产品在森弗产业园加工成各类大健康理念产品，产品通过互联网营销体系销售；市场销售情况又成为指导农户下一轮种植的依据，从而确保农产品销路。公司将贫困户纳入产销体系，实现企业与贫困户的双赢，带动了贫困户增收脱贫。

（二）"合作社 + 贫困户"模式

这一模式是指通过合作社带动，实现贫困户脱贫。在扶贫产业发展中，又形成了"专业合作社 + 贫困户""合作社 + 村集体 + 贫困户""合作社 + 专业大户 + 贫困户""合作社 + 基地 + 贫困户""合作社 + 基地 + 专业大户 + 贫困户""合作社 + 基地 + 专业大户 + 党支部 + 贫困户"等多种形式。

商洛市商州区华农蜂业农民专业合作社是一家集养殖、加工、销售于一体的秦岭中华蜂合作社。合作社通过"合作社 + 科技 + 电商 + 贫困户"的发展模式，带动贫困户脱贫。合作社通过自养中华蜂，带动贫困户养殖。合作社对贫困户开展月度性中华蜂科学养殖技术授课培训。合作社为解决贫困户资金短缺的困难，推行"以蜜换蜂、学养结合"的发展模式，不仅解决贫困户发展产业缺乏启动资金问题，而且使贫困户在生产中涨技术。此外，合作社通过注册自有商标，加大与电商平台的合作，不仅解决了自产蜂蜜销售难的问题，而且还积极帮助洛南、山阳、商南等县区的贫困户销售土蜂蜜。

铜川市印台区广阳镇的鑫鑫兴合作社通过"合作社 + 基地 + 贫困户"，采用社员免费加入的方式，为贫困户提供地膜、套袋、化肥等农资产品，还以免费组织培训的方式，为贫困户担保赊购农资、银

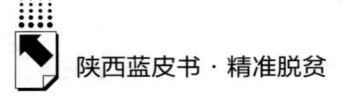

行贷款等,帮助贫困户发展产业,使其实现增收脱贫。

南郑区牟家坝镇云峰寺茶产业专业合作社通过"合作社+村委会+贫困户"的形式参与扶贫。村组干部动员农户将土地承包经营权流转到合作社统一经营,农户成为合作社成员。头两年由合作社负责建园和管护,两年后茶园初步建成,合作社将茶园交还农户(贫困户)自主管理;五年投产后不愿自主经营的,合作社按照市场价格向贫困户支付土地流转费用。合作社对没有加入和分散的贫困户,统一提供农资、免费技术培训,免费供应肥料等生产资料,并按市场价格回收茶叶。

(三)"政府+供销社+金融+企业+贫困户"模式

这一模式是指在蒲城、合阳和洛南等地实施的,由供销社发挥组织、联结作用,聚合政府、企业、金融等多方力量,而实施的扶贫模式。蒲城、合阳和洛南等县将中央、陕西省财政产业扶贫资金切块到县,再由县政府委托省供销集团代贫困户持股,采取增资扩股或股权转让方式,以优先股投资到县政府推荐的龙头企业或农民合作社,由供销集团负责保值增值。这一模式相较于"企业+贫困户"模式,整合了更多的力量,突出了供销合作集团在选择扶贫产业和挑选扶贫带动主体的作用,发挥了供销合作集团与农民群众联系密切的优势。

在推进扶贫过程中,供销合作集团按照带动性、效益性、特色性,确定了16类优势特色产业,龙头企业(合作社)在贫困地区建立优势产业生产基地,促进贫困群众就地就近就业。按照产权明晰、行业龙头、带动农户、政府推荐等要求,确定产业基础好、企业管理规范、经营收入稳定、带动能力强的龙头企业(合作社)作为合作企业。该模式充分发挥了各参与主体的作用,以资本为纽带,以契约形式建立了政府、供销社、金融企业、龙头企业、贫困户利益共同体。贫困户嵌入企业全产业链条,供销社扩大了资本,龙头企业得到了项目、资金，县级政府找到了精准扶贫的载体，从而推动了区域特色产业发展。

（四）"党支部+村集体经济合作组织+贫困户"模式

这一模式是指充分发挥村党支部在产业扶贫中的作用，在村党支部引领下，成立村级经济合作组织，引领贫困户脱贫致富。在发展过程中，随着社会扶贫力量的参与，贫困地区又发展出"党支部+村集体经济合作组织+专业合作社+贫困户""党支部+村集体经济合作组织+企业+贫困户"等模式。

渭南市蒲城县充分发挥村党支部在产业扶贫中的作用，明确全县每个村都要在村党支部引领下，成立村级经济合作组织，建设产业示范点。全县整合涉农资金集中捆绑使用，把"拨款"改为"投资"，打破过去给村级合作社的补贴方式，对村级经济合作组织发展好的村予以奖励，从而有力地促进了村级经济合作组织发展。

宝鸡市千阳县把在贫困村发展村级集体经济组织作为带动贫困人口稳步脱贫致富的突破口。在每个贫困村安排1~2个财政专项产业扶贫项目或涉农整合项目，由村集体经济组织实施，并且按照一个贫困户1万~2万元财政资金的标准，直接通过集体经济组织账户进行资金拨付报账，以推动贫困村集体经济发展。千阳县张家塬镇柳家塬村集体经济合作社将财政扶贫资金入股农机、红果、光伏3个本村专业合作社，带动全村163户贫困户脱贫。

四 产业扶贫的利益联结方式

（一）股权联结模式

股权联结模式是贫困户通过拥有股权而分享产业发展的成果，从

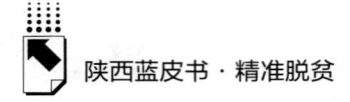

而实现增收脱贫的模式。

榆阳区赵家峁村通过"资源变资本、资产变股金、农民变股东"的"三变"改革，使贫困户成为村集体经济组织的股民，凭借股权分享村集体经济收益。该村委会在清产核资基础上，合理界定集体经济组织成员身份，确定股民630人，经全体村民讨论设置五种股权，其中耕地股38%、人口股22%、资金股23%、旧房产股12%、劳龄股5%。村集体经济收益直接与村民收入挂钩，有效地调动了广大村民的积极性，也使贫困户能从村集体经济发展壮大中获得更多的收益，从而实现脱贫。

陕西雅泰乳业有限公司在雅泰羊场和张沟羊场的建设中采取股份的方式，强化企业与贫困户的利益联结。雅泰羊场吸纳了134户贫困户入股，90户贫困户通过贫困户小额贷款入股羊场，每户每年分红3100元；37户贫困户通过养殖入股，每户每年分红3100元；7户贫困户通过劳动力入股，每人每年分红36000元。张沟扶贫羊场贫困户通过土地入股和资金入股两种方式，土地入股每亩土地年分红300元，资金入股贫困户利用贫困户小额贷款入股羊场，每户每年分红4000元。通过股份将企业与贫困户打造成为"利益共同体"。

（二）"保底收益+分红"模式

该模式指贫困户以土地、资金等入股企业或合作社后，在享有保底收益外，还可根据公司、合作社的盈利，按一定比例得到分成。

白水县引进企业和合作社参与苹果产业扶贫过程中，采用"保底收益+分红"的方式确保贫困户从中受益。县政府依托苹果产业，整合投入1500万元，在推进苹果三次产业融合发展试点的同时，选定了23家企业和合作社，通过土地入股、产品入股、现金入股等的"果园托管"方式，农民把果园交给公司或合作社，由公司或合作社全程管理，并给农民按照保底产量和保底投入，增收部分按三七分成。每年企业跟农户签订保底协议，如果当年果园的收益没有达到预期目标，贫困户仍然可以拿到协议约定好的保底收入，赔偿的部分由企业承担。

（三）"先借后还"模式

这种模式是龙头企业先"借给"贫困户一定数量种苗，例如猪仔、鸡苗、菌袋、苗木等，签订帮扶协议，全程开展技术指导，按保底价回收产品，贫困户在出售产品之际将企业先行垫付的种苗款还上。

商南县推广实施了"借袋还菇""借鸡还蛋""借苗还果""借鹿还茸""借犊还牛"等多种"先借后还"模式。政府利用产业扶持资金，对参与"先借后还"模式的贫困群众进行鼓励和支持。对参与"先借后还"模式的贫困群众，还利用产业扶贫资金进行补贴。此外，还为发展产业的贫困户提供政府贴息贷款。

陇县宏盛农牧食用菌基地实施了"先借后还"的产业扶贫。企业免费为贫困户提供菌棚，并为贫困户生产食用菌免费供水、供电，免费进行技术培训；企业借给贫困户生产用菌袋，食用菌成熟采摘后企业按保底价回购，借给贫困户的菌袋价从回购款中扣除。通过一借一还，贫困户得到保底收入，企业可以赚取菌袋收入。

该模式有效地解决了产业发展前期，贫困户缺资金、缺技术、缺信息、缺销路、怕风险的问题，也使龙头企业能较迅速地做大做强，实现产业发展和贫困户脱贫增收双赢。

（四）订单农业模式

企业、合作社与农民订立具有法律效力的订单合同，龙头企业、合作社提供种苗、农资等生产资料和生产技术服务；农户按照龙头企业、合作社的标准进行生产，保证农产品质量达标。农产品收获时，龙头企业、合作社按照不低于保护价的价格进行收购（在市场价低于保护价时，以保护价进行收购；市场价高于保护价时，以市场价收购），较好地解决了农户前期生产投入和农产品销售难题，保证农民预期收益。

铜川市印台区的鑫鑫兴合作社与贫困户社员签订苹果帮销协议，以不低于市场价的保护价收购贫困户社员苹果。延安恒业园农业发展公司是一家以发酵床养殖黑毛猪的生态绿色无公害养殖企业，公司在宝塔区的贫困村甘谷驿小张沟村建立500亩的养殖基地，公司与贫困户签订协议，公司免费为每户贫困户提供猪仔两头，全程免费提供防疫和技术指导，等猪仔长成商品猪后，公司以保底价统一回收。汉中榛旺合作社与贫困户签订土鸡订单协议，按高于市场5%~10%的价格回收。

五 产业扶贫的主要成效

（一）有力推动了贫困县（区）全部实现脱贫摘帽

2020年2月27日，陕西省所有贫困县（区）实现脱贫摘帽。在2017年延长县等4个县（区）退出贫困县和2018年周至县等23个县退出贫困县后，剩余的29个贫困县（区）全部退出，意味着区域性整体贫困基本解决。

陕西省脱贫攻坚取得的决定性胜利是"五个一批"帮扶政策措施合力作用的结果，但是产业扶贫是基础。除少数兜底扶贫对象外，绝大多数的贫困群众是通过产业扶贫摆脱贫困的。据不完全统计，2019年，安康市通过产业扶贫实现脱贫的人口占64.99%，咸阳市通过产业扶贫实现脱贫的人口占74.44%。产业扶贫有力地带动了贫困人口脱贫。

从个体层面看，产业扶贫通过推动农业特色产业的产业化发展，为贫困群众参与产业发展创造机会，贫困群众根据家庭所拥有的土地、劳动力、资金等资源状况，采用不同方式参与产业发展的生产、加工、流通和销售等环节，获得收入，实现脱贫。从区域层面看，产业扶贫通过发展产业，促进区域经济的整体发展，从而为贫困户创造更多的就业机会和市场需求。商州区通过推动光伏产业扶贫，建设村级电站63座、集中连片式大型地面电站3座，总装机容量达到100兆瓦，直接带动3万多贫困人口实现脱贫。

（二）促进了贫困地区农村居民收入快速增长

通过实施产业扶贫，陕西省拓宽了贫困群众的收入来源。贫困地区群众既可以直接参与农业特色产业发展增加家庭经营收入；也可以通过将土地、扶贫资金入股企业、合作社，获得股份分红，增加财产性收入；还可以受雇于企业、合作社，获得工资性收入，从而促进贫困地区农村居民收入的快速增长。

安康市是陕西省贫困人口最多、贫困发生率最高的地市，在产业扶贫的推动下，安康市农村居民收入实现了快速增长。2019年全市农村居民人均可支配收入增长10.2%，增速居全省第一。这在很大程度上得益于农村贫困人口的收入增长速度快于一般农村居民。

众多扶贫项目都为贫困群众带来了实实在在的增收好处。测算显示，榆林市的光伏扶贫产业，年收益额为2亿元左右，除去运行成本，每年可获得1.8亿元左右的光伏扶贫收益。西安众天蜂业集团作为带动主体实施的中蜂产业扶贫项目，带动了秦岭北麓5县（区）22个镇街165个行政村的1500余户贫困户，户均养蜂20箱以上，从而实现户均年增收7500元以上。蓝田县安村镇下白村的西安绿杰种植养殖专业合作社，带动贫困户参与草莓产业发展，2019年为贫困户分红4.85万元。

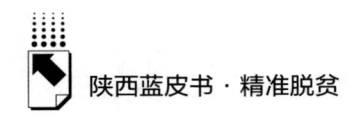

在南郑区牟家坝镇云峰寺茶产业专业合作社的带动下,通过农户出土地、合作社出资金、技术建园的发展模式,该镇带动114户贫困户发展茶产业,户均年增收2100元以上。汉中榛旺合作社与贫困户签订土鸡订单协议,户均增收6000元以上。

(三)促进了农村产业发展和贫困地区经济发展

促进了农村农业特色产业发展。通过推进农业特色产业"3+X"工程的实施,陕西省有力地促进了以苹果为主的果业、以奶山羊为主的畜牧业、以棚室栽培为主的设施农业的发展,也有力地推动了茶叶、魔芋、红枣、中药材等特色产业发展。2019年上半年,全省新增苹果33.3万亩、猕猴桃5.8万亩、奶山羊30万只,新建茶园3.8万亩,设施蔬菜面积、产量稳中有升,特色产业对农村经济和农民增收的支撑作用不断显现,全省农业增加值同比增长4.5%。

(四)促进了农业新型经营主体培育和壮大

在脱贫攻坚期间,鼓励和支持农业新型经营主体参与产业扶贫项目,带动贫困户通过发展产业增收脱贫。农业新型经营主体在参与产业扶贫带动贫困群众脱贫过程中,自身也得到成长壮大。截至2019年,全省累计扶持培育龙头企业2127家,发展农民专业合作社61000余家,注册家庭农场17000余家,认定职业农民8.7万人,新型经营主体不断发展壮大,带动能力持续增强。

(五)促进了农村集体经济发展壮大

脱贫攻坚期间,陕西省将发展壮大农村集体经济作为带动贫困群众脱贫的重要途径,积极推动农村集体经济发展壮大。2019年,陕西省利用中央财政资金4.38亿元,支持村集体经济发展壮大。同时,整合产业扶贫资金,重点支持计划脱贫摘帽县的集体经济发展。强有力的支持，促进了农村集体经济发展壮大。截至2019年上半年，全省12789个村的集体经济有了发展，3583个村实现集体经济分红，190多万群众获得分红收入，其中贫困人口108.7万人获得分红收入。2019年，安康市村集体资产总额150.1亿元，村均集体资产839万元。到2020年，陕西实现了脱贫村集体经济全覆盖。

六 推动产业扶贫向产业兴旺迈进

（一）产业扶贫必须向产业兴旺迈进

贫困县全部"脱贫摘帽"后，推动脱贫攻坚、乡村振兴两大战略有机衔接成为巩固脱贫攻坚成果、推动乡村振兴战略实施的重要任务。产业扶贫是脱贫攻坚战略排在首位的"五个一批"，产业兴旺是乡村振兴战略的首要目标，推动产业扶贫向产业兴旺迈进是实现脱贫攻坚、乡村振兴两大战略有机衔接的必然要求和关键举措。

产业扶贫和产业兴旺的目标是一致的，都是为了满足人们对美好生活的需求；产业扶贫是产业兴旺的基础；产业扶贫是近期目标，产业兴旺是远期图景。只有实现产业扶贫向产业兴旺迈进，才能巩固产业扶贫成果和提升产业扶贫质量，才能更好地满足人们的需求。

（二）总结推广产业扶贫行之有效的做法和经验

产业扶贫是产业兴旺的基础。陕西在产业扶贫中探索出了许多行之有效的做法和经验。突出表现在如下方面。一是因地制宜选准产业。在陕西，产业扶贫立足当地的气候、位置、优势等因素选择产业。秦巴山区选择茶叶、生猪为扶贫产业，六盘山区选择矮砧苹果、奶畜为扶贫产业，吕梁山区选择山地苹果、肉羊为扶贫产业，都是切合当地实际的产业。二是搭建有效的产业组织形式。在产业扶贫中，陕西逐步发展出"龙头企业+贫困户""龙头企业+合作社+基地+贫困户""合作社+贫困户""政府+企业+金融+合作社+贫困户""党支部+村级经济合作组织+贫困户"等多种组织形式，这些组织形式顺应了产业化发展的趋势和要求，将贫困户嵌入产业链，实现了小农户与现代农业的有效衔接。三是构建了多方认可的利益分配方式。在产业扶贫中形成合同（订单）、合同+合作、股权、资产收益等多种利益分配方式，较好地满足了不同利益相关者的利益诉求。在推动产业扶贫向产业兴旺迈进过程中，要总结推广和借鉴这些有效的做法和经验。

（三）推动产业发展由政府主导向市场决定转变

产业扶贫是在政府主导下推动的。政府是产业扶贫的主导者和资金的供给者。虽然产业扶贫中引进了市场化的运作机制，但主要是政府所掌握的扶贫资源配置机制的市场化和政府主导下的扶贫机制的市场化。即对扶贫资源的配置实行开放、透明、高效的竞争机制，对扶贫组织或企业实行扶持和奖励政策，以吸引社会力量参与扶贫。大部分扶贫资源仍然是通过行政机制分配的。

在政府主导下的产业扶贫，导致一些新型农业经营主体一味追捧政府项目，而忽视市场规律的作用，没有充分考虑产品的市场需求，以致出现区域之间恶性竞争，造成农产品价格大起大落，最终导致产业扶贫失败。

推动产业兴旺，不仅需要政府通过行政手段向农村倾斜，而且更需要发挥市场在资源配置中的决定性作用。产业项目的选择交由市场决定，避免地方政府为促进产业兴旺而实施政策补贴，干扰经营主体的市场行为。产业的发展运营通过市场调节，以创造"有效供给"为目标，避免将产业兴旺简单理解为规模扩大，盲目扩大生产规模。

发挥行业组织在调节生产规模的作用，行业协会以供需状况指导生产规模，最大限度地避免产业扶贫中出现产品过剩和同质化等问题。

（四）着力增强地区产业发展动力和后劲

推动产业多样化多层次发展。突破产业扶贫以农业为主的局限，推动以农业为主，向产业多样化多层次发展格局转变。"无农不稳，无工不富"，推动农业扶贫产业向"接二连三"发展，推动一二三产业融合。顺应城乡居民消费需求的新变化，推动农业扶贫产业向二、三产业延伸，发展休闲农业、乡村旅游业、现代食品产业等产业。在确保生态环境安全的前提下，承接发展加工制造产业，全面振兴农村产业体系。利用农村技术水平差异化的条件，发展不同层次的产业，形成多门类多层次的产业发展格局。

拓展产业发展的对象。产业扶贫关注和扶持的对象主要是贫困户。虽然企业、合作社、专业大户都被动员和组织到产业扶贫项目的实施中，成为实施产业扶贫的参与主体，但是其目的是带动贫困户脱贫。产业兴旺不仅需要让贫困户受益，实现稳定脱贫，而且要让乡村全体成员能从中受益。因而，推动产业兴旺，要拓展产业发展的对象，支持和鼓励包括贫困户在内的所有有劳动能力、有创业愿望的乡村成员创业。要出台相关优惠政策，吸引、组织有意愿到农村发展产业的各类企业、实体、个人开办实业、发展生产，形成多层次多主体参与的乡村产业发展格局。

促进贫困群众在参与产业发展中提升生产经营能力。坚持股份合作，在产业经营项目中让贫困户享有企业、合作社的股权收益的同时，让有劳动能力的贫困户参与到产业发展的经营活动中，使其在参与产业生产经营中得到培训和成长，提升其生产经营能力。

强化农村产业发展的人才支持。人才缺乏是产业扶贫的软肋，贫困户自身技能缺乏，不少扶贫产业项目的实施依赖外部人才支持。电商扶贫产业的效果明显，但是不少地方电商的发展运营都依赖扶贫帮扶干部或扶贫社会力量，农村电商人才严重不足，一旦外部人才力量撤走后，农村自身难以推动电商的有效运行。因此，要加大生产应用型的专业技术人才、会经营管理的营销人才的培养，着力培养农村电商人才。

（五）发挥农村集体经济促进产业兴旺的作用

在产业扶贫的过程中，注重发展壮大村集体经济，并且将有村集体经济收入作为贫困村的退出标准之一。发展农村集体经济是产业扶贫的重要手段，也有助于夯实产业兴旺根基。农村集体经济组织或者利用集体资源、资产、资金，发展某种产业或几种产业，或者将集体资源、资产、资金出租、入股到企业、合作社，既实现了集体资源资产资金的升值保值和集体组织成员增收致富，又促进了乡村产业发展。

在深化农村集体产权制度改革、建立农村产权流转交易市场，保护农民成员的土地承包经营权权益的基础上，对农村集体经济组织给予更多的税收政策支持。对集体经济组织利用物业租金收入从事农村公共事务和公益事业建设的部分实行税前列支。对产权改革后成员按份额取得的红利收益，免缴个人所得税。

参考文献

贺雪峰：《贫困地区产业扶贫为何容易失败》，《第一财经日报》2017年7月12日。

胡晗、司亚飞、王立剑：《产业扶贫政策对贫困户生计策略和收入的影响——来自陕西省的经验证据》，《中国农村经济》2018年第1期。

王博、邓楠：《陕西省从六方面力推产业扶贫》，《陕西日报》2019年2月15日。

吴莎莎：《陕西省实施"3+X"工程推进产业脱贫助力乡村振兴》，《陕西日报》2018年12月23日。

苑鹏、刘同山：《发展农村新型集体经济的路径和政策建议——基于我国部分村庄的调查》，《毛泽东邓小平理论研究》2016年第10期。

周廷、孙传卿：《陕西商洛：开启产业扶贫新模式》，https：//www.sohu.com.a.139295710_508911.2017-5-9/2019-2-2，最后检索时间：2020年10月9日。

B.8
就业扶贫：陕西应对疫情保就业研究报告

马建飞*

摘　要： 2020年是精准脱贫任务全面完成的时间节点，就业扶贫作为陕西省"八个一批"帮扶措施之一，受到新冠肺炎疫情的较大影响。2020年上半年陕西省就业扶贫的工作重点是应对疫情的稳定劳动关系、对企业的稳岗补贴；下半年疫情防控常态化之后，企业逐步有序、全面复工，开始转入增加就业岗位、提升就业质量，确保全面完成脱贫攻坚任务。

关键词： 就业扶贫　脱贫攻坚　陕西

就业扶贫是陕西省脱贫攻坚"八个一批"帮扶措施之一，陕西省人力资源和社会保障厅作为"八办三组"部门之一，是就业扶贫的牵头部门。2020年是脱贫攻坚收官之年，突如其来的新冠肺炎疫情给陕西脱贫攻坚工作带来了新的困难和挑战。对此，陕西省制定应对疫情"八条措施"，降低疫情影响，狠抓贫困劳动力稳岗就业。2020年全省贫困劳动力外出务工202.12万人，是上年的1.13倍；各

---

* 马建飞，陕西省社会科学院农村发展研究所副研究员，研究方向为农村贫困问题。

级扶贫龙头企业、扶贫车间吸纳贫困劳动力7.18万人，各类公益岗位安置就业23.13万人[①]。截至2020年8月底，2794家县级以上扶贫龙头企业复工率达99.89%，1653家扶贫车间开工率达99.33%。目前，在剩余18.34万人贫困人口中，对5.3万人落实产业帮扶，对6.1万人安置就业，将17.3万人纳入兜底保障[②]。

一 应对疫情稳定就业

疫情初期，陕西省实施"五个一批"特殊措施："点对点"返岗复工一批、网络招聘一批、线上培训一批、带贫企业解决一批、公益性岗位安置一批，推动实现"战疫""战贫"双胜利。

（一）"六稳""六保"方针

受新冠肺炎疫情冲击影响，2020年第一季度，我国国内生产总值同比下降6.8%，就业压力明显加大。国际疫情持续蔓延，世界经济下行风险加剧。2020年4月17日，中共中央政治局会议首次强调保居民就业、保基本民生、保市场主体、保粮食能源安全、保产业链供应链稳定、保基层运转。

2020年4月23日，习近平总书记在陕西考察时强调，要坚持稳中求进工作总基调，扎实做好"六稳""六保"，确保完成决战决胜脱贫攻坚目标任务。"六稳"，就业为首；"六保"，首要的仍是保居民就业。2020年2月10日，陕西省人民政府发布《关于坚决打赢疫情防控阻击战促进

---

① 邓楠：《陕西：区域性整体贫困基本解决 全力完成剩余人口脱贫任务》，http://sn.people.com.cn/GB/n2/2020/1014/c226647-34348655.html，最后检索时间：2020年10月14日。
② 秦骥、刘枫：《陕西省贫困发生率降至0.75%》，《陕西日报》2020年9月29日，第3版。

经济平稳健康发展的意见》（陕政发〔2020〕3号），提出七个方面22条措施。在全力做好疫情防控的前提下，统筹抓好改革发展稳定各项工作，促进经济平稳健康发展，确保实现全年经济社会发展预期目标。

新冠肺炎疫情对脱贫攻坚的影响主要体现在两个方面。一是缩短了农民工全年外出务工时间，对工资性收入造成一定的影响。但这部分群体工资性收入相对于脱贫标准较高，而且一般是夫妻双方在外务工，对如期脱贫影响不大。二是影响了本地服务业就业人员全年工资性收入，目前已经对这部分群体进行重点监测。2020年4月13日至7月10日，陕西省脱贫攻坚领导小组连续印发《陕西省建立防止返贫致贫监测预警和帮扶机制的实施意见》（陕脱贫发〔2020〕6号）、《关于进一步完善防止返贫致贫动态监测问题排查机制的通知》（陕脱贫办函〔2020〕28号）、《关于进一步完善防止返贫致贫监测预警和帮扶机制的补充通知》（陕脱贫办函〔2020〕37号）等文件，要求每周五排查上传一次信息，及时掌握脱贫监测户、边缘户、应急户家庭基本情况和生产发展情况。

（二）稳定劳动关系

对新型冠状病毒感染的肺炎患者、疑似病人、密切接触者在其隔离治疗、观察期间，不能提供正常劳动的企业职工，企业不得解除劳动合同。其间劳动合同到期的，分别顺延至职工医疗期期满、医学观察期期满、隔离期期满或者政府采取的紧急措施结束。企业受疫情影响导致生产经营困难的，通过与职工协商一致，采取调整薪酬、轮岗轮休、缩短工时等方式稳定工作岗位，尽量不裁员或者少裁员。[①]

[①] 陕西省人力资源和社会保障厅：《统筹推进疫情防控和稳就业工作综合行动方案》，2020年2月29日。陕西省协调劳动关系三方委员会办公室：《关于做好新型冠状病毒感染肺炎疫情防控期间稳定劳动关系支持企业复工复产的意见》（陕人社函〔2020〕28号），2020年2月9日。

（三）扩大就业渠道

2020年2月21日，陕西省脱贫攻坚领导小组印发《积极应对新冠肺炎疫情影响决战决胜脱贫攻坚八条措施的通知》（陕脱贫发〔2020〕3号），提出做好贫困患者治疗救助，积极促进务工就业，增设扶贫公益岗位，支持带贫企业开工复工，加快扶贫项目落地见效，实行扶贫小额信贷延期、快贷，畅通消费扶贫渠道，帮扶干部下沉一线等八项措施。

到2020年4月底，全省1245家社区工厂复工复产，1.2万名贫困劳动力返岗复工，其中新吸纳就业1284人。对组织实施劳务输出的中介机构、社会组织等，按输出贫困劳动力数量给予奖补。提前做好外出务工人员健康认定、对接互认等工作，积极与务工吸纳地用工企业对接。疫情期间，设立一批临时性防控公益专岗，安置暂时无法外出务工、生活困难的贫困劳动力2.54万人。①

（四）稳岗返还政策

稳岗返还补贴是政府为了稳定就业岗位、鼓励企业不裁员或少裁员而对企业发放的补贴。稳岗补贴从失业保险基金列支，是失业保险基金预防失业、促进就业功能的一种体现。疫情期间采取的涉及贫困户的措施主要是扩大失业农民工保障范围。对《失业保险条例》规定的参保单位招用、个人不缴费且连续工作满1年的失业农民工，及时发放一次性生活补助。2020年5~12月，对2019年1月1日之后参保不足1年目前仍处于失业状态的农民工，参照参保地城市低保标准，发放2个月的临

---

① 陕西省人民政府新闻办公室：《陕西省稳岗就业扶贫工作情况》，"决战脱贫攻坚"系列发布会（第三场），http://pub.cnwest.com/data/content/app_1902.html，最后检索时间：2020年10月15日。

时生活补助。与城镇职工同等参保缴费的失业农民工，按参保地规定发放失业保险金或失业补助金。[1] 截至2020年10月12日，失业保险稳岗返还43.54亿元，惠及企业3.63万户职工192.01万人。支出就业补贴资金21.9亿元，59.7万人享受补贴。[2]

（五）"点对点"服务机制

陕西省决定从2020年2月28日到3月31日实施农民工返岗复工帮扶计划，将2019年底未脱贫未就业贫困劳动力、易地扶贫搬迁贫困劳动力作为重点，优先提供"点对点"返岗复工服务。对贫困劳动力通过有组织输出实现转移就业的，按规定落实一次性求职补贴政策。对无法外出的贫困劳动力，通过鼓励扶贫车间（新社区工厂）等带贫主体吸纳等渠道促进其就地就近就业增收。[3] 到2020年3月底，农民工返岗复工率达到95%以上[4]。全省"点对点"接送贫困劳动力2.26万人，共帮扶131.14万贫困劳动力返岗复工。

对在省外就业的45.15万贫困劳动力，陕西省人力资源和社会保障厅主动对接农民工劳动关系所在地企业，按照企业确定的复工日期、用工数量等信息，组织开展对用工集中地区和集中企业"点对

---

[1] 陕西省人力资源和社会保障厅：《关于失业保险基金支持疫情防控稳定就业岗位有关问题的通知》（陕人社发〔2020〕4号），2020年2月20日。陕西省人力资源和社会保障厅、陕西省财政厅：《关于调整失业保险稳岗返还标准及扩大保障范围有关问题的通知》（陕人社发〔2020〕22号），2020年6月24日。

[2] 陕西省人民政府新闻办公室：《陕西省稳岗就业扶贫工作情况》，"决战脱贫攻坚"系列发布会（第三场），http：//pub.cnwest.com/data/content/app_1902.html，最后检索时间：2020年10月15日。

[3] 陕西省人力资源和社会保障厅、陕西省扶贫开发办公室：《关于进一步做好贫困劳动力返岗复工"点对点"服务的通知》（陕社厅函〔2020〕62号），2020年3月23日。

[4] 陕西省应对新型冠状病毒感染肺炎疫情工作领导小组办公室：《陕西省农民工返岗复工帮扶计划》（陕肺炎办发〔2020〕74号），2020年2月28日。

点"的农民工专车（专列）运输服务。做好防疫健康教育和行前体温检测工作，与务工所在地建立健康状况互认机制。2020年6月以来，回流8950人，已就业8511人，占95.09%。

二 积极增加就业岗位

陕西省相关部门采取优化就业创业服务、专项帮扶未脱贫未就业劳动力、支持带贫企业发展增加就业岗位、提高培训就业率、规范公益性岗位兜底保障功能等"五项措施"，挖掘就业潜力。

（一）投资带动就业

2020年8月7日，陕西省发展和改革委员会、陕西省人力资源和社会保障厅发布《关于发挥产业投资带动就业作用促进稳就业工作的实施意见》（陕发改就业〔2020〕1174号），提出县级以上人民政府在安排政府投资、审批核准和评审重大项目（总投资1亿元以上）时，优先投向吸纳贫困劳动力和就业困难群体多的领域，优先建设就业带动能力强和就业质量高的项目。

（二）非遗就业扶贫

2018年7月11日，文化和旅游部办公厅、国务院扶贫办综合司发布《关于支持设立非遗扶贫就业工坊的通知》（办非遗发〔2018〕46号），首批共设立10个"非遗+扶贫"重点支持地区，以深度贫困地区"三区三州"为重点，提出非遗扶贫就业工坊参与就业人员中建档立卡贫困人口占比达到30%以上。2019年12月27日，上述部门下发《关于推进非遗扶贫就业工坊建设的通知》（办非遗发〔2019〕166号），提出非遗工坊是扶贫车间的重要形式，明确了认定标准。

陕西省文化和旅游厅与省扶贫开发办公室联合下发《关于支持设

立省级非遗扶贫就业工坊的通知》（陕文旅发〔2020〕8号），支持在全省设立省级非遗扶贫就业工坊（见表1）。2020年9月17日，陕西省将西安市古秦渡酒业有限公司等52家单位认定为陕西省省级非遗扶贫就业工坊。要求"各省级非遗扶贫就业工坊要充分发挥文化'扶志''扶智'作用，积极吸纳建档立卡贫困人口参与传统工艺的学习培训，激发内生动力，有效促进就业，持续增加收入，助力精准扶贫"。

表1 陕西省省级非遗扶贫就业工坊依托项目

序号	大类	依托项目
1	民间文学	龙安茶传说
2	传统音乐	陕北民歌
3	传统舞蹈	安塞腰鼓
4	传统美术	西秦刺绣、凤翔泥塑华州竹编技艺、澄城刺绣、临渭草编、蒲城土织布技艺、蒲城麦秆画、安塞剪纸、延川剪纸、延川布堆花、佳县庙宇木雕雕刻技艺、定边剪纸、子洲石雕雕刻技艺、绥德石雕、三边柳编制作技艺、宁强羌族刺绣、汉中棕编制作技艺、洛南草编、耀州窑陶瓷烧制技艺
5	传统技艺	平利女娲茶艺、关中事酒酿造技艺、乞丐酱驴肉制作技艺、耀州咸汤面、尧头陶瓷烧制技艺、杜康酒酿造工艺、宜川稠酒制作技艺、油糕、软膜、黄黄馍、甘泉豆腐与豆腐干制作技艺、张家山手工空心挂面制作技艺、佳县手工挂面制作技艺、宣纸制作技艺、洋县谢村黄酒酿造技艺、汉中绿茶制作技艺、罐罐茶制作技艺、西乡牛肉干制作技艺、丹凤葡萄酒酿造技艺、泾阳裕兴重散茯茶制作技艺、黑龙口豆腐干制作技艺、柞水皮纸手工制作技艺、洛南手工挂面制作技艺、绞股蓝茶制作技艺、王彪店黄酒酿造技艺、镇坪腊肉腌制技艺、紫阳毛尖传统手工制作技艺、紫阳蒸盆子制作技艺、果酒酿造技艺、拐枣酒酿造技艺
6	民俗	石泉庖汤会、安康火龙

（三）发挥数字平台作用

组织企业提供一批就业岗位定向投放贫困地区。由阿里巴巴本地生活、美团提供一批平台外卖骑手，由京东、顺丰提供一批物流相关收派员、运作员、仓管员，由阿里旗下盒马鲜生等新零售业提供一批理货、打包等店员岗位，由到家集团提供一批家政服务员、货运司机等岗位，由绿地集团联合上下游近50余家合作企业提供3000个就业岗位，由西安饮食股份有限公司提供一批餐饮行业岗位，由浦发银行西安分行为本科以上学历的贫困劳动力或贫困家庭高校毕业生提供一批就业岗位，实现高质量就业。[1] 以上共计提供1万多个岗位，定向招聘贫困劳动力，目前已招聘3430人，达成就业意向1100人。[2]

（四）苏陕协作扶贫车间

东西部扶贫协作是党中央、国务院为加快西部贫困地区扶贫开发进程、缩小东西部发展差距、促进共同富裕作出的重大战略决策。[3] 2020年上半年，陕西下达25.312亿元省级财政帮扶资金，共支持1234个扶贫项目建设，总投资111.27亿元，预计带动贫困人口25.9万人。目前，1234个项目已全部开工，资金使用率达到60%。截至2020年10月，全省新建社区工厂274家，总数达1365家，吸纳就业5.18万人，其中贫困劳动力1.55万人。同时，新培育就业扶贫基地134家，总数1120家，吸纳就业11.99万人，其中贫困劳动力1.85万人。[4] 百

---

[1] 陕西省人力资源和社会保障厅：《关于开展就业扶贫系列活动的通知》（陕人社函〔2020〕377号），2020年9月22日。

[2] 陕西省人民政府新闻办公室：《陕西省稳岗就业扶贫工作情况》，"决战脱贫攻坚"系列发布会（第三场），http://pub.cnwest.com/data/content/app_1902.html，最后检索时间：2020年10月15日。

[3] 陕西省发展和改革委员会、陕西省人力资源和社会保障厅：《关于发挥产业投资带动就业作用促进稳就业工作的实施意见》（陕发改就业〔2020〕1174号），2020年8月7日。

[4] 陕西省人民政府新闻办公室：《陕西省稳岗就业扶贫工作情况》，"决战脱贫攻坚"系列发布会（第三场），http://pub.cnwest.com/data/content/app_1902.html，最后检索时间：2020年10月15日。

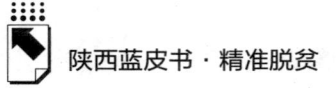

余家江苏企业来陕投资，协议投资额10.4亿元，预计带动贫困人口5577人。总投资10亿元的铜川达美汽车轮毂项目、投资1.5亿元的延川县斯派尔集成建筑项目、投资2亿元的中冶陕压PMC项目均已建成投产。实现3900名陕西贫困劳动力赴江苏转移就业，4394名贫困劳动力在陕西就地就近就业。

（五）公益岗位开发

2018年12月，陕西省人力资源和社会保障厅、陕西省财政厅出台了《陕西省公益性岗位开发管理办法》（陕人社发〔2018〕56号），对公益性岗位开发管理工作进行了规范。2020年4月14日，陕西省人力资源和社会保障厅、陕西省财政厅发布《关于做好公益性岗位开发管理有关工作的通知》（陕人社发〔2020〕13号）；2020年9月8日，陕西省人力资源和社会保障厅等七部门发布《关于进一步用好公益性岗位发挥就业保障作用的通知》，进一步加强公益性岗位开发管理工作。

通过市场渠道难以实现就业的贫困户，可纳入公益性岗位兜底安置对象范围。各市（区）开发乡村公益性岗位，用于安置"无法离乡、无业可扶、无力脱贫"且有能力胜任岗位工作的建档立卡贫困劳动力。截至2020年10月，陕西省人力资源和社会保障部门共安置12.61万贫困劳动力在公益性岗位就业，其中2020年新开发岗位2.95万个。

三 重点群体帮扶行动

陕西坚持把贫困劳动力作为就业工作第一优先序列，实施"零就业"贫困户动态清零、未脱贫未就业贫困劳动力帮扶、监测户边缘户回流人员帮扶和易地扶贫搬迁就业帮扶四个专项行动①。

（一）困难毕业生

2020年9月16日，陕西省人社厅、省教育厅、省国资委、省扶贫办等四部门联合印发《关于进一步加强贫困家庭高校毕业生就业帮扶工作的通知》（陕人社函2020〔382〕号），要求国有企业招聘、科研助理岗位吸纳、"三支一扶"、城镇社区专职工作人员等基层服务项目招募，要在同等条件下优先录用建档立卡贫困家庭毕业生。将离校未就业贫困家庭毕业生全部纳入实名制服务单，列出就业需求清单、帮扶清单，量身定制求职计划，实施"一对一"帮扶。对通过市场化渠道难以实现就业创业的，利用新增见习岗位和管理类公益性岗位进行兜底安置。②

（二）返乡就业人员

开发产业就业岗位，鼓励新型经营主体承接乡村振兴、脱贫攻坚项目，开展职业农民培育，促进返乡就业；返乡农民工在养老、护理、家政行业就业的，给予每人1000元的一次性岗位补贴；返乡后超过6个月未转移就业的农民工，在就业扶贫基地、创业孵化基地、新社区工厂就业的，比照贫困劳动力享受吸纳就业优惠政策。

---

① 人力资源和社会保障部：《各地多措并举 稳岗就业 助力脱贫》，http://www.gov.cn/xinwen/2020-11/06/content_5557785.htm，最后检索时间：2020年10月20日。

② 陕西省人民政府办公厅：《关于开展促进高校毕业生就业创业十大行动的通知》（陕政办发〔2020〕12号），2020年7月7日。陕西省人民政府：《关于进一步做好稳就业工作的意见》（陕政发〔2019〕19号），2019年11月23日。

（三）易地搬迁贫困户

陕西省人力资源和社会保障厅开展"三排查三清零"行动，先后8次召开全省视频会议安排部署就业扶贫工作，实施易地扶贫搬迁贫困户就业帮扶任务清零工作。目前，全省41.99万易地扶贫搬迁贫困劳动力中，已有39.88万人实现就业创业。主要采取的措施如下。一是集中开展易地扶贫搬迁贫困户就业帮扶专项行动，全省205814户易地扶贫搬迁贫困户至少实现1人就业，保持了动态清零。二是支持就地就近建设社区工厂、培育就业扶贫基地吸纳搬迁群众就业。截至目前，全省易地扶贫搬迁安置点共有社区工厂620个、就业扶贫基地140个，共吸纳10978名贫困劳动力就地就近就业。三是大力扶持创业脱贫，易地扶贫搬迁安置点累计扶持3120名贫困劳动力创业。[1]

（四）居家贫困劳动力

针对无法外出务工的贫困劳动力就业增收需求，提供一批居家灵活就业机会。由阿里、京东培育一批电商平台智能标注员，从事图片拍摄、页面设计、数据处理等简单易学、重复性高、使用手机即可完成的工作任务。由阿里提供一批兼职云客服岗位，自主选班、在家办公，为阿里巴巴平台消费者或商家通过电话沟通的形式进行咨询解答。[2]

---

[1] 陕西省人民政府新闻办公室：《陕西省稳岗就业扶贫工作情况》，"决战脱贫攻坚"系列发布会（第三场），http：//pub.cnwest.com/data/content/app_1902.html，最后检索时间：2020年10月15日。

[2] 陕西省人力资源和社会保障厅：《关于开展就业扶贫系列活动的通知》（陕人社函〔2020〕377号），2020年9月22日。

四　开展劳动技能培训

疫情期间开展"以工代训"实现就业和培训双重目标，支持职业教育发展，加强职业培训，为农村"人才兴旺"奠定基础。

（一）以工代训补贴

企业、农民专业合作社等各类生产经营主体吸纳贫困劳动力就业、新建社区工厂、连续停产停业3个月以上的中小微企业等开展以工代训，按每人每月600元的标准，对用人单位给予以工代训补贴，补贴时限3~6个月。[①] 到2020年底，全省计划开展以工代训不得少于42万人；截至2020年10月，已培训贫困劳动力5476人。

（二）加强职业培训

以企业职工、就业重点群体、贫困劳动力等为主要培训对象，3年开展补贴性培训65万人次以上，用足用好336亿元职业技能提升专账资金。强化就业导向，组织技工院校和96个涉贫县开展县校合作培训，已开班105期，培训贫困劳动力4857人。实施百日免费线上技能培训行动，培训2.35万人。2020年共培训6.68万人，累计培训达44.81万人。目前，陕西有3.04万贫困家庭子女免费就读技工院校。[②]

[①] 陕西省人力资源和社会保障厅、陕西省财政厅：《关于大力开展以工代训支持稳就业保就业的通知》（陕人社发〔2020〕19号），2020年6月15日。
[②] 陕西省人民政府新闻办公室：《陕西省稳岗就业扶贫工作情况》，"决战脱贫攻坚"系列发布会（第三场），http：//pub.cnwest.com/data/content/app_1902.html，最后检索时间：2020年10月15日。

（三）发展职业教育

将全日制技工院校生均经费纳入财政年度预算。对投资举办职业教育符合纳入产教融合型企业建设培育范围的试点企业，按规定比例抵免该企业当年教育费附加和地方教育费附加。2020年起将技工院校招生纳入中等职业教育统一招生平台。每年安排1亿元资金，提升高技能人才基地和技能大师工作室建设规模和质量，培育壮大技能人才队伍。[①]

（四）职业技能大赛

根据人社部、国务院扶贫办《关于举办全国扶贫职业技能大赛的通知》（人社部函〔2020〕40号）精神，推动陕西省贫困地区群众学习技能、掌握技能，实现以技能促就业、助力脱贫攻坚。大赛设电工、钳工、钢筋工、砌筑工、家政服务员、餐厅服务员、西式面点师、电子商务师等8个比赛项目。对获得陕西省选拔赛各比赛项目前3名和优秀奖选手，由省人社厅、省扶贫办颁发获奖证书，每个项目前2名选手参加全国大赛。2020年8月13日，全国扶贫职业技能大赛闭幕式在山西大同体育场举行，在家政服务比赛项目中，选手王荣荣获得金牌，易胜和林倩分别获得砌筑工和西式面点师项目优胜奖，陕西省代表队获优秀组织单位称号。

五 乡村振兴就业行动

2021年，我国将全面迈入乡村振兴阶段。吸引更多生产要素进

[①] 陕西省人民政府：《关于进一步做好稳就业工作的意见》（陕政发〔2019〕19号），2019年11月23日。

入农村，通过产业发展创造更多就业岗位，重点解决困难群体的就业问题，努力实现全体农村居民"生活富裕"。

（一）实施"情系家乡"计划

中国人有强烈的乡土情结，在外工作的陕西籍人士都有报效家乡的潜在愿望。建议各个市、县、镇的党委组织部，建立在外工作的人才库。利用春节返家的机会举行联欢会，增进情感纽带。招商引资工作瞄准陕籍名人，重点号召具有一定社会知名度、社会资源及资金实力，且对促进家乡发展有浓厚兴趣的文化名人、科技名人、影视名人支援家乡，通过创业带动家乡经济发展。

（二）通过培训促进就业

培养与当地产业发展、乡村振兴相适应、市场急需的职业技能型人才。培育一批新型职业农民、乡村产业带头人、新型农业经营主体带头人和服务主体的从业人员。进一步拓宽农民就业渠道，提供对家政服务、养老托育、乡村旅游等就业潜力大、社会急需、门槛较低的服务领域技能培训，增强农民就业能力。强化劳动力培训转移就业，鼓励有劳动能力和意愿的贫困人口向城镇、对口城市转移就业，促进外出务工困难贫困劳动力就近就业。

（三）大力发展社区工厂（扶贫基地）

在乡村振兴阶段，对于社区工厂的支持措施，要从费用减免向完善产业发展基础转变，逐步健全产业链生态环境。紧抓东部地区产业转移、对口帮扶等机遇，发挥本地劳动力成本优势，加快推进"飞地经济"产业园、伙伴园区建设，承接东部地区劳动密集型加工出口产业转移，实现社区工厂的专业园区化发展，不断增加就业岗位，提高居民工资性收入。

（四）开发异地安置小区就业岗位

易地扶贫搬迁户，生活开支增加，面临脱离农业生产之后必须重新就业补贴家用的难题。这部分群体的主体是50~65岁劳动力，劳动技能缺乏，学习能力较差，只能从事保洁等简单工作，与城镇劳动力需求类型存在较大偏差，依靠市场较难就业。因此，需要政府相关部门积极作为：一是街道办事处、异地安置小区的保洁、保安等简单工作，应优先雇用贫困劳动力；二是支持成立家政服务公司，为周边小区住户提供包月制家居清洁服务；三是支持发展小商贸、小餐饮，通过"地摊经济"增加收入。

案例篇
Case Reports

B.9
陕西移民搬迁安置社区治理的过渡型特征与发展进路*

李晓茯 黎 洁**

摘 要： 易地扶贫搬迁是我国脱贫攻坚的"头号工程"，旨在通过搬迁安置的方式，实现搬迁移民的脱贫增收和可持续发展。搬迁安置社区是与搬迁移民息息相关的生活载体，完善社区治理模式，提升社区治理能力对于推动搬迁移民在迁入区稳定发展，实现就地就近市民化具有重要意义。当前搬迁安置社区从治理主体、治

---

* 本文系国家社科基金重点项目"易地扶贫搬迁农户稳定脱贫增收、市民化与后续扶持措施的理论与实证研究"（编号为20AGL033）的阶段性成果。
** 李晓茯，西安交通大学公共政策与管理学院博士研究生，研究方向为社区治理；黎洁，西安交通大学公共政策与管理学院教授，博士生导师，研究方向为农户生计与环境保护、农村扶贫等。

理内容、治理模式及居民身份等方面呈现"亦城亦乡"的过渡型特征，并由此引发了基层参与不足、人户分离现象严重、多元主体关系不协调、搬迁移民市民化困境等一系列问题，严重制约了搬迁安置社区的管理转型和良性发展。基于对陕西移民搬迁安置社区的持续跟踪调查及研究，结合搬迁安置社区的过渡型特征，本文从强化基层参与、提升人员素质、理顺主体关系、推动配套制度改革等方面提出建议，以期破解当前安置社区的治理难题，构建开放、参与、协作的社区治理体系。

关键词： 易地扶贫搬迁　社区治理　陕西

一　背景

近年来，在统筹城乡社会发展和新型城镇化建设的推进下，破除城乡二元结构，构建城乡一体化的发展格局成为新时期推动我国经济社会可持续发展的重要命题。推动城乡一体化发展，城乡社会管理断裂已经成为消弭城乡二元结构的最大障碍，而社区作为社会治理的基础性构成要素是推动城乡社会治理一体化的有机载体。受城乡二元社区治理体系的影响，我国城市社区建设取得了显著的成效，但农村社区建设却长期处于滞后状态。同时，伴随着城市扩张和产业结构转型升级，在推行土地置换、撤村并居等过程中，我国产生了一大批兼具城乡社区特征的"过渡型"社区。社区形态的多样化和复杂性使城乡社区治理体系的碎片化及异质化问题凸显。因此，打破城乡社区治理的二元体系，破解城乡社区发展不平衡是推动我国城乡一体化发展战略格局形成的重要举措。

2016年，由民政部、中央组织部等15个部门联合发布的《城乡社区服务体系建设规划（2016~2020）》（以下简称《规划》）提出：要"统筹城乡社区建设、服务资源配置、服务队伍建设、服务产品供给，建立城乡统一的社区服务体系"。2017年中共中央、国务院发布《关于加强和完善城乡社区治理的意见》（以下简称《意见》），这是第一个以党中央、国务院名义出台的关于社区治理的纲领性文件，从社区治理体系、服务能力、资源配置及社区信息化建设方面为城乡社区建设提出了改革方向，明确了城乡社区作为"共建共享的幸福家园"的未来发展趋势。《规划》和《意见》的出台，从国家意志和政策层面为破解我国城乡社区服务体系建设发展不平衡、城乡社区服务配套设施落后及农村社区发展长期滞后等问题进行了系统的规划部署，标志着我国社区服务体系建设进入城乡一体化发展的新阶段。

易地扶贫搬迁作为我国脱贫攻坚的"头号工程"，不仅意味着对搬迁移民居住环境的改善，更是要通过完善安置区配套设施建设，提升社区治理能力以促进搬迁移民在迁入区实现稳定脱贫和可持续发展。自2011年起，陕西省开启了为期十年的移民搬迁工程。其中，"十二五"期间，陕南移民搬迁共完成32.4万户111.89万人的任务，建设30户以上的集中安置点2252个，5000户以上安置点17个，集中安置搬迁户29.3万户12.5万人，集中安置率达到90.43%，陕南三市城镇化率提升了4.78个百分点[①]。进入"十三五"时期，陕西省易地扶贫搬迁完成了28.7万户96.3万人。截至2019年，全省易地扶贫搬迁安置房建设已竣工27.8万套，安置93.62万人，集中安

---

① 乔佳妮、方彤：《"十二五"陕南移民搬迁逾百万人》，《陕西日报》2015年11月21日，第1版。

置率达到90.73%，进入城镇安置率达73.2%[1]，至此，陕西省城镇化率达到59.4%。移民搬迁安置社区作为与移民生活息息相关的生活载体，陕西省依照"四靠近、四达到、四避开"的原则进行科学选址，统筹规划社区规模；对不同规模的安置社区按照"小型保基本、中型保功能、大型全覆盖"的标准进行配套建设；根据安置社区的类型，采取城市社区模式、建立搬迁户居民小组、组建社区服务机构等多种管理体制，为提升社区治理能力以切实满足搬迁移民的现实需求进行了不断的探索。然而，城镇化安置的搬迁安置社区虽然在地理位置和社区构建上秉承城市社区的建设要求，但从居民构成及社区治理上却仍然保留着不少传统乡村治理的印记，呈现"亦城亦乡"的"过渡型"特征，面临基层参与不足、多元主体关系不协调、搬迁移民市民化等治理困境。因而，构建城乡一体的社区治理体系，提升社区治理能力，从而有效实现搬迁移民在安置区的稳定脱贫和可持续发展是当前需要深入探索的重要议题。

二 调研概况

2016年6月至2019年11月，课题组3次前往商洛市商南县、汉中市西乡县、安康市平利县、商洛市镇安县、安康市白河县、渭南市临渭区，对移民搬迁安置社区进行实地调研。通过半结构式访谈和问卷调查的形式，针对社区基本情况、组织机构及管理体系构建、社区服务建设等方面，课题组分别与社区党支部书记、居委会主任及相关工作人员进行了访谈和问卷调查。同时，对社区居民的基本生活情况、公共服务满意度、生活满意度、社区参与情况等进行了深入调查与了解。此外，在搬迁安置社区建设中，课题组选择治理成效突出、

---

[1] 《陕西省易地扶贫搬迁集中安置率达到90.73%》，2019年2月22日。

基层治理创新的典型社区，如安康市白河县西营镇"天逸社区"、安康市平利县城关镇"药妇沟社区"、商洛市镇安县云盖寺镇"花园社区"等进行了深入的调研，获取了大量一手和二手材料，对陕西省搬迁安置社区的整体情况有了进一步的了解。

三 移民搬迁安置社区治理的过渡型特征

（一）什么是过渡型社区？

伴随着城市化发展和新型城镇化建设的推进，我国城市社区规模在不断扩张，而农村社区正随着政府主导下实施的"撤村并居""村改社区""村落合并"而不断减少，由此我国出现了一大批诸如"拆迁安置社区""城市边缘社区"等在空间形态、社会关系、治理模式上兼具农村社区和城市社区特色的"过渡型"社区。之所以称为"过渡型"社区：一是基于国家在该类社区建设中，是以安置失地农民为目标，逐步实现农村社区向城市社区的转变；二是这类社区在人口结构、居住环境、社区治理等方面带有明显的"亦城亦乡"的过渡型特征；三是"过渡"体现了该类社区在发展中的"演化性"和"过程性"，表明其作为一种中间样态的暂时性。虽然，目前学界对过渡型社区的概念并没有形成统一的界定，但对"过渡型"社区的研究和认识已达成基本共识，即过渡型社区具备以下特征。一是行政主导性。过渡型社区不是自发形成的，而是在政府主导下基于某种政策意图而被动生成的。二是居民构成的异质性。社区居民通常基于不同的籍贯、职业、生活背景及生活方式等聚居在一起。三是不稳定性，也有学者称之为"二元性"。过渡型社区的管理人员、组织机构、治理模式等兼具城乡特征并处于从传统向现代的过渡中。

（二）移民搬迁安置社区治理的过渡型特征

以城镇化安置为主的搬迁安置社区作为易地扶贫搬迁的配套工程，不仅是与搬迁移民生活息息相关的生活空间，更是联结农村基层管理与城市基层治理的有机载体。在居住条件和配套设施建设方面，搬迁安置社区极大地改善了搬迁移民的居住环境；在社区治理方面，社区既不同于成熟的城市社区具有相对完备和现代化的治理体系，也不同于传统农村社区以乡风礼俗、乡绅能人为治理基础，搬迁安置社区在治理过程中呈现"亦城亦乡"的过渡型特征。

1. 社区生成的被动性：制度投入特征

同一般的过渡型社区的产生背景相似，搬迁安置社区是以政府强制力量推进建设的、贫困户被动卷入并进行搬迁而形成社区。搬迁安置社区的建设不仅具有行政主导性，也体现了更多的"制度投入"特征，即政府对搬迁安置社区从规划、建设、考核、发展等一系列过程进行了从宏观到微观的政策把控和资源倾斜。主要表现为如下几方面。一是从制度设计上，出台了以《陕西省"十三五"易地扶贫搬迁工作实施方案》《陕西省移民（脱贫）搬迁工作实施细则》为主的政策文件，从宏观上对易地扶贫搬迁工作的发展与战略规划进行把控。二是对搬迁安置社区的布局和建设进行了规定，"集中安置采取行政村内就近安置、建设移民村安置、小城镇或工业园区安置、乡村旅游区安置和其他安置为主；分散安置以插花安置和其他安置为主。三是政府对搬迁安置社区基础设施建设和配套服务体系进行主导建设。例如，集中安置点基础和公共服务设施配套建设标准按照"小型保基本、中型保功能、大型全覆盖"的要求进行。四是对社区建设标准和规模进行了规定："建档立卡贫困人口人均住房面积不超过25平方米，户型面积按60平方米、80平方米、100平方米进行建设，集中安置最大建房面积不超过125平方米，分散安置最大不超过

140平方米""按照搬迁安置社区的规模大小，分别设立独立型、融合型、挂靠型等安置社区"。五是政府为搬迁安置社区建设提供资金支持和保障。为推动移民搬迁工程的实施，建立起从中央到地方、多层级配套的资金统筹体系。同时，陕西省政府联合发改委、建设、民政、扶贫、水利、交通、国土、电力、农业、林业等相关部门，通过项目建设的方式，为基础设施和公共服务建设筹集资金，有力地保障了搬迁工程实施的资金来源。

2. 居住条件和居住环境的类城性

城镇化安置模式下的搬迁安置社区遵照"城市社区"的建设标准，不断优化社区环境，提升社区服务能力。在居住方面，安置社区依照靠近城镇、中心村、新型社区及产业园区、旅游景区等交通便利、基础设施较为完善的地区进行选址规划，通过政府统一建设框架结构的高层住宅，提供多种户型供搬迁移民选择，极大地改善了搬迁移民的居住条件。在基础设施方面，陕西省对安置社区配套的道路、供水、电力、通信、燃气、有线电视等进行统一的改善和提升，构建了交通便利、设施齐备的硬件环境。在基本公共服务方面，一方面，完善社区服务，推动城乡基本公共服务均等化。如商洛市镇安县云盖寺镇的花园社区，将安置社区建设与城镇建设有机结合，社区配备建设了幼儿园、卫生室、生态停车场、文体活动中心、社区综合服务中心、购物超市等配套服务设施，有效满足了搬迁移民教育、医疗、文化等服务需求，保障了搬迁移民生活的便利性。另一方面，拓展社区职能，凸显搬迁安置社区"就业功能"。为帮助搬迁移民在迁入区尽快实现就业增收，政府以社区为载体，强化社区经济发展职能，推动搬迁移民实现就地就近就业。如安康市平利县，依照"政府引导，能人引领"的思路，通过搭建投资平台，招商引资，大力发展社区工厂，有效解决了社区内"留守妇女"的就业问题。类似的，陕南安康白河县提出做大做强社区经济，提出建设"五个一社区"，即建设一个搬迁安置社区、配套一个农业园区、兴办一个社区工厂、组织一批劳务输出、培育一批职业农民，有力增加搬迁移民的就业机会。此外，一些社区考虑到搬迁移民仍保有婚丧嫁娶等传统农村习俗，在社区内提供了专门用于举办红白喜事的公共活动场所；部分社区采取"政府拨款"的形式来缓解居民缴纳物业费的经济压力，帮助搬迁移民尽快融入社区生活。社区服务的不断完善不仅提升了公共服务的可及性，也为搬迁移民由传统乡土生活方式向现代都市生活方式的转变创造了有利的条件。

3. 治理主体：社区管理人员的过渡性

社区管理人员的过渡性体现在管理人员构成上的"新旧混合"。搬迁安置社区管理人员的产生主要包括两种方式：一种是通过沿用原有村组织管理人员到新社区形成社区管理人员队伍，如汉中市西乡县峡口镇康宁社区及峡口社区，社区党支部书记均由原村党支部书记担任；另一种是由上级部门（街道）委派或居民选举产生。在调研的8个社区中，由原村委会直接过渡为社区党支部书记的有4人，占社区党支部书记总人数的50%，其余的社区党支部书记由上级部门选派或由党员选举产生。从社区管理人员的构成上，搬迁安置社区居委会人员的任用中同样也不乏由原村委会人员继续担任社区管理人员的现象。据对当地社区人员访谈得知，选择任用原村委会人员继续留任社区管理人员一方面是考虑到原村委会管理人员对村民情况比较熟悉，进入新社区后能够在短期内开展工作，能够保障安置社区工作的延续性；另一方面，由于原村委会人员通常是村中的"精英"人物，在居民中具有一定的权威性和话语权，吸纳他们加入社区管理队伍有利于调整和化解社区矛盾，动员居民参与社区活动，尽快融入和适应新生活。但不可忽视的是，在城乡社区治理一体化格局下，基于原有管理思维和管理方式的村委会人员在搬迁安置社区能否适应城市社区管理模式，转变管理方式和管理理念，进而有效履行管理职责，应对工作上的考验则有待进一步探讨。

4. 治理内容：兼具"城乡"特色

搬迁安置社区的治理内容兼具"农村社区"和"城市社区"特色。对农村社区而言，在乡土社会背景下，形成了以村委会为核心的基层组织管理体系，村委会兼具社会管理和经济发展的双重职能，因而，在乡村社会中，村委会具有资源分配的主导权，在村民中具有较强的权威性，对农村社区发挥着较强的管制功能；城市社区是伴随着工业文明出现的，以构建多元主体参与的基层民主自治为核心，主要对社区人口、环境、治安、文化等公共事务进行管理，强调社区服务职能的发挥和实现居民自治。然而，基于制度改革的滞后性和城乡社区管理主体权利的分割性，搬迁安置社区不仅要承担起城市社区以公益事业和社会事务为主的管理职能，为搬迁移民提供环境美化、居民就业、社会保障、纠纷调解等服务，还要协助搬迁移民在利益分配、土地处置、社会保险等一系列涉及其迁出区权益的相关问题与村委会进行协调。如安康市白河县"天逸社区"，通过颁发社区"居住簿"对搬迁移民进行统一登记管理，以社区居住簿为管理依据，按照"原籍管理林和地，社区管理人和房"的原则，明确划分迁出区和迁入区的管理内容，社区不仅负责社区居民医疗报销、居民养老保险、最低生活保障、救济救助、计划生育管理和相关证件办理，在涉及与居民户籍身份挂钩的土地权益、村集体经济收益分配、开具各类证明材料等问题方面，仍需现居住社区与原迁出村委会进行对接和协调，社区工作内容具有城乡交叉性。

5. 治理模式：政府主导型治理模式

一方面，移民搬迁安置社区构建了以社区党支部、居民委员会和社区服务中心为主体的社区管理和服务体系，部分社区还引入物业公司，形成了较为完备的社区治理组织体系。例如，安康市专门制定了《关于加强和规范避灾扶贫搬迁安置社区管理工作的指导意见》，其明确提出了要"着力构建以社区党支部为核心，以村（居）民委员会为主体，以社区服务中心为依托，社区群团组织、社会组织和驻社区单位密切配合，社区居民广泛参与的新型社区治理体系"。另一方面，虽然搬迁安置社区在形式上组建起了多元主体参与的治理体系，但由于政府在社区建设中长期的主导性，在社区各治理主体关系中，政府仍处于主导地位，形成了政府主导的社区治理模式，而居委会则成为上级政府对基层管理权利延伸的"代理人"。安置社区居委会不仅承担着为搬迁移民重建生活秩序、提供公共服务、帮扶困难家庭帮扶等功能，也要负责完成上级政府下达的政策宣传、基层社会动员、利益矛盾疏解、社会稳定维护等任务。在此情景下，居委会既是社区公共事务的管理者，也是基层政策的执行者，俨然成为基层治理的"准行政组织"。此外，在所调查的社区中，约有1/3的社区，由于居民无力承担高昂的物业费用或由于物业公司运营成本过高等原因而没有实施物业管理，由此，社区居委会又不得不承担起物业服务的职责。

6. 治理客体：社区居民身份的"双重性"

移民搬迁工程的实施使搬迁移民实现了由"农村"向"城市"的空间转换，为搬迁移民实现从"农民"向"市民"的转变提供了有利的社会条件。一方面，从户籍身份来看，搬迁移民兼具"村民"和"居民"身份。在户籍归属上，搬迁后，由于绝大多数搬迁移民并没有进行户籍迁移，其仍属于"村民"；从居住地归属看，搬迁移民居住于城镇社区内，属于社区"居民"。此外，部分搬迁安置社区居住证制度的实施，从权益上进一步对搬迁移民的"村民"和"居民"权益进行了划分，使其在现居住地以"居民"身份享有社区提供的教育、医疗、就业等社区服务；同时，又以原村"村民"身份享有土地、政策补贴、集体资产分红等权益。另一方面，从生活习惯和行为方式上，搬迁移民兼具"农民"和"市民"的特点。传统农村社区生活具有自由、缺乏规则意识的特点，以约定俗成的道德规范作为约束，而搬迁安置社区的"城市化"管理模式则是以正式制度和规则对居民的生活和行为进行管理，这与搬迁移民由传统村落场域延续下来的生活习惯形成了鲜明的对比。调研发现，尽管大部分社区通过建立"居民公约""居民自治章程"等对社区文化和居民行为进行引导和约束，但实际中，很多居民仍保留着原有的生活方式。例如，许多居民仍保持着在楼房内烧火做饭的习惯，甚至会因此在楼道内堆放大量的木柴燃料；也有居民将社区公共绿化带进行改造种菜，将公共区域变成自己家的"菜园子"。由此，从空间场域来看，虽然搬迁移民已处于城市社区范围内，享受着城市的公共服务和环境，过着"市民"的生活，但其生活习惯和行为方式仍然受到传统"惯习"的影响，仍然具有"农民"的生活特征。

四　搬迁安置社区治理"过渡型"特征中存在的问题

陕西移民搬迁工作按照"搬得出、稳得住、能致富"的目标，遵循科学规划、统筹兼顾、突出重点、政府引导、群众自愿的原则，经过十年的持续建设，有效实现了移民搬迁与城镇化、新型工业化和现代农业产业化的有效结合。其中，搬迁安置社区建设坚持以集中安置为主，通过强化配套设施建设和产业发展，不断提升社区治理能力和服务水平，初步形成了规范有序、运作协调的基层社区治理体系。但基于搬迁安置社区"亦城亦乡"的过渡型特点，其在社区治理主体、治理内容、治理模式及居民构成等方面仍呈现出中间性、过渡性的特征，而这种"过渡性"恰恰是搬迁安置社区一系列治理问题产生的根源。

（一）基层参与不足：社区居民的强认同与弱参与

制度投入具有速度快、效率高、公共建设强度大且效果显著的优势，但国家权力的过度投入也会抑制基层参与能力的发展，导致基层参与不足。政府主导下的社区建设，使社区社会组织缺乏独立的发展空间和条件，在很大程度上抑制了社会组织的发育，也在一定程度上消解了居民参与的积极性和可能性。一方面，在政府主导的社区建设中，搬迁移民在社区规划建设、管理体系组建、民主选举等方面并没有主动参与的机会和条件，绝大部分搬迁移民是在搬迁政策和政府推动下被动卷入的，而居委会的行政化则进一步抑制了搬迁移民的社区参与意识，使其在社区发展过程中处于消极被动的状态。同时，脱胎于传统农村社区的搬迁移民，受到传统礼教和等级思想的影响，习惯于"被管理"，加之其本身文化素质较低，民主意识薄弱，既缺乏社区参与的意识，也没有社区参与的积极性，这些都会使社区居民在参与社区治理方面"无心无力"。另一方面，搬迁消解了传统的以亲缘、血缘和地缘为基础的乡土社会的社会资本，而安置社区内新的社会资本尚未形成，居民原子化凸显，产生了信任缺失、社会关系网络断裂、社会规范的缺失等问题，导致基层参与的弱化。居民是社区构成的基础，社区社会组织发展滞后及居民参与社区治理的积极性不高使搬迁安置社区陷入治理"孤岛"。不同于以往研究对"过渡型"社区普遍存在认同缺失问题的讨论，根据课题组调查，搬迁安置社区居民具有较强的社区认同。搬迁后居住条件和生活环境的改善使搬迁群众对搬迁工程的实施及安置社区有很高的认同。调查显示，搬迁居民对安置区基本公共服务总体满意度均值为2.248，高于"一般"水平，特别是公共安全、公共教育、基础设施及社会保险方面呈现出较高的满意度；对生活满意度总体也较高，超过一半的居民表示对现在的生活感到满意。然而，与以往研究中得出的社区认同对社区参与具有显著正向影响的结论不同的是，搬迁安置社区居民在强认同的前提下却表现出居民社区参与积极性不高、社区参与行为的弱化。调查显示，约46%的居民表示其所在社区举办过民主选举活动或文娱活动，然而，仅有30.14%的居民表示偶尔会参加，17.81%的居民表示经常参加，超过半数的居民并没有真正参与到社区组织的集体活动中。此外，从与居委会打交道的次数和向居委会反映社区管理问题的情况看，约60.98%的居民表示，近三个月内从未与居委会打过交道；在表示打过交道的居民中，打过三次交道的占比最高，但也仅有约11.15%；在向居委会反映日常管理问题的频率方面，超过一半的居民表示从不反映，经常反映的仅占总体的8.85%。由此可见，居民对社区活动和社区治理的参与积极性都极低。

（二）社区管理人员的素质有待提升

在搬迁安置社区建立初期，出于管理上的延续，社区管理人员往往采取街道委派和从原村委会主要干部中选派的形式组成新的社区管理队伍。虽然，采取原村委会干部继任有利于其短期内迅速开展工作，保证社区治理工作的顺利开展，但由于其工作经验和管理理念多基于原有乡村社会管理思维和方式方法，对城市社区管理制度不了解，缺少城市社区管理经验，面对社区复杂的局面，原村委会管理人员由于缺乏专业的技能和方法，难以应对社区中的各种状况。此外，搬迁安置社区居民构成的复杂性、居民需求的多元性也对社区治理工作提出了挑战。在安置社区中，除了独立型社区是专门为安置搬迁移民集中居住而兴建的社区外，融合型和挂靠型社区均采用搬迁移民和本地居民、流动人口等混合居住的形式。因此，从居民构成上，搬迁安置社区表现出了居民构成复杂化的特征，社区居民除了包括享受国家搬迁安置政策的建档立卡贫困人口外，还包含企业员工、机关企事业单位人员、非农经营工商户、外来务工人员等，居民构成的异质化和需求的多样性，加大了社区管理的难度。同时，大部分搬迁移民本身受教育程度低、技术水平低，面临职业转换困难、生活不适应等困境，对社区管理人员的专业素养及工作能力提出了更高的要求。

（三）人户分离现象严重

搬迁安置社区兼具城乡社区管理职能，一定程度上缓解了制度改革滞后引发的搬迁移民权益受损问题，但也导致人户分离问题的凸显。我国城乡分治的二元体制，形成了以户籍为核心的利益分割机制。户籍作为"显性"屏障，从身份上将公民划分为"农民"和"市民"，而与户籍密切相关的土地、社会保障等制度，则进一步对公民权益进行了"隐形"的捆绑。调查显示，仅有10.16%的搬迁移民在搬迁后进行了户籍迁移，绝大多数人仍选择将户口留在迁出区，其根本原因就在于与户籍捆绑的土地权益、集体经济成员资格权等会随着户籍的迁移而丧失。对于搬迁移民而言，无论是基于"乡土情结"还是对未来的风险预判，绝大多数搬迁移民并不愿意放弃原有的土地和集体经济成员资格权。搬迁安置社区兼具"城乡"社区的管理内容，从实践上看，是为了应对搬迁移民"人户分离"的现实状况，意图通过实行城乡社区的交叉管理，既能保障搬迁移民在迁入地和迁出地的权益，也能为社区实施属地管理带来便利，但实际上却进一步加剧了"人户分离"。调查显示，在搬迁移民不愿意进行户口迁移的原因中，表示"觉得留有土地有保障"约占总体的26.40%，"担心丧失在老家土地、林地和集体分红权益"的约占总体的19.66%，也就是说，近一半的搬迁移民是基于担心丧失迁出区的相关权益而不愿意进行户籍迁移。如果说，户籍制度仅仅是从身份上对居民进行了划分，现阶段的户籍政策对城乡人口流动并不具有实质性的阻碍作用，特别是搬迁安置社区通过居住证制度的实施，已经实现了户籍人口登记的基本功能。人户分离问题的深层次原因在于，与户籍制度捆绑的土地、集体经济成员资格、社会保障等权益，会随着户籍的迁移而丧失或改变。因此，以户籍制度为核心的配套制度改革的滞后，不仅造成了搬迁安置社区管理内容的"城乡"兼具，也是进一步引发人户分离问题的根本原因。由此，在配套制度改革中，确保搬迁移民在保障原有权益不受损的同时实现与现居住地居民权益的平等共享是今后制度改革的着力点。

（四）多元主体关系不协调

社区治理主体关系决定了社区治理的模式。现阶段，依据社区治理中主导力量的不同可以将社区治理模式划分为政府主导型治理模式、政府和社区合作型及社区自治型三种。搬迁安置社区形成了以政府为主导的单一治理模式，由此引发了社区治理多元主体关系的不协调。具体表现为：居委会产生角色错位和多元主体参与社区治理动力不足。一方面，居委会作为政府向基层权力延伸的"代理人"，使本应作为基层治理主体的居委会产生角色错位。根据《中华人民共和国城市居民委员会组织法》的规定，"居委会是群众'自我管理、自我教育、自我服务'的自治组织"，从制度规定来看，居委会应是调动居民自治、发挥社区民主的平台，但在实际调研中发现，多数居委会的工作重心放在了应对上级政府布置的一系列任务上，特别是在整体性和阶段性脱贫攻坚政策目标引导下，基层社区不得不面临大量来自上级的考核、视察、工作汇报等，使居委会疲于应付，无暇也无心致力于本社区长远发展规划。另一方面，在政府主导社区建设的"外源式"推动下，削弱了多元主体参与社区治理的动力。就搬迁安置社区而言，虽然构建了多元主体的社区治理组织体系，但过度的行政化形成了以政府为中心的一元化治理模式，对基层社会组织的发展起到一定的弱化作用。政府主导意味着政府拥有政策制定、资源分配的权利，而社会组织在社区治理体系中的地位不对等、权力弱化限制了其参与社区治理的能力和动力。调查显示，在搬迁安置社区中，约一半的社区成立了社区理事会，其中以红白理事会和道德评议会等为主；不到一半的社区内成立了志愿组织，但也以为老年人和残疾人等弱势群体服务为主；居民团体组织以舞蹈队、歌唱班等休闲娱乐性质为主，缺乏政治性和自治性，呈现出"娱乐性参与"搞得红红火火而"权益性参与"乏善可陈的状况。

（五）搬迁移民的市民化困境

搬迁安置社区选址遵循"靠近城镇、中心村、农村新型社区和产业园区（旅游景区）"的原则，将搬迁安置社区建设与新型城镇化相结合，旨在通过提升基础设施建设和社区服务推动城乡基本公共服务均等化，实现搬迁移民就地就近市民化。然而，搬迁移民的"双重身份"成为其市民化的障碍。尽管从生活空间上看，搬迁移民已经处于"城市生活圈"，然而基于户籍身份的种种限制，在现实中却得不到相应的市民保障。在社会保险方面，搬迁移民仍然以参与新型农村合作医疗和农村养老保险为主。调查显示，约97.7%的搬迁移民参加了新农合，约58.36%的搬迁移民参加了农村社会养老保险，而表示参与城乡居民养老保险的约为33.71%，参与城乡居民医疗保险的仅占总体的2.68%。受户籍限制，搬迁移民只有进行户口迁移后才能够参加城镇居民医疗或养老保险。同时，虽然城乡居民养老保险和医疗保险的报销比例或给付金额较高，但由于相关保险的缴费标准也较高，许多搬迁移民也不愿参保，如此一来，搬迁移民被夹在城乡社会保障制度之间，合法权益得不到保证。此外，在搬迁移民自我身份认知方面，虽然地处城市生活圈，但其在思想观念、价值取向、生活方式等方面更接近农民。调查显示，在身份认知方面，约9.51%的搬迁移民认为自己是城市人，约61.31%的人认为自己是农村人，约22.30%的认为自己是城乡边缘人，由此可见，大部分搬迁移民认为自己仍然是"农村人"。搬迁移民的市民化身份认知不仅会受到其传统观念和生活习惯的影响，更会受到现行体制下制度环境的影响。因此，通过制度改革、政策引导促进搬迁移民内在认知的转变是日后需关注的重点。

五 搬迁安置社区治理的改进策略

过渡型社区是社会变迁和制度推动下的产物，由传统乡村社会向现代城市社会的转变将会是一个漫长和渐进的过程，搬迁安置社区的过渡型特征在短期内将长期存在，因此，制度改革不是一蹴而就的，但应该结合实际进行变革，推动管理与转型的良性互动。搬迁安置社区的过渡性，即由此引发的不稳定性和中间性是当前社区治理的难题，解决问题的根本在于破除城乡二元分立的思维定式，从搬迁安置社区的过渡型特征及现实问题出发，将强化基层参与、实施配套制度改革、理顺主体关系等作为推进社区未来发展的突破点。

（一）强化基层参与：去行政化与重塑社会资本

制度投入下生成的搬迁安置社区，行政力量的过度延伸抑制了社区社会组织的发展和搬迁移民社区参与的积极性。同时，原有社会资本的断裂也限制了搬迁移民社区参与的能力。因此，提升搬迁安置社区的基层参与，不仅应该去行政化，培育社区社会组织，而且要重塑居民社会资本，加强居民交流互动，培育公共精神。

1. 政府权力的抽离和社区社会组织的培育

首先，去行政化，弱化政府对社区的干预和影响。搬迁安置社区的制度投入特征，使社区在活动经费、人员安排与基础设施投入等方面对政府产生了高度的依赖性，不利于社区自治的发展。因此，政府应逐步实现由传统自上而下的政策引导和资源倾斜，转向社区分权，鼓励社区自下而上的自我发展。鼓励社区自我发展，并不是要政府力量的完全撤出，而是要通过上下互动的方式，减少政府对社区直接、具体的干预，通过"赋权增能"的方式，给予社区更多的决策权和主导权，为实现社区自治提供规范和制度支持。其次，培育社区社会组织。将社会组织作为安置社区治理的主要参与主体和实现自我服务的有效载体，充分发挥社会组织在社区中调节社会利益、化解社会矛盾、提供社会服务的系统作用。一方面，政府通过降低准入门槛、实施税收优惠和政策补贴的方式，支持和培育社区社会组织发展；另一方面，通过政府引导、平台搭建的方式建立起社会组织合作平台，加强社会组织间的沟通合作，扩大社会组织参与社区治理的空间。

2. 重塑社区社会资本

首先，从硬件设施方面，为居民社区交往提供必要的空间载体。搬迁安置社区通过完善社区公共活动设施建设为社区社会组织发展和居民互动提供空间载体。如可以通过修建"老年人活动中心""图书阅览室""社区多功能活动室"等为搬迁移民提供活动的空间，增强居民间的交流互动。其次，发挥社区"精英"的带动和示范作用。一方面，发挥原村精英的带动作用，利用其原有的社会资源、人脉关系及在原村民中的威信和口碑作为重新联结搬迁移民在新社会空间下的联结纽带，重新建立其信任、互动和互惠关系；另一方面，发挥社区党员和积极分子的模范带动作用，通过举办多种类型的社区活动，鼓励和动员居民积极参与，促进居民间的信任与合作。最后，加强社区文化建设。过渡型社区文化是传统乡土文化和现代文化的混合，可以通过加强社区文化建设，寻求传统文化与现代文化的契合点，以培育社会信任。发挥居委会和社区社会组织的引导作用，通过举办各种社区文化活动如广场舞、传统节日庆祝活动等增强居民交流互动，增加彼此间的信任和社会关系网络构建；针对与社区居民生活密切相关的公共问题，如房屋维修、公共空间利用等，动员居民积极参与到社区公共议题的讨论中，使其参与到社区建设中来，培育居民的公共精神、互惠精神。

（二）提升社区管理人员素质

实现搬迁安置社区的有效治理，不仅要依靠"硬件"的良好运行，更需要优质的"软件"作为支撑。搬迁安置社区管理内容的交叉性、社区成员构成的异质性及管理任务的繁杂性给社区管理人员的工作带来了极大的挑战，而作为进行基层治理的主要执行者，管理人员的工作态度和职业能力显著影响着基层治理的成效。

1. 转变管理理念，加强社区管理人员教育培训

原村委会的管理人员习惯于传统计划经济下的管理方式，通过集权和管制对乡村社会进行控制，陈旧的管理理念制约了搬迁安置社区的发展，应将传统乡村社会中以"管制"为主的管理思想向依靠多元参与的"治理"理念转变，同时，应培育社区管理人员的服务精神。现代社区管理理念强调充分调动社区内部不同主体力量，发挥各主体优势共同参与社区治理，提升社区服务能力，有效满足居民需求。特别是，对于搬迁安置社区而言，强化社区工作人员服务意识，不仅要切实了解搬迁移民的现实生活需要，更要对如老人、儿童、丧失劳动能力的弱势群体给予更多的关心和照料。其次，针对社区管理人员年纪较大、学历低、业务能力不强的情况，通过进行定期培训，组织社区管理人员到成绩突出、管理创新的典型社区进行交流学习，借鉴典型的管理经验，学习先进的管理方法，提升其社区管理能力。

2. 多种途径引进专业化的管理人才，充实社区管理人员队伍

政府购买社会工作岗位、公共服务项目和社区工作的方式是提升社区管理人员能力的有效手段。搬迁安置区可以通过政府购买的方式，加大对社会工作者的引入，充分利用社会工作者的专业知识和管理经验，提升社区治理能力；以专职培育的方式，通过"专职专岗（职业化）+参与式培养"的模式，为社区培育专职的管理人才；通过公开招聘，招聘大学毕业生充实到社区居委会干部队伍当中，以城

市精英代替乡村精英，逐步推行社区管理队伍职业化、专业化，提高社区工作者的综合素质和能力。

（三）理顺主体关系，构建多元主体参与的社区治理模式

党的十八届三中全会指出："全面深化改革的总目标是完善和发展中国特色社会主义制度，推进国家治理体系和治理能力现代化。"社区作为国家治理体系的基础单元，构建政府主导、多元主体参与的基层社会治理体系是当前我国社区治理的主要形式，其内在价值理念在于构建多元主体相互合作、多元利益相互包容、多元参与主体相互尊重与信任的社区治理体制。因此，厘清多元主体关系，明晰主体职能，构建以党组织为核心、以居委会为主体、社区社会组织和居民广泛参与的治理模式是提升搬迁安置社区治理能力的关键。

1. 发挥基层党组织的核心领导作用

明确党组织在安置社区政治、思想、组织等全方位的权威领导地位，强化党组织在社区中的嵌入式领导，成为组织、领导和协调社区各种组织和推进各项工作的核心机构[1]。通过党员的先锋模范作用，积极引导和带动居民遵守社区规范，参与到社区治理过程中。例如，针对挤占公共空间的情况，党员应率先规范自身，劝导大家一起维护社区公共环境，广泛征求居民意见，及时与居委会沟通解决问题。

2. 明确居民委员会的自治和服务职能，弱化行政"代理人"身份

首先，对社区居委会角色进行清晰定位，明确居委会职责。社区居民委员会既不应是政府的附属机构，也不应是专业性的服务机构，更不是营利性组织，搬迁安置社区居委会应是聚焦于社区内公共事务和公益事业的自治组织。其次，社区居委会作为实现党和政

---

[1] 《民政部关于在全国推进城市社区建设的意见》，http://www.cctv.com/news/china/20001212/366.html，最后检索时间：2020年10月22日。

府基层领导作用的连接载体,组织居民开展社区自治是其首要职能,搬迁安置社区可以通过召集社区居民会议、组织居民积极参与社区选举、推动社区社会组织发展等实现搬迁移民在社区的"自我管理,自我服务",调动居民参与积极性,强化居民参与;同时,与一般社区相比,搬迁安置社区更应强化"服务"和"扶助"功能。通过建立"一站式服务中心""社区工作站"为搬迁移民提供服务便利;针对社区内的留守儿童和留守老人,通过设立老年人日间照料中心等提供专业的照料和看护;针对搬迁移民普遍存在受教育程度不高、缺乏劳动技能等提供就业咨询和就业培训,以提升其就业能力。

3. 推动社区自治组织发展

一方面,积极组建作为居民利益"代言人"的业主委员会。通过挑选社区积极分子或社区精英成立业主委员会,作为居民维权的利益代表,参与社区治理,使搬迁移民在社区治理中拥有更多的话语权;同时,完善业主委员会的运行制度,建立有效的议事规则和监督机制,真正履行维护业主权益的职能。业主委员会作为社区居民的"利益共同体",应着力于让更多的普通居民积极参与到社区的治理中,以增强社区居民的认同感和社区归属感。另一方面,推动社区自助类、公益类和综合类的志愿组织发展,如安康市白河县西营镇"天逸社区",通过居委会引导、居民积极参与的方式,分别组建了社区志愿者服务队和有偿便民服务队,为满足居民日常生活需求提供个性化的公共服务。

4. 构建"政府主导+物业公司"的物业管理模式

一方面,引入市场竞争机制,将安置社区内的物业服务通过公开招标的方式外包给专业的物业公司管理,以提高治理效率和降低成本。另一方面,鉴于搬迁移民以贫困户为主,无力或不愿负担物业费用的情况,社区在推行物业服务的初期应以"政府主导"的方式通过财政补贴、税收减免、政策优惠等协助物业公司应对市场化运营条件不成熟、运营低盈利或亏损、搬迁户拒缴物业费用等困难，通过加大财政补贴和资助力度，推动社区物业的发展，逐步过渡到市场化的运营模式，这样既可以为"居委会"减负，也能够提升社区服务水平，以满足居民的服务需求。

（四）推动以户籍制度改革为核心的配套制度改革体系构建

搬迁安置社区治理中的人户分离和搬迁移民的市民化困境的根源在于配套制度改革的滞后和不完善。虽然部分地区在搬迁安置社区实行了"居住簿"式的户籍管理制度，但基于户籍上附着的土地及集体资产等权益，绝大部分搬迁户并未进行户籍迁移。同时，缺乏城乡一体化管理体制，特别是以户籍为核心的社会保障、土地制度等改革的滞后，使"户籍"成为安置社区破除人户分离和推动搬迁移民实现就地就近市民化的主要障碍。因此，需推进以户籍制度改革为核心的配套制度改革。

1. 推动户籍制度改革

在迁入地，打破户籍对搬迁移民基本权益的"隐形"和"显性"藩篱，剥离附着在户籍上的附加利益，回归户籍最基本的登记功能，推行城乡一体化的户籍登记制度，即要确保搬迁移民享受附着在户籍上的各项福利。如果仅仅实现搬迁移民"城乡"地理空间的转换，而与户籍相关的社会保障、教育、计划生育、服兵役、集体资产改革等政策没有同时跟进，户口对搬迁移民不具备任何吸引力。实现搬迁安置社区的有效治理必须着手配套制度改革，尤其要加快建立健全城乡一体化的社会保障机制，以制度保证搬迁户转户后不失业，居住条件改善后收入不减少、权益不受损。同时，可以通过政府补贴和居民自筹相结合的方式，鼓励搬迁群众落户城镇，通过一次性补缴养老保险和医疗保险费用，将其纳入城镇社会保障体系。

2. 推进土地制度和集体经济制度改革

基于我国长久以来实施的城乡分割、分治的二元结构体系，以户籍为权益分割的制度体系使农村人口长期被排除在平等享受城市福利的范围之外。由此，要推动搬迁移民实现市民化，就要破除体制"束缚"。首先，通过确权颁证从法律上对搬迁户的土地权益予以保护。包括集体土地所有权、宅基地使用权、土地承包经营权等。其次，实行农用地在"三不变"，即权属不变、用途不变、量质不变的前提下进行流转，增加搬迁移民的资产收益。最后，实施集体资产股权改革，实现搬迁移民社会身份和经济身份的分离，包括对在原居住地有经济合作社的，推行经济合作社改革，依照社员身份不变、股份所有权不变实现农民社员身份和股东身份的分离。实施村集体资产产权改革，按照量化到人、确权到户的方式将资产量化折股，分配到人，实行"股随人走"，促进人口自由流动。

参考文献

党国英：《论城乡社会治理一体化的必要性与实现路径——关于实现"市域社会治理现代化"的思考》，《中国农村经济》2020年第4期。

黎洁等：《西部重点生态功能区人口资源与环境可持续发展研究》，经济科学出版社，2016。

李烊、刘祖云：《纪律、契约与礼俗：论过渡型社区三元治理规则——基于江苏省J市拆迁安置社区的田野调查》，《中国农村观察》2019年第4期。

刘祖云、李烊：《元治理视角下"过渡型社区"治理的结构与策略》，《社会科学》2017年第1期。

宋辉：《新型城镇化推进中城市拆迁安置社区治理体系重构研究》，《中国软科学》2019年第1期。

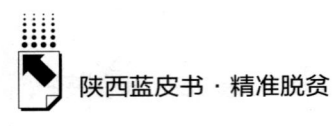

魏后凯：《新常态下中国城乡一体化格局及推进战略》，《中国农村经济》2016年第1期。

吴新叶、牛晨光：《易地扶贫搬迁安置社区的紧张与化解》，《华南农业大学学报》（社会科学版）2018年第2期。

曾小溪、汪三贵：《打赢易地扶贫搬迁脱贫攻坚战的若干思考》，《西北师大学报》（社会科学版）2019年第1期。

B.10
汉中市城固县强产业稳脱贫经验调研报告

张娟娟 李永红*

摘　要： 党的十八大以来，城固县坚持把发展产业作为实现贫困人口稳定脱贫的重要途径，着力在"四带四促"上下功夫，取得了显著成效。城固县在产业扶贫中，强化产业发展支撑，夯实稳定脱贫基础；培育壮大经营主体，提高益贫带贫能力；完善利益联结机制，构建双赢利益格局；加强产销市场对接，拓展市场"拉动力"。城固县的做法、经验和成效，对于陕西省提升产业扶贫质量、巩固脱贫攻坚成果、接续推进全面脱贫与乡村振兴有效衔接，具有较强的示范意义和参考价值。

关键词： 产业扶贫　"四带四促"　城固县

自打赢脱贫攻坚战以来，城固县深入学习贯彻习近平总书记关于扶贫工作重要论述，把发展产业作为实现脱贫的根本之策，把培育产业作为推动脱贫攻坚的根本出路，拓宽产业扶贫路径，着力在"四带四促"强产业上下功夫，让产业扶贫挑起了脱贫攻坚的"大梁"，

---

* 张娟娟，中共陕西省委党校（陕西行政学院）中国特色社会主义理论研究中心副教授，研究方向为新型城镇化、乡村振兴；李永红，中共陕西省委党校（陕西行政学院）中国特色社会主义理论研究中心副主任，副教授，研究方向为公共管理、乡村振兴。

取得了突出成效。2019年底，城固县实现高质量脱贫摘帽，全县共有101个贫困村24286户72150名贫困人口脱贫退出，其中通过发展产业实现脱贫的占到59.69%，县农业农村局荣获全国农业农村系统先进集体荣誉称号，成为党的十八大以来陕西全省产业扶贫脱贫的县级样板。城固经验集中体现在"四带四促"上，具有典型意义。

一 以优势产业带动扶贫产业，促进产业精准培育

（一）突出产业优先

城固县在打赢脱贫攻坚战中，始终把发展产业作为实现贫困人口稳定脱贫的根本途径和长久之策，研究制定了《2017~2020年农业产业脱贫规划》，其中包括13个子规划和年度计划等相关文件，着力强化细化实化贫困乡镇产业发展的支撑保障措施，让产业成为全县脱贫之基，实现贫困群众持续增收和稳定脱贫。该县根据县域自然禀赋、生产条件和产业基础，坚持因地制宜、因村施策，重点发展柑橘、猕猴桃、元胡、茶叶、畜禽养殖等脱贫当家产业和旅游业、服务业等第三产业，做到宜种则种、宜养则养、宜林则林、宜游则游，大力推进"一镇一特""一村一品"建设，不断优化贫困乡镇产业结构，有效增强了"造血"功能。对有劳动能力的贫困人口，因村因户落实产业项目，加大技能培训力度，努力做到家家有增收项目、人人有就业渠道。他们特别注重产业效益，精心培育发展市场需求相对稳定、收益相对较高的特色产业，开发适销对路的优质产品和服务，不断提升扶贫产业发展的质量和效益，有效提高贫困群众的收入水平。

（二）突出集聚发展

城固县着眼于实现稳定脱贫，坚持以镇为主、突出特色、集聚发

展，大力培育以猕猴桃、食用菌等为重点的八大特色生态产业，不断提升特色生态产业的规模化、品质化、市场化、效益化水平，特色生态产业已经成为乡镇贫困群众脱贫致富的主要途径。沙河营镇侧重大力培育猕猴桃产业，紧紧抓住产业覆盖、提质增效、利益联结三大关键环节，通过土地流转、规模发展，打造了5000余亩高标准猕猴桃田园综合体项目，做强了扶贫脱贫产业支撑，带动全镇未脱贫户依靠土地流转和园区务工增收脱贫。原公镇重点着力打造800余亩羊肚菌生产基地，生产的羊肚菌品质好、销路畅，直接带动211户贫困户稳定增收。三合镇突出重点投入，将产业发展资金着重投入合作社、中药材加工等龙头企业，有力地把群众组织起来、把产业培育起来、把利益联结起来，实现了产业扶贫项目对脱贫攻坚的有效带动。

（三）突出破解难题

为了确保"村村有产兴业，户户有业增收"，城固县坚持问题导向，突出破解"三难"，全力推进扶贫产业发展。该县针对发展扶贫产业"组织难"的问题，发挥龙头企业、农民专业合作社和贫困村创业致富带头人等辐射带动作用，健全利益联结机制，把贫困人口紧紧吸附在产业链上，筑牢稳定脱贫的产业支撑；对没有劳动能力的贫困户，不是"一兜了之"，而是通过代种代养、资产收益、入股分红等方式引导其发展产业。该县针对一些贫困户发展产业"融资难"的问题，加大扶贫小额信贷工作力度，解决了贫困户发展产业过程中贷款难、贷款慢、程序繁多等问题。截至2019年底，已累计向8136户贫困户发放小额信贷28621.91万元，投放小额贷款贴息2328.41万元，有效促进了贫困户的产业发展。他们针对扶贫产业"增效难"的问题，大力发展农产品储藏、保鲜、烘干、加工、冷链物流等配套设施建设，相继建成冷藏储存中心36个、烘干厂房42个、农产品加工生产线149条，切实为农产品冷冻保鲜、错季上市打下良好基础，有效延长了农产品销售周期，明显促进了产业增效。

二 以新型主体带动贫困群体，促进利益紧密联结

（一）大力培育新型经营主体

新型经营主体是带动扶贫脱贫的关键。城固县坚持"两手抓两手带"，成效突出。一手抓经营主体培育提升带贫能力。该县立足当地资源优势和产业基础，结合特色产业发展，培育壮大当地龙头企业和农民合作社，增强带贫能力，实现龙头企业、合作社对所有贫困村和特色产业的全覆盖带动。一手抓招商引资增强带贫能力。先后引进齐峰果业、禾和集团、大红门、陕果集团等一批影响力大、社会责任感强的农业产业化龙头企业落户城固，打造特色产业，形成强力带动，让更多贫困群众精准受益。全县目前共有909个各类经营主体（其中19个龙头企业、78个公司、637个各类合作社、135个协会、40个其他类经营主体）与贫困村、贫困户扶贫对接，通过发展产业、销售产品、务工就业、入股分红等多种形式，带动1.5万户贫困群众，持续增收和稳定脱贫。

（二）创新产业帮扶方式

城固县依托新型经营主体，因村因户采取直接帮扶、委托帮扶和股份合作帮扶等方式帮助贫困户发展产业，创新6种典型脱贫带动模式，发挥了重大帮扶效应。以山花、禾和公司等为代表的务工型带动模式，以元升、顺鑫等为代表的流转金支付型带动模式，以龙宴、榛旺、天丰米业等为代表的订单收购型带动模式，以华绿、和源等为代表的入股分红型带动模式，以坤鹏、弘泰肉牛养殖等为代表的借养收

购型带动模式，以雨露妇女蔬菜瓜果专业合作社等为代表的合作帮扶型带动模式，这些创新模式，将企业、贫困村、贫困户三者建立起紧密的利益联结机制，形成利益共同体，使贫困户能够分享产业发展的成果，获得持续增收脱贫的能力。

（三）完善利益联结机制

建立良好的产业与贫困户利益联结机制，是产业扶贫的核心。城固县着力建立"五金"模式，效果很好。主要是：推动土地流转，让贫困群众赚租金（贫困户流转土地每亩可获得租金500~800元）；发展订单种养，让贫困群众得现金；实行入股分红，让贫困群众获股金（贫困户前五年不承担经营风险，保底收益不低于本金的8%，五年后与帮扶主体同股同利、风险共担）；创造务工机会，让贫困群众挣薪金（全县通过开展"引老乡、回故乡、建家乡"行动，大力推进招商引资，建设社区工厂26家，就业扶贫基地36个，实现有劳动能力的贫困人口在"家门口"就业）；发展壮大村级集体经济，实行集体经济分成，让贫困群众得年金（全县已有24960余户群众分享"三变"改革红利4300余万元，村集体也获益4100余万元，收到了多赢效果）。

三 以市场机制带动发展机制，促进产业持续发展

（一）加强品牌建设

城固县通过加大品牌创建投入，落实品牌发展扶持政策，支持发展"一村一品"的贫困村依托农业龙头企业、农民合作社创建农产品品牌，申请"三品一标"认证，鼓励具有鲜明地域特色的产品申报中国地理标志证明商标、国家地理标志产品认证等措施，扎实推进

特色农产品品牌建设，形成了一批具有影响力的知名品牌。目前，全县已获得"三品"认证50个、欧盟认证1个（齐峰徐香猕猴桃）、GAP认证3个（山花、秦诚茶叶、天丰大米）。"城固柑橘""城固元胡"获得地理标志认证，"城固猕猴桃"地标产品已经通过国家农业农村部评审。

（二）抓好产销对接

城固县注重搞好产销对接，多渠道拓宽农产品市场营销渠道。一是搭建电商平台。重点加强与京东等知名电商公司合作，建成京东"三仓两馆"等电商农业项目，帮助贫困群众搭上"电商快车"，促进贫困群众增收致富。二是拓宽销售渠道。组织经营主体参加省内外产销对接活动。仅2019年以来，城固县先后到北京、南通、西安、上海、成都、安徽、河北等省市推介农产品，借助大型展会平台或农产品集散地大型交易市场，展示展销城固特色优质农产品，提高品牌知名度，带动特色农产品销售。三是紧盯市场变化。城固元胡产品2019年曾一度出现市场滞销、价格大幅下跌的局面。为了确保贫困群众增收，县委书记陈心亮及时组织相关部门对元胡市场进行调研分析，推出应对之策。先是组织举办"元胡产业发展现状与前景展望"论坛，集聚省内外知名专家为元胡产业发展把脉问诊。随后县农业农村局、县市场监管局、经贸局、元胡主产镇分管领导及部分元胡购销合作社负责人一行19人奔赴安徽亳州市、河北安国市举办城固元胡品牌宣传推介、产品展示展销等活动，主动拓展市场，共签订供货合同3000多吨，价值9000多万元，使元胡产地价从每斤3元以下升至5元以上，既稳定了市场价格，又畅通了销售渠道，使贫困群众从产业发展中得到实惠。

（三）开拓新兴市场

城固县充分挖掘丰富的旅游资源，大力发展乡村民宿、休闲农庄、农家乐等旅游扶贫产品，引来八方游客，把绿水青山变成金山银山。该县采取"景区带村""能人带户""公司+农户""合作社+农户""支部+公司+农户"等多种扶贫形式，初步形成了"旅游+基地""旅游+园区""旅游+电商"等一批乡村旅游新业态。全县累计实施乡村旅游扶贫项目53个，兴办农家乐110余户，发展农业观光园12家，成立旅游扶贫合作组织3家，带动23个贫困村1020户贫困户依靠发展乡村旅游产业脱贫致富。同时建成扶贫光伏电站12座，装机容量达8.38兆瓦，带动1561户贫困户年均增收3000元以上。

四 以组织作为带动农户有为，促进措施落地见效

（一）强化组织保障

一是在县、乡、村各级层面建立抓产业的专班，明确一班人马，瞄准一个目标，制定一套措施，一以贯之抓产业，一张蓝图绘到底。他们全面推行重点抓产业扶贫的"A+1+1+N"包抓帮扶机制，对每个贫困村和有劳动力的贫困户，制定了长、中、短期相结合的产业发展计划、品种布局和具体措施，做到了扶贫产业到村到户。建立常态化联点督查机制，及时督导解决产业扶贫中的突出问题。二是加快建设以村党支部为领导的专业合作社，推动产业、企业与村级集体经济深度挂钩，发展壮大集体经济。三是深化农村土地制度改革，盘活用好集体资源资产，发展多种形式的股份合作制经济，推动"资源变资产、资金变资本、农民变股东"，促进"三变"改革深入发展。

（二）强化资金保障

城固县建立起有效的惠农资金投入体系，满足全县产业扶贫的资

金需要。该县坚持脱贫攻坚项目资金安排优先向产业扶贫倾斜，着力用好财政专项扶贫资金、涉农整合资金、信贷金融保险扶贫资金、特惠贷等金融扶贫产品，大力开展招商引资活动，积极引入外部资本，努力汇聚社会闲散资金，凝聚扶贫合力，以形成强大的扶贫脱贫攻坚资金合力。在整合财政支农资金方面，已累计整合资金10.81亿元，其中用于产业扶贫6.56亿元，占比达60.68%。在提供金融扶持方面，为使扶贫资金获得放大效应，县财政筹集100万元设立元胡贷基金，筹集600万元设立产业贷基金，筹集900万元设立助保贷基金，撬动5亿多元银行资金发放产业扶贫贷款。在风险防范方面，县上把农业保险作为支持产业发展的重要手段，采取以奖代补方式开展水稻、油菜、柑橘、猕猴桃、食用菌等特色农产品保险，通过保险扶贫有效防范农业产业发展中面临的自然风险和市场风险，减少贫困人口因产业发展不利带来的损失。

（三）强化技术保障

在特色产业发展中，城固县不断强化技术保障，创新技术服务方式，帮助贫困户建立产业发展信心，推动引领现代农业加快发展。一是发挥好产业发展指导员作用。县上通过建立专家资源库，为101个贫困村选聘260名产业发展指导员。这些产业发展指导员逐村逐户开展产业技术需求调查，共走访调查贫困户1.5万户，因户施策制订技术服务计划和工作方案，对产业发展进行全程跟踪指导服务，有力地推动了产业扶贫。二是不断完善"农技110"服务模式。全县产业脱贫技术服务110指挥中心高效运转，运用电话指挥和微信平台双轨调度技术资源，形成了"1小时调度、2天内到户、全域化覆盖、菜单式服务"的产业扶贫技术服务网络，为产业发展提供了有效的技术支持。三是大力开展实用技术培训。县上积极整合各渠道培训资金资源，建立起了政府主导、部门协作、统筹安排、产业带动的良好培训机制。主要进行针对性强、适用实用性高的农村劳动力技能培训，坚持种养什么学习什么、缺少什么培训什么，加强种养技术、生物防控、田间管理、网上销售等实用技能培训，注重运用现场观摩、现身说法等听得懂、记得住、用得上的方式，提升农民发展产业的能力素质。

五 有益经验

城固县产业扶贫的成功实践，对于陕西省巩固脱贫攻坚成果，接续推进全面脱贫与乡村振兴有效衔接，具有较强的示范意义和借鉴价值。

（一）强化产业发展支撑，夯实稳定脱贫基础

产业扶贫是"真脱贫、脱真贫"的关键，是实现乡村振兴的重要抓手。城固县坚持因地制宜，从当地实际出发，综合考虑资源禀赋、产业基础、市场需求、生态环境等因素，选择适合自身发展的特色优势产业；同时遵循市场经济规律，把特色产业发展的规模和质量与农业供给侧结构性改革措施相衔接，提升产品质量，提高产业效益，确保产业持续发展造福贫困人口。实践证明，只有因地制宜，把培育产业作为推动脱贫攻坚的根本出路，加快培育一批特色优势产业，大力推进"一镇一特""一村一品"建设，不断提高贫困地区自我发展能力和自我造血能力，才能保证脱贫效果的可持续性，保障贫困地区和贫困人口真脱贫、不返贫。

（二）培育壮大经营主体，提高益贫带贫能力

产业的生命力来自产业效率，产业效率来自经营主体。提升扶贫产业效率要依靠市场能力强、技术水平高、带动意愿足的各类新型农

业经营主体。通过它们或将贫困户带入产业链，或为贫困户创造稳定的就业机会，从而增强贫困群众增收致富的能力。因此，培育新型经营主体十分关键。城固县在选准产业的基础上，狠抓新型经营主体培育。一是立足本地企业培育。通过出台激励政策，加大帮扶力度，积极培育和发展多类型、多层次的龙头企业型经济组织。二是加大招商引进培育力度。制定落实更为优惠的支持政策，有针对性地引入一批经营规模大、辐射面广、影响力好、带动力强的外地龙头企业，利用"公司+农户"等合作形式，吸纳贫困户参与产业发展，较好地发挥了招进龙头企业的辐射带动作用。三是注重筑巢引凤培育。通过营造良好的创业环境，千方百计地吸引本地外出打工者与外出创业成功者、大学毕业生、退休干部和职工、退伍军人等能人回乡返乡创业兴业，有力地促进了县域经济发展。其有益启示是：一个龙头企业可以带起一个产业，一个产业可以托起一方经济发展。在产业扶贫脱贫中，要加大对各类新型经营主体的扶持培育力度。不管什么所有制和哪种类型的经营主体，只要与贫困户有比较稳定合理的利益联结，能够带动贫困户和生产基地，使贫困户从中真正得到实惠，就应该一视同仁地给予扶持培育，比如，给予相应的税收减免、优先立项、信贷支持等政策奖励，增强其带贫脱贫能力，以利于更好地打好产业扶贫脱贫攻坚战。

（三）完善利益联结机制，构建双赢利益格局

产业扶贫与在贫困地区发展产业不同，一个重要原则就是要让产业与贫困户形成紧密的利益联结。城固县针对不同的贫困户、不同类型的扶贫主体，建立多样化的利益联结机制，提高了贫困群众在扶贫产业发展中的参与度和受益度，不失为扶贫脱贫固本强源之举。该县对有劳动力的贫困户，采取务工，土地、资金入股分红，财政专项扶贫资金股权量化分红和返租倒包等方式；对无劳动力的贫困户，采取

土地、资金入股分红，财政专项扶贫资金股权量化分红等方式，调和产业扶贫对规模经济的追求与精准扶贫、因贫制宜之间的矛盾，实现了产业发展与脱贫增收的双赢。其有益启示是：产业精准扶贫的关键是要形成合理的利益联结机制，形成利益共同体。在产业扶贫中，要通过利益联结机制的建构与创新，处理好扶贫主体和贫困户的利益关系，使之各有所得、积极性各有增强，以确保产业精准扶贫政策真正惠及贫困农户，确保产业发展利益能为广大贫困农户所分享。

（四）加强产销市场对接，拓展市场"拉动力"

产业发展，市场是根本。货畅其流，产业才能更兴旺，脱贫致富才能更持续。现在没有产不出的产品，只有卖不出去的产品。针对一些特色农产品销售难问题，城固县组织企业、合作社等农业生产主体，参加各种展销活动，支持企业打造特色优势品牌，发展电子商务，利用各类媒体加大宣传推介力度，让城固好产品卖得出、卖个好价钱。其有益启示是：产业扶贫要强化市场观念，多渠道拓宽农产品营销渠道。为了使农产品卖得快、卖得好、卖出好价钱，在实施产业扶贫项目时，就要把资源开发和产业规模扩张，市场开发和产业营销能力建设同规划、同部署、同实施、同推进，努力实现产品与市场的有效对接。同时还要建立产业风险信息平台，及时发布产业风险预警信息，建立产业风险防范网络，组建风险防范共同体，促进产业顺畅发展。

B.11 从"产业扶贫"到"产业兴旺"的主要困境及破解之道*

——以商南县"四借四还"产业扶贫模式为例

何得桂 公晓昱**

摘　要： 构建"产业扶贫"与"产业兴旺"的有机衔接，是保障欠发达地区和贫困群众实现稳定脱贫和质量脱贫的关键。通过分析陕西省商南县"四借四还"产业扶贫的案例发现，从"产业扶贫"迈向"产业兴旺"进程中主要面临主导产业特色优势不明显、农业产业链延展性不够长、农民与产业链融合度不高等困境。脱贫地区要实现乡村产业振兴的目标，需要加快构建起小农户与现代农业有机衔接的机制，不断提高农村产业主体与产业链的融合程度，形成结构多元、地区分工、循序渐进的农村产业发展新格局。

关键词： 产业扶贫　乡村振兴　商南县

---

* 本文系陕西省社会科学界重大理论与现实问题研究项目"陕西黄河流域欠发达地区县域经济发展路径研究"（编号为2020Z307）、台湾民主自治同盟陕西省委员会委托课题"加快农村要素集聚，推动乡村振兴战略发展"（编号为2020wt004）的阶段性成果。

** 何得桂，西北农林科技大学人文社会发展学院公共管理系主任，博士生导师，副教授，研究方向为反贫困与社会治理；公晓昱，西北农林科技大学人文社会发展学院硕士研究生，研究方向为减贫与发展。

从"产业扶贫"到"产业兴旺"的主要困境及破解之道

打赢脱贫攻坚战是实现乡村振兴的前提和基础。脱贫摘帽不是脱贫攻坚的终点,而是新生活和新奋斗的新起点。《中共中央国务院关于实施乡村振兴战略的意见》对产业发展的要求由"生产发展"转为"产业兴旺",农村产业发展的目标由短期的确保如期实现脱贫转向长期的高质量、高品质发展,意味着接下来农村产业发展将是一个长期的历史任务,需要分阶段、稳扎稳打地实施。要实现脱贫地区从"产业扶贫"迈向"产业兴旺",必须冲破当前扶贫模式对产业发展的桎梏,在内外部因素共同作用下构建起农村产业扶贫的长效机制。陕西省商洛市商南县地处秦巴山集中连片特困地区,生态环境优美,物产丰富,具有典型山区资源的综合开发潜力。本文以商南县产业扶贫为例,着重分析当前脱贫地区产业高质量发展面临的主要困境并提出实现路径,以期为早日实现乡村产业振兴提供一定的借鉴经验。

一 积极探索产业扶贫的"商南做法"

商南,又名"鹿城",位于陕西省东南部,属于陕西省商洛市下辖县。为实现稳定脱贫、质量脱贫,商南县把扶贫工作重点放在产业发展上。因地制宜探索出了"四借四还"的产业脱贫模式,即通过"政府担保贴息、企业赊本让利、群众收益还本、抱团发展做强"的办法,探索出了一条贫困山区脱贫攻坚的新路径。2020年2月27日,商南县顺利实现贫困县"摘帽"。

(一)"四借四还"打出产业扶贫"组合拳"

1. 借袋还菇

香菇一直是商南广大群众普遍认可的"短平快"产业项目之一。2015年,种植1万袋,年收益在4万元左右,但由于个人资金和技术不到位,贫困户发展香菇种植难以扩大规模。为了加快脱贫,2016

年商南县推出"借袋还菇"的办法,由龙头企业免费提供给贫困户香菇菌袋,成熟后公司按照市场价回收,扣除成本。当香菇行情不好时,公司以略高于市场的价格收购;由合作社免费提供技术指导,直至贫困户脱贫为止。依托"公司+合作社+基地+贫困户"的发展模式,由龙头企业负责从外地调运玉米芯、苹果树枝等木屑,工厂化生产菌袋、标准化接种发菌后,公司按每个袋子3元的成本价与贫困户签订合同,政府每袋补贴0.5元,企业先行按50%垫资,驻村工作队和村委会负责督促指导贫困户建大棚和生产管理,最后公司回收成品菇和废旧菌袋,并扣除垫付的成本款,企业回收废弃菌袋生产有机肥,并按照协议价回收香菇进行精深加工,实现废弃物的循环。

2. 借鸡还蛋

商南县有丰富的山林资源,也有养殖土鸡的传统。但农户个体化养殖,很难做大做强、促农增收。为了帮助贫困户发展土鸡养殖产业,商南县鸿伟生态实业有限公司等龙头企业对接包扶单位,形成"龙头企业+包扶单位+贫困户"发展模式:公司统一向贫困户免费配送鸡苗,签订养殖协议。养殖蛋鸡的,鸡蛋由公司以每枚0.8元保护价回收,养殖期满"还鸡"时包扶单位先行垫付押金,养殖期间公司免费为贫困户提供技术支持;养殖肉鸡的,由包扶单位按每鸡10元价格购买鸡苗再交贫困户养殖,养5个月后,公司以每斤12元保底价回收。这就解决了贫困户养殖的资金和技术难题。

3. 借苗还果

牡丹作为"短平快"的新型产业,因为农户了解较少而难以推广。为了解决生产规模问题,商南县通过对油用牡丹1亩以上的在册贫困户发放管护补贴,通过示范带动作用扩大牡丹种植规模。达到规模种植后,打造集观赏、牡丹籽油深加工、产品研发、药用、保健化妆品于一体的牡丹产业化产、供、销链条,达到贫困户增收致富的目标,加快小农户与现代农业的有机衔接,为实现产业乡村振兴打下坚实基础。不仅如此,商南县还利用这种模式发展茶叶、油茶等其他林果项目,并且取得一定的成果。

4. 借鹿还茸

乡村产业发展初期,商南县引进了梅花鹿养殖产业,虽然取得了一定的经济效益,但是由于鹿的群居和成本高的特点,数量少则贫困户养不成,数量多则贫困户缺资金买不起,很多有意愿的贫困户迟迟参与不进来。为了解决好这个问题,商南县通过"包扶干部买鹿、贫困户认领、公司寄养、利益共享"的模式,使少数贫困户实现了脱贫致富。公司与贫困户以4∶6的比例进行利润分成,贫困户寄养一只年可获利润1800元。同时,政府给贫困户补助,引进1岁以上的每只一次性补助1000元,新建标准圈舍每平方米一次补助25元,并给每只鹿购买200元保险。对存栏100只以上基础母鹿场,引进成年种公鹿每只补贴2000元。贫困户通过归还鹿茸的形式,冲抵种鹿成本、赢取养殖利润,鹿茸品质下降后,成品鹿再由企业按照协议价回收。

(二)"借还+N"奏响脱贫致富"进行曲"

"有项目、有资金、有技术、有销路"是扶贫产业能够发挥长效带贫作用的最关键因素,而商南县通过"借还"模式有效解决了产业脱贫最棘手的问题,将农户、企业、基层组织等各方主体链接在一条产业链条上,是保证贫困户稳定增收、巩固拓展脱贫攻坚成果的有效实现方式。商南县在合作社帮扶、产业大户引领方面大胆实践,依托当地资源,精准施策,在"四借四还"的基础上,又形成了"借菌还麻""借蜂还蜜""借崽还猪""借苗还鱼""借苗还芽""借犊还牛"等系列"借还"脱贫模式,形成了"借还+N"产业发展模式,取得了明显成效。通过"借还"模式将企业和贫困户整合为一个利益共同体,企业发挥技术、资金、管理、市场等方面优势,可以有效抵御市场风险，而贫困户的土地和劳动力以及扶贫项目资金的投入又能更好地推动企业发展，实现合作双赢。

二 脱贫地区产业发展面临的主要困境

产业扶贫的主要目的在于促进贫困个体（家庭）与贫困区域协同发展，从根本上激活贫困群众与贫困地区的发展潜力；"产业兴旺"则是通过巩固和完善农村基本经营制度，实现共同富裕的目标。不同的政策目标、内容、对象等方面决定了不同时期农村产业发展方式的差异。从产业扶贫的带贫效果来看，商南县"四借四还"的扶贫模式确实取得了一定成果，但从实现产业兴旺的长期目标来看，其产业发展面临的困境将成为"产业扶贫"与"产业兴旺"有机衔接的重要阻碍。

（一）主导产业特色优势不明显

根据产业发展的规律，一定区域内产业发展要经过市场评估、产业遴选、合理布局、差异化与可持续发展的过程。但在脱贫攻坚的工作压力下，难免倾向选择"短平快"的项目帮助贫困群众实现短期增收致富。贫困地区的农业发展，通常是将贫困户的土地流转给涉农企业进行规模种植经济作物或是组织贫困群众进行特色养殖。商南县确定重点发展茶叶、香菇、猕猴桃、土蜂养殖、中药材种植等特色产业，同时兼顾生猪、土鸡等畜禽类养殖作为产业扶贫的重点项目。但其主导产业并没有像"眉县猕猴桃""紫阳毛尖"那样的农产品区域品牌，且生产规模相对有限，与市场上同类农产品相比竞争力相对较弱。商南茶、鹿茸等被列入"三品一标"的具有农产品地理标识性产品也没有积极进行品牌化建设，目前的知名度与产业发展水平一般。商南县地处秦巴山集中连片特困地区，自然条件及经济发展与连片特困地区的其他县相似,在产业项目选择上难免趋同。这些特色农产品往往都是因劳动密集、产量大、生长周期短的优势成为大多数贫困山区发展特色农业产业的选择,但从经济学的角度来看,如果农产品生产者对某种农产品只有提供出售的意愿,而没有提供出售的能力,则不能形成有效供给。从生产要素投入角度出发,商南县扶贫模式中通过资金、技术投入带动和改造初级生产要素成效不明显,且在原本供需均衡的条件下增加供给,农产品价格就会下降,而大多数贫困县的特色产业正处于发展初期,没有形成完整的产业发展体系,因此没有掌握产品定价权,通过价格"消极竞争"的方式销售则会伤害贫困群众发展产业的积极性,这也是大多数脱贫地区产业发展的困境。

(二)农业产业链延展性不够长

与产业扶贫相比,产业兴旺最终目的是实现农业农村现代化发展,进而实现共同富裕。因此产业兴旺不是追求经济的"数字增长",而是追求农村经济发展的长期可持续。商南县通过采取"企业(合作社)+基地+贫困户"模式,推行集体产权制度改革,引导贫困户或农户依法流转土地、山坡,贫困户多镶嵌在产业初级阶段,且龙头企业因激励政策较少,难以在经济利润和社会责任间平衡,大都局限在农业产业园区和基地,辐射带动范围有限。相比发达地区,贫困地区新型农业经营主体发展较晚,带动贫困户增收方式相对单一,虽然提高了贫困户的财产性收入,但贫困户在营利性最高的经营环节参与较少。当前商南县产业项目多为生产初级产品,产品附加值较低;较少产品拥有商标和品牌,市场竞争力还不足;销售渠道不够稳定,多为政府或帮扶单位帮助销售,这些将影响贫困地区产业的健康持续发展,同时也影响对贫困户的带动效果。从纵向的组织形式来看,商南县产业扶贫对贫困户的吸纳大多集中在农业产业链条的初级生产环节，而收益较多的产后环节贫困户较少参与。虽然可以确保在产业链形式上对贫困户的吸纳与带动，但是在价值链整体上贫困户仍然处在一个低端的位置。由于内部权力关系的不对等，"公司+农户"等形式占有过多的产业价值链份额。在当前脱贫地区都在发展特色产业的背景下，传统农业经营方式与现代农业经营方式的不同，将成为拉开各地区之间农村产业发展水平差距的重要因素，单纯依靠初级农产品盈利增收也越来越难。这并不符合产业扶贫"造血式"的初衷。要实现产业兴旺，需要坚持一二三产业融合的发展理念，将生产、加工、销售及服务环节联结起来，提高农业产业附加值。而商南县产业扶贫的现有模式并不完全符合农村产业融合的理念，未来还要通过延长产业链以进一步提升产品的附加值。

（三）政府对产业发展过度干预

产业扶贫追求的目标不仅仅是产业发展和经济效益，还承担了带动贫困农户增收脱贫的社会责任，需要同时遵循市场运行规律和社会责任逻辑。依靠产业扶贫打赢脱贫攻坚战有一个前提，即要使被扶持的产业形成较为完整的利益链条，至少应有特定农产品的初级加工业。在产业欠发达地区，地方政府应当承担起生产技术性指导、产品销售渠道和信息输送等责任。地方政府作为产业精准扶贫的两个主体之一，应当发挥好服务和融贯功能，建立健全持续稳定的脱贫机制。政府的过度干预不仅弱化了农村产业参与市场的竞争压力，而且还在某种程度上弱化了贫困户作为扶贫主体的作用。政府的过度干预不仅仅表现在产业脱贫的道路上，而且在土地流转、农村金融体制改革、农村社会管理方面承担大量责任，取代农民成为主要决策者，农民在农村经济发展中大多处于从属地位，包括龙头企业、农村经济合作组织和贫困农户在内的多元主体难以与地方政府进行平等对话和协商，最后往往表现出"政府干得很起劲，农民实际参与得很少"。商南县

"政府担保贴息、企业赊本让利、群众收益还本、抱团发展做强"的初衷，是在帮助贫困群众融入农村产业发展的进程中，激发其脱贫内生动力。一方面，政府承担了过多的产业发展任务，尤其是在基层工作的同志，不仅要保质保量地完成政府的工作任务，还要承担经营农村集体经济的责任。长此以往，不仅会降低贫困户自发脱贫的主动性和积极性，而且基层组织在承担经营压力的同时还承担了过多的扶贫压力。另一方面，产业扶贫资金多以贴息、补助、奖励等形式发放，不能重复循环利用，使用效率较低；部分具有发展潜力的产业项目因为见效慢、产业结构复杂而被放弃，但"短平快"特点使其难以形成长效脱贫机制，最终导致扶贫资金难以产生最大化的效益。

三 脱贫地区迈向"产业兴旺"的对策建议

农村产业兴旺的内涵主要包括两个向度：要素回报率和要素组合效率的提高；农业内部和农村内部产业结构的优化。前者侧重农村产业的供给视角，后者则侧重需求视角。实现乡村产业振兴的目标，应构建小农与现代农业有机衔接的机制，不断提高农村产业主体与产业链的融合度，形成结构多元、地区分工、循序渐进的农村产业发展新格局。

（一）优化顶层设计，做好产业发展规划

产业兴旺是一个长期性的目标，切忌追求"短平快"，脱贫地区要有前瞻性、科学性的规划，结合当地的资源禀赋、政策环境、市场条件等，合理选择产业发展项目，不仅要帮助脱贫户实现可持续增收，更要考虑到产业长远的持续发展。首先，科学制订短期规划和长期规划，坚持因地制宜，充分发挥脱贫地区生态资源的比较优势，逐步打造具有乡土特色的田园综合体、特色小镇样板，科学合理规划实施，找准适合当地发展的"特色"主导产业；结合实际转变发力

方向，注重特色农产品的提质增效，依托脱贫地区生态环境优势大力发展绿色有机、无公害的农产品，实现"产业兴旺"与"生态宜居"齐头并进。其次，抓住新常态下经济增长动力的转型机遇，以提高发展质量和效益为中心，将经济发展与农村人居环境建设相结合，优化产业结构，夯实县域经济发展的基础；以改革、创新为突破口，加快发展以科技创新为驱动力的新兴产业；盘活农村资源，深化"三变"改革①，支持和推动村集体经济组织加强和完善集体资产经营、"3+X"特色现代农业项目开发、农产品产地初加工、营利性服务以及特色民宿、电子商务等新产业新业态，加快产业融合升级。最后，顺应"一带一路"、长江经济带建设等国家发展战略，积极引进经济发达地区优质企业到当地合作建厂，加强与东部、中部地区的合作交流；打造全方位的对外开放格局，不断扩大周边地区开放、内陆沿边开发，不断夯实基础设施，完善公共服务，提高脱贫地区经济发展要素聚集力。

（二）加快产业融合，提升农业价值链效益

党的十九大报告指出，"农村产业融合发展是实施乡村振兴战略的重要条件，构建农村产业融合发展体系，是解决新时代农村改革发展面临新问题的重大决策"。产业链延伸是当前农村产业融合的主要模式，是加快提升农业价值链的重要手段，通过生产、加工、销售服务环节的链接，发挥第三产业带动农业发展的能力，将价值链留在农村、利益留给农民。一是树立农业绿色发展理念，推进农业标准化农田建设，在提高农业机械化水平的同时降低农业生产成本，提高农业生产效率和质量，通过整合当地农资、农机资源，设立农技社会化服务中心，对基地化肥、农药的使用进行严格把控；推动规模化、智能

---

① "三变"改革是指资源变股权、资金变股金、农民变股民。

化畜禽养殖发展，利用智能信息化技术实现喂料、饮水、清洁、包装全自动化，降低畜禽病害发生率；引进畜禽类粪便生物有机肥加工企业，将畜禽养殖粪便进行统一收购，利用现代微生物技术，以畜禽粪便为主料，无公害处理后制造出生物有机肥，实现农业绿色发展"大循环"。二是拓展农产品加工价值链，大力引进农产品深加工企业，生产深加工产品，拓宽农产品的产业链，填补脱贫地区深加工空缺的功能板块，提升特色农产品附加值。三是合理规划城镇中心区绿化带、公园等公共区域，推动农村厕改工作有效开展，打造环境优美、生活富裕、乡风文明的人居环境。

（三）健全衔接机制，加快培育新型农业主体

小农户与现代农业的有机衔接是实现"产业扶贫"向"产业兴旺"转变的重要一环，重点是如何完善和扩展产业扶贫的利益联结机制。以小农户经营为主的传统生产方式与现代农业市场化、规模化的要求相差较大，这也决定了生产效益的差距。小农户在生产运营、信息获取、经营决策、过程监督等方面的落后使得其产业融合能力有限。要立足农业农村现代化的发展目标，创新农业经营方式，提高农业组织化程度，推动贫困群众融入现代农业发展。一方面，充分发挥农民作为农村产业重要主体的作用。农民作为农业农村现代化建设的主力军，既是农业生产提质增效的践行者，又是参与市场机制的竞争者，如何在农村产业发展中保护好农民权益，提高特色农产品的市场竞争力，是实现小农户与现代农业有机衔接的关键。要推动农村新型经营主体规范化发展，新型经营主体要多发展直接生产带动、就业创收带动、混合带动等模式，让低收入户更多地参与到相应的经营活动中，提高其脱贫致富的积极性，提高其可持续发展能力。另一方面，要实现产业融合参与主体的多元化。新型的产业融合模式往往以"农户＋合作社（基地）＋龙头企业""农户＋产业园区＋企业""农户＋村（社区）集体经济＋企业"等单一形

式发展，忽略了科研院所、金融机构、农业社会化服务组织等生产要素供给者参与农村产业融合发挥的巨大作用。要坚持因地制宜与大胆创新相结合，对于一些竞争能力强、示范作用突出的融合主体，需加大政策支持力度，在"四借四还"产业发展模式基础上，将农民嵌入更多的产业发展环节，增加农民的收益选择可能性。

（四）激发内生动力，处理好政府与市场的关系

产业发展不是政府的"独角戏"，应充分调动各主体的积极性和主动性。要注意对脱贫攻坚时期产业扶贫的经验、典型进行总结和归纳，着力激发脱贫群众增收致富的内生动力。随着脱贫攻坚目标的完成，乡村振兴战略进入新时期，政府工作内容、方式和目标都在发生转变，农业农村工作服务的重点对象由贫困群众转向广大农业工作者。政府部门需要重新定位其在农村产业发展决策中的角色，正确处理与市场之间的关系，充分发挥其市场监管和宏观调控作用。一方面，加大农产品生产过程中投入、产出、服务环节的监督管理力度，建立健全农产品质量监管、质量追溯体系和制度，不断优化良好的营商环境；强化土壤环境保护的监督管理，加强对种子、肥料、农药等农资投入品的市场监督检查，从源头把住农产品生产安全关。另一方面，持续提高政府办事效率，全面推进商事登记制度改革，大力发展"一站式"服务模式，尽量让群众实现"只跑一趟"的目标；不断降低民间资本准入门槛，加强政策引导，提升政府服务意识，持续改善农村经济发展环境。

参考文献

高帆：《乡村振兴战略中的产业兴旺：提出逻辑与政策选择》，《南京社

会科学》2019年第2期。

何得桂、公晓昱:《从行政推动向内源发展:农村产业扶贫长效机制研究》,《开发研究》2020年第4期。

何得桂、姚桂梅、徐榕等:《中国脱贫攻坚调研报告:秦巴山区篇》,中国社会科学出版社,2020。

朱启臻:《关于乡村产业兴旺问题的探讨》,《行政管理改革》2018年第8期。

B.12
陕南秦巴山区农村集体经济发展的困境与对策研究[*]

联合课题组[**]

摘　要： 新时代下，发展壮大农村集体经济既是实施乡村振兴战略的重要切入点和着力点，也是实现农民共同富裕的必由之路，如何破解农村集体经济发展的重点难点问题，建立健全集体经济运行机制迫在眉睫。本文立足于乡村振兴战略背景，针对陕南秦巴山区农村集体经济发展存在的现实困境和实践探索，提出构建贫困地区农村集体经济发展长效机制的对策建议。

关键词： 乡村振兴　农村集体经济　秦巴山区

党的十九大报告提出，实施乡村振兴战略要"深化农村集体产权制度改革，保障农民财产权益，壮大集体经济"。2018年9月21日，习近平总书记在主持中共中央政治局第八次集体学习时强调，

---

[*] 本文系陕西省社会科学院2020年度重点研究课题"乡村振兴战略背景下农村集体经济发展的困境及对策研究"（编号为20ZD02）的研究成果。
[**] 联合课题组由陕西省社会科学院农村发展研究所和岚皋县农村经营工作站组成。课题组成员：张敏、王建华、杨桂刚、刘学军、张安平、何方、雷英平、黄小珊、蔡芳。执笔人：张敏，陕西省社会科学院农村发展研究所助理研究员，博士，研究方向为农业经济管理。

"要把好乡村振兴战略的政治方向,坚持农村土地集体所有制性质,发展新型集体经济,走共同富裕道路"。从目前国家出台的一系列政策文件和各地的实践来看,发展壮大农村集体经济的进程分为两个阶段:第一阶段是基础性工作,按照《中共中央国务院关于稳步推进农村集体产权制度改革的意见》要求的工作步骤和时间节点,扎实有序开展农村集体产权制度改革,明确集体资产归属和集体成员身份,建立新型农村集体经济组织;第二阶段是发展性工作,充分运用农村集体产权制度改革成果,探索农村集体经济的有效实现形式,逐步发展壮大集体经济。2017年10月1日起施行的《中华人民共和国民法总则》明确了农村集体经济组织"特别法人"的地位,由此农村集体经济组织有了明确的"身份"和"资产",可以名正言顺地进入市场开展经济活动,如何利用这个"特别法人"身份盘活资产、确保资产保值增值便是第二阶段的工作。但是由于目前农村集体经济组织法还未出台,对于组织登记、成员确认管理、机构运行、财务管理、法律责任等相关制度没有具体规定,农村集体经济组织难以统一规范运行,给县级实践层面推动发展壮大集体经济带来一定困难。新时代下,发展壮大农村集体经济既是实施乡村振兴战略的重要切入点和着力点,也是实现农民共同富裕的必由之路,破解农村集体经济发展的重点难点问题,建立健全集体经济运行机制迫在眉睫。

本研究立足于乡村振兴战略背景,针对陕南秦巴山区农村集体经济发展存在的困境探索农村集体经济发展路径,对贫困地区强化基层党组织建设、加快推进乡村振兴具有十分重要的理论价值和实践指导意义。

一 乡村振兴战略背景下发展壮大农村集体经济的重大意义

中国特色社会主义进入新时代,社会主要矛盾转变为人民日益增长的美好生活需要和不平衡不充分的发展之间的矛盾，城乡发展不平衡、农村发展不充分是当前最大的不平衡和不充分，党的十九大从全局高度提出坚持农业农村优先发展、实施乡村振兴战略，这是解决城乡发展不平衡、农村发展不充分的行动指南和根本遵循。但是，在农村集体经济发展严重滞后的现实条件下，农村集体经济组织发挥的功能作用与乡村振兴战略提出的"产业兴旺、生态宜居、乡风文明、治理有效、生活富裕"要求不匹配，如果仅仅依靠农民群众单干、继续走小农经济发展的道路，集体仍旧缺乏凝聚力和向心力，农民缺少组织带动和利益联结，乡村振兴战略实施必然面临诸多困难和阻碍。习近平总书记多次强调，"全面建成小康社会，一个也不能少；共同富裕路上，一个也不能掉队"，这是我们党对人民的郑重承诺。发展壮大农村集体经济不仅是加强农村基层党组织建设的重大举措，更是巩固提升脱贫攻坚成果、实施乡村振兴战略的有效抓手，实现共同富裕的必由之路。

（一）发展壮大集体经济是加强农村基层党组织建设的重大举措

实施乡村振兴战略，党的领导是前提，治理有效是基础。农村基层党组织是中国共产党执政的"神经末梢"，是贯彻落实党的路线方针政策和各项农村工作的"毛细血管"，同时也是领导乡村社会的核心。习近平总书记指出，"办好农村的事情，实现乡村振兴，基层党组织必须坚强，党员队伍必须过硬"。解决好农业、农村、农民问题，全面实现农业农村现代化目标，关键是要靠坚强有力的基层党组织。但是，从目前贫困地区实际情况来看，大部分农村基层党组织的政治功能和服务功能弱化、边缘化，党员干部队伍老龄化严重、后继乏人，在农民群众中缺少凝聚力和向心力，"说话没人听、工作没人应、办事没人跟"问题突出，严重影响了党在农村的执政基础。尤其是集体经济普遍薄弱，大部分行政村都是集体经济"空壳村"，导致村级党组织在工作中底气不足，更谈不上有效地开展各项工作。贵州安顺"塘约之路"、榆林赵家峁村等典型案例的实践证明，发展壮大农村集体经济是凝聚党心民心、巩固党执政基础的重要抓手，农村基层党组织要办好农村的事情，必须要有一定的物质基础和经济基础，才能集思广益、凝集力量共谋发展，为广大农民群众提供必要的公共服务，带领农民群众脱贫致富，从而进一步增强农村基层党组织的凝聚力和战斗力。

（二）发展壮大集体经济是巩固提升脱贫攻坚成果的有效抓手

实施乡村振兴战略，产业兴旺是重点，生活富裕是核心。我国实施农村税费改革后，农民群众的负担大幅减轻，但是也使农村基层党组织同广大农民群众之间的利益联结越来越少，在不涉及自身利益的情况下，大部分村民对本村的公共事务、集体经济发展、人居环境改善等工作不会积极主动参与。在农业生产经营方面，更多的是"一家一户"单打独斗，新时代下分散的小农户生产经营方式已经与现代市场经济脱节，成为制约农户脱贫增收的重要因素。当前，贫困地区农业产业发展的组织化、专业化、品牌化程度普遍较低，面对消费者和市场对农产品绿色无污染、安全健康的要求，单打独斗的生产经营方式只能使少数农民富裕起来，只有发挥集体的力量把广大农民组织起来抱团发展，才能有效应对新时代下市场经济的激励竞争，实现共同富裕目标。举世瞩目的精准扶贫、精准脱贫成效来之不易，乡村振兴战略背景下仍然要持续不断巩固脱贫攻坚成果，防止返贫致贫，只有发展壮大农村集体经济，凝聚集体的智慧和力量，才能补齐脱贫攻坚最后一块短板，不让一个群众在小康路上掉队，为实现共同富裕目标奠定坚实基础。

（三）发展壮大集体经济是推进美丽乡村建设的必由之路

实施乡村振兴战略，生态宜居是关键，乡风文明是保障。从贫困地区实际来看，农村人居环境状况很不平衡，与全面建成小康社会的要求和广大农民群众的期盼还有较大差距，仍然是农村经济社会发展的突出短板。改善农村人居环境，建设生态宜居美丽乡村，是实施乡村振兴战略的一项重要任务，事关全面建成小康社会的质量和成色，事关广大农民群众的获得感和幸福感。目前制约贫困地区农村人居环境改善的最大问题就是村集体无钱办事，公共服务水平跟不上农民群众的需求，仅依靠财政转移支付资金解决村级公共财政投入不足问题远远不够，最有效的途径就是发展壮大农村集体经济，带动广大农民群众参与美丽乡村建设，增强农村集体经济组织自身"造血"功能，创新集体经济发展新业态、新模式，推动乡村"美丽资源"转型升级为"美丽经济"，激活农村发展内生动力，打造集生产、生活、生态于一体的乡村田园综合体，形成以发展壮大集体经济助力美丽乡村建设、以美丽乡村建设带动集体经济发展的良性循环。

二 陕南秦巴山区农村集体经济发展存在的现实困境

近年来，陕西省在高质量推进农村集体产权制度改革整省试点的基础上，结合脱贫攻坚和乡村振兴工作，出台了《关于坚持和加强农村基层党组织领导扶持壮大村级集体经济的实施意见》（陕组发〔2019〕1号）、《关于支持村集体经济发展的十二条措施》（陕农组发〔2020〕4号）等一系列发展壮大农村集体经济的政策和实施意见，全省各地依托资源禀赋、区位优势和产业特色，创新发展模式，采取资源开发、资产经营、服务创收、投资入股、联合经营等多种形式盘活集体"沉睡"资产，持续推动农村集体经济发展壮大，取得了显著成效。截至2019年底，全省各地累计整合涉农资金和扶贫资金58亿元用于发展壮大农村集体经济，撬动社会资本43亿元，1.4万个村集体经济发展得到有效增强，其中，仅3988个村集体分红总额就达8.57亿元。[①] 截至2020年上半年，全省97%的村已经全面完成改革任务，62%的村有经营收益，较改革前提高了20%，[②] 为实施乡村振兴战略奠定了坚实基础。

但是从整体上来看，全省农村集体经济发展不平衡，"富裕村"和"薄弱村"的数量、质量差距均较大，尤其对于基础薄弱的贫困地区来说，内生动力不足、经营能力有限、人才资源匮乏、发展质量不高等问题凸显，成为制约全省农村集体经济全面发展壮大的短板。2020年5~8月，课题组对秦巴连片特困地区平利、石泉、岚皋、镇坪等地开展了调研和座谈，发现贫困地区农村集体经济发展还存在以下问题亟待解决。

（一）集体经济发展主要靠自上而下推动，内生动力不足

打响脱贫攻坚战以来，贫困地区的生产生活条件有了长足改善，但是从发展基础来看，贫困地区仍然面临着自然资源条件差、地理位置偏远、农村产业经济效益低、青壮年劳动力大量流失等难题，相较于全省其他地区，贫困地区农村集体经济更为薄弱，有效盘活集体资源的难度更大。由于缺钱、缺人、缺思路、缺平台，目前大部分集体经济"薄弱村""空壳村"的发展主要是靠政府给予政策和资金支持，实施项目、开展经营活动等也主要是靠政府相关部门推动和监督

---

① 吴彩鑫：《陕西农村产权改革经验》，http：//journal.crnews.net/ncjygl/2020n/d7q/jtcqzdgg/137360_20200717103005.html，最后检索时间：2020年8月17日。
② 《陕西农村集体产权制度改革经验在全国交流》，http：//sannong.cnwest.com/snyw/a/2020/08/26/19030418.html，最后检索时间：2020年9月26日。

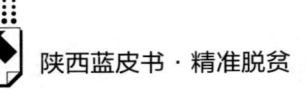

管理，农村集体经济组织的内部治理结构并未有效发挥作用，自身发展动力不足。

（二）集体经济发展缺少经管人才，激励机制不完善

实行村支书、村主任、村集体经济组织负责人"一肩挑"后，村支书在负责党建、村级行政事务的同时，还要兼顾集体经济发展，尽管村支书都是村里有能力、有想法的"能人"，但由于精力和经营管理能力有限，在市场经济条件下发展集体经济又与以往的工作完全不同，加之村集体经济组织内部专业经营管理人才几乎为零，集体经济与市场经济接轨后，抗风险能力较弱。此外，针对发展集体经济的干部报酬问题没有明确的规章制度，发展集体经济缺少有效的激励机制，也无法吸引专业人才参与其中。

（三）集体经济发展乡村地域特色不明显，经营模式单一

贫困地区大力发展特色优势农业产业具有得天独厚的优势，但是对于农村集体经济组织来说，农业产业项目投资大、风险高、周期长、见效慢，不能在短期内带来明显的收益，再加上缺少有效的激励机制和容错纠错机制，大部分农村集体经济组织采取的经营模式都是以投资其他经营主体收取固定分红为主，收益稳定，风险较小，但是方式单一，不能充分激发集体经济发展活力。

（四）集体经济发展的"责"与"利"不匹配，群众参与度不高

从集体经济发展的本质来看，所有财政支持集体经济发展的项目资金归集体所有，全部集体成员享受项目发展的收益，但是在项目实施过程中，对集体经济发展承担责任的是村集体经济组织的法人及少数干部，导致发展集体经济的"责任"与"利益"严重不匹配。对

于法人及部分村干部来说，承担的责任大、压力大，在选择发展集体经济项目时更愿意选择单一的、入股分红的发展模式，收益稳定、风险较小；对于集体成员来说，集体和成员的利益没有"捆绑"，集体和成员没有形成风险共担、利益共享的利益共同体，在集体发展产业没有产生效益的情况下，成员不愿意参与集体经济发展，不关心集体经济长远发展，仅关注眼前的分红收益和劳动报酬。

三 陕南秦巴山区发展壮大农村集体经济的实践探索——以岚皋县为例

（一）基本情况

岚皋县位于陕西南部秦巴山区，隶属于陕西省安康市，辖12个镇136个行政村（社区），其中，贫困村72个，非贫困村64个，建档立卡贫困人口22045户63582人，是秦巴山区集中连片特困地区县和陕西省11个深度贫困县之一。自脱贫攻坚战打响以来，岚皋县圆满完成72个贫困村退出、在册贫困人口全部清零的艰巨任务，贫困发生率由"十二五"末的28.44%降至"十三五"末的0。2020年2月底，岚皋县正式退出贫困县序列，顺利实现"脱贫摘帽"。

（二）县级实践

近年来，岚皋县不断创新工作思路、强化工作措施，加快农村集体产权制度改革步伐，扎实有序地推进农村集体经济发展壮大，并在全市率先推广政银合作，创新"三资"管理模式，破解农村集体经济组织财务管理混乱、缺乏专业会计人员的难题，推动集体经济高质量发展。截至目前，全县共整合各类项目扶持资金1.79亿元，推动134个村（社区）集体经济组织重点围绕全县魔芋、茶叶、猕猴桃、瓜蒌等特色产品发展布局和规划，积极探索壮大农村集体经济的有效实现路径，村集体经济累计实现收益878.33万元，带动1万多贫困户脱贫，集体经济"空壳村"全面消除。主要措施和典型经验如下。

一是突出建章立制，促进规范运行。为防控资金风险，确保资金安全，制定出台了《岚皋县财政支持农村集体经济发展专项资金管理办法（试行）》《岚皋县农村集体经济组织财务管理办法（试行）》《岚皋县村级集体经济收益分配管理办法（试行）》等一系列文件，建立健全了集体"三资"使用、管理与财会制度，使村集体经济组织财务活动有据可依、按章办事。

二是深化政银合作，强化"三资"管理。全面推行代理记账服务，将全县134个村（社区）集体经济组织的财务核算业务委托给岚皋农村商业银行股份有限公司代理，并由县农业农村局和岚皋农商行成立联合指导组，指导各村集体经济组织建立健全财务管理制度，全面完成134个村（社区）集体经济组织财务规范建账工作，并针对不同产业项目建立了专账管理。通过运用集体"三资"管理平台，在后台对各村集体经济组织的资产移交、会计业务处理情况进行核查和验收，实现了对集体"三资"的有效监管。

三是加大培训力度，补齐能力短板。采取集中授课、现场教学、座谈交流等形式组织全县所有的村支书开展为期4天的专题培训，发放"农村集体产权制度改革及发展壮大集体经济政策汇编（2016~2020年）"300余份，进一步提高村集体经济组织负责人的认识和政策水平。同时多次召开农村集体经济组织财务管理培训会，对各镇分管领导、农业综合服务站站长、岚皋农商行支行会计及相关部门工作人员，开展关于资产移交、系统操作、记账业务的全面培训，并针对特色产业发展，对农村集体经济组织法人、新型经营主体负责人进行专题培训。

四是推行多种模式，促进集体增收。积极探索发展壮大集体经济的有效模式，在全县大力推广"村集体经济组织＋职业经理人""村集体经济组织＋能人带动""村集体经济组织＋反租倒包""村集体经济组织＋投资收取固定收益"四种典型模式，在集体和成员之间形成了有效的利益联结机制，为全县集体经济发展起到了引领示范作用，并带动茶叶产业、畜牧养殖业、生态渔业等特色优势产业做强做大。

（三）村级实践

1. 岚皋县东坪村：盘活废旧矿区，完善利益联结机制

东坪村位于岚皋县大道河镇，总人口774人，建档立卡贫困户131户428人，贫困发生率为55%。2018年经村党支部多次研究和村内能人大户商议，利用废旧矿区建设生产车间和办公用房创建了岚皋县绿升源农业发展有限公司，主要从事农副产品收购、加工及销售。2019年东坪村股份经济合作社成立后，积极争取县级发展壮大集体资金100万元，并与绿升源公司协商后达成一致，开展了公司重组，实现集体控股，并按照"集体商议定方向，公司管理抓经营，农户参与搞生产"的方式，重塑经营管理架构，完善利益联结机制，带动村集体经济发展壮大。经过两年的发展，东坪村已建成1000平方米标准化的茶叶加工厂和农副产品加工厂各1处、自动化生产线3条、茶叶园区200亩，通过订单收购周边群众的茶叶和农副产品共计100余万元，2020年东坪村股份经济合作社营业额达150万元，实现利润42万元，带动户均增收3000元以上。

2. 岚皋县榨溪村：瞄准特色产业，发挥能人带动作用

榨溪村位于岚皋县民主镇，总人口1430人，建档立卡贫困户274户830人，贫困发生率为55.6%。面对村内缺少主导产业、集体

经济"空壳"的现状，2018年成立榨溪村股份经济合作社后，村集体以全省猕猴桃产业"东扩南移"为契机，紧抓机遇主动作为，明确了"推进土地流转、促进规模经营、统一订单收购、集体群众共富"的发展思路，并在村支部书记邱文均带头示范种植猕猴桃产业的基础上，形成了"集体经济+能人带动"发展模式，充分调动了集体成员参与的积极性和热情，为全县大力发展特色农业产业树立了"新样本"。经过四年的发展，榨溪村猕猴桃产业面积已达1500亩，其中村集体发展猕猴桃产业园区500亩，带动贫困户110户421人稳定增收，年综合产值达到28.6万元。

四 构建贫困地区农村集体经济发展长效机制的对策建议

（一）建立能力提升机制，补齐经营管理短板

农村集体经济发展的关键在于"带头人"，"带头人"的经营管理能力直接影响农村集体经济能否长远发展。因此，一方面，要加快提升"带头人"的能力素质，针对项目策划、企业管理、财务管理、农产品市场营销、品牌建设、电子商务等方面的不足和短板，采用集中授课、专题讲座、研讨交流、参观考察、线上学习等多种形式，定期组织全省贫困地区农村集体经济组织负责人开展专题培训，进一步拓宽"带头人"的发展思路，增强发展能力。另一方面，借助外力推动本村集体经济加快发展，积极引导农村集体经济组织以"年薪+提成"的方式向社会聘请职业经理人或专业运营团队，着力破解村集体经济项目无人管、不会管、经济效益低等问题，让专业的人做专业的事。同时，可从相关职能部门、帮扶单位等机构，企业、园区、农民专业合作社、家庭农场等经营主体，以及致富带头人、返

乡创业人员、退伍军人、大学生村官等人群中，选用视野广阔、事业心强、思路清晰、有责任心、懂经营、善管理的技能型人才，组成"集体经济发展顾问团"，在项目规划、产业发展、技术推广、财务管理、市场营销、依法办事、纠纷调解等方面为村集体经济组织出谋划策、厘清思路、解决难题、加快发展。

（二）完善正向激励机制，激发干事创业热情

只有完善内部治理结构和激励机制，对村集体经济组织管理人员进行"松绑"，激发管理人员干事创业的热情，才能确保农村集体经济组织始终坚持正确、科学的运营理念，不断提高经营效率和效益。针对村集体经济作出突出贡献的村"两委"成员和村集体经济组织负责人及主要管理人员，建议省上从两个层面出台报酬补贴相关指导性文件：一是允许对于发展中长期特色产业暂时未取得盈利的村集体经济组织相关管理人员发放一定的补贴；二是非简单投资分红、非光伏扶贫产业项目产生的村集体经济年度收益达到一定规模的，允许村集体经济组织提取一定比例收益，对相关管理人员以及积极参与发展的集体成员按照贡献大小进行奖励。

（三）构建政策支持体系，持续加大扶持力度

进一步加大对贫困地区发展集体经济的扶持力度，在政策引导、专项资金、项目安排、人才培训、技术指导等方面对农村集体经济组织倾斜和重点支持，为发展壮大村级集体经济提供有力支撑。探索将项目资金更多地投向村级集体经济发展项目，对有利于村级集体经济发展的农业产业化经营、农业综合开发、农村人居环境整治、生态保护、土地整理、宅基地复垦、光伏发电、乡村基础设施等项目优先立项。允许具备一定条件的村集体经济组织承接各级财政支持的公益事业、园区各类小型基建、村内基础设施等建设

项目及后期管护工作，所得经营利润按比例分配，直接纳入村集体经济收入。

（四）创新合作共赢机制，探索抱团发展路径

根据区域特点和发展基础差异，整合有效资源，大力推动村集体经济组织抱团发展，鼓励和支持村村联合、村企合作、强弱结对等"抱团"发展模式，破解单个村（社区）经济实力薄弱、资源要素禀赋差、项目建设实施难等问题，实现资源共享、优势互补。引导农村集体经济组织以三产融合发展为基本路径，在做强特色农业产业的基础上，做优农产品加工业，做活农村服务业，牵头成立各种专业合作社、专业服务公司等，开展技术指导、物资供应、产品加工、储藏物流、市场营销等生产经营服务。

（五）健全农经工作体系，强化业务指导监督

从基层实际来看，县级农经管理机构承担着农村集体产权制度改革、农村集体经济发展、集体"三资"管理、新型经营主体培育、农村土地承包管理、土地确权、宅基地管理、农村居民收入和农经统计等大量工作，由于镇级缺少农经管理机构，农经工作的开展在"最后一公里"受到严重制约，也间接地削弱了对村级集体经济发展的指导监督力度。建议加快推动农经体系队伍建设，重点是补齐县、镇两级农经队伍短板，通过增加编制、招录专业人才、落实工作经费等方式切实解决基层农经队伍人员不足、能力有限的困境，更好地发挥对村级集体经济发展的指导监督作用，夯实乡村振兴的发展基础。同时建议中央、省级财政拨付专项经费，用于推行农村集体经济组织会计委托代理、农村集体经济组织审计、集体"三资"监管信息平台建设、农村产权交易平台建设等工作，进一步加强农村集体"三资"管理工作，提高基层监管水平和效率。

B.13
安康市瓦铺清酒产业发展研究报告*

联合课题组**

摘　要： 经过多年来各帮扶力量的倾心打造，瓦铺所拥有的"中国原生态清酒之乡"的荣誉已经超出瓦铺清酒自身所承载的价值，受到社会各界的高度关注。瓦铺清酒产业经过多年来各帮扶力量的艰辛探索和努力，已经被纳入苏陕合作项目的资助，启动实质性的建厂运营步骤。发展好瓦铺清酒产业，要在深度挖掘清酒文化的基础上，用好金字招牌，坚持"传统工艺与现代营销"相结合；用好扶贫政策，实现"集体增收与农民致富"双丰收；依托公司理念，优化"股权结构与扶贫机制"相交融；用好非遗保护，实现"产业发展与技艺传承"相衔接；用好企业帮扶，实现"带动引领与自我造血"相接续；用好产业纽带，加快一二三产发展相融合，真正实现清酒产业的可持续发展，逐步以瓦铺清酒品牌，实现让中国清酒走向世界的目标。

---

* 该研究报告系陕西省社会科学院2020年重点课题"产业发展支撑脱贫攻坚研究"的阶段性成果。

** 课题组组长：刘源，陕西省社会科学院副研究员，研究方向为法学。课题组成员：张国柱，西北大学文化产业研究院教授，研究方向为文化产业；孙昉，陕西省社会科学院办公室主任，2015～2017年挂职瓦铺村第一书记；姜涛，陕西省社会科学院研究员，研究方向为产业经济学；赵东，陕西省社会科学院文化与历史研究所副研究员，研究方向为文化产业战略；王景红，西安文理学院副教授，研究方向为文化产业；杨建斌，陕西省社会科学院工程师。执笔人：刘源、姜涛。

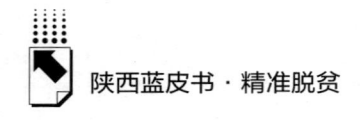

关键词： 瓦铺清酒　清酒产业　安康

党的十九大以来，党中央围绕打赢脱贫攻坚战、实施乡村振兴战略作出一系列重大部署，出台一系列政策举措，推动农业农村改革发展实践向纵深迈进。2020年是全面建成小康社会目标实现之年，是全面打赢脱贫攻坚战收官之年。完成上述两大目标任务，脱贫攻坚最后堡垒必须攻克，全面小康"三农"领域突出短板必须补上。2020年中央一号文件聚焦发展富民乡村产业，支持各地立足资源优势打造各具特色的农业全产业链，建立健全农民分享产业链增值收益机制，形成具有竞争力的产业集群，推动农村一二三产业融合发展。瓦铺村隶属安康市汉滨区，2014年陕西省社会科学院开始到此联村帮扶，2018年安康市委书记郭青将其作为自己的党建联系点，由市委办一同帮扶。在"四支力量"的齐心引领下，瓦铺村于2019年底顺利实现整村脱贫摘帽。如何巩固脱贫攻坚成果，减少政策性补贴在农户总收入中的比例，带动村集体和农户持续增收，增强其自我造血能力，补齐产业发展这一短板，成为瓦铺村面临的新考验。通过多年的考察与探索，清酒产业具有较好的发展潜力和优势，有望成为瓦铺村未来的重要支柱产业，成为带动一二三产融合发展的核心纽带。目前，清酒产业已被列入苏陕合作项目，清酒厂的建设已启动，但如何让清酒产业从"政府带动"到"独立运营"，真正走上市场化发展的道路，在可持续发展中形成立得住、叫得响、能致富的特色优质品牌，必须超前谋划、打牢基础、有序推进。

一　瓦铺清酒的传统特色优势

清酒产业的发展离不开文化的支撑，清酒产业的兴盛必定以深度挖掘和展示其内在的文化为基础。瓦铺清酒历史悠久，在发展中形成了自身独特的文化内涵，造就了"中国原生态清酒之乡"的美誉，为瓦铺清酒产业发展奠定了基础。

瓦铺清酒地域优势明显，其核心竞争力体现在五方面：水、酒曲、富硒特性、酿酒原料种类繁多、应时而酿。

1. 水

俗话说"粮为酒之肉，曲为酒之骨，水为酒之血"，没有好的水源，酿造不出优质的清酒。瓦铺村地处秦巴腹地，山大谷深，地广人稀，植被茂密，山泉遍布，溪流纵横。龙王山上"神龙三泉"千年未竭，源自北部山区的寺沟河，从北向南流经瓦铺全村，在茨口村汇入付家河后流入汉江，属于汉江二级支流，为一级水质水源，无色透明，微甜爽口，降解物少，硬度适中，酸碱适度，经化验具有微生物发酵需要的各种成分，非常有利于清酒酿制过程中微生物生长，以及微量香气成分的生成，瓦铺村有酿造优质清酒得天独厚的水资源优势。

2. 酒曲

酵母决定清酒酒类的口感、香气和品质。作为传统酒曲制作工艺，当地酒农以小麦、稻谷为主，粉细备用，上山采摘数十种花草和中药精心制造。当地天然中药材满山遍野，有"北山七十二药"之誉。每逢农历五月端午早上，取泉水一起拌合，请多人踩踏制成白曲（属于熟曲）。白曲有别于市场销售的红曲（有熟曲和生曲），各家各户有各自不同的生产工艺及家传配方，师传口授，秘不外传。目前市场上酒曲品种越来越多，质量好，使用方便，但瓦铺村及周边仍有六七十岁的制曲老艺人，不惧麻烦，不改初衷，依照古法秘籍制造酒曲，用此酿造而成的瓦铺清酒口感独特、更显芳醇。瓦铺制曲老艺人为酒曲文化薪火相传、不懈努力，成为清酒文化的"活化石"工匠。

3. 富硒特性

安康是公认的国内富硒资源最大的区域之一。安康全域2/3土壤含硒，54.2%的土壤含硒量达到中硒以上水平，属于世界少见的地域面积较大、硒资源丰富的富硒区域，被誉为"中国硒谷"。瓦铺村有18000亩山地和3000多亩耕地，皆为富硒土壤。2018年，瓦铺村参加第25届中国杨凌农业高新技术博览会，所参展的富硒清酒、富硒甜杆、富硒老玉米、富硒魔芋、富硒水稻、富硒土豆粉等产品，在展会上得到国内外客商一致好评。绿色有机无污染的富硒原料产品，是瓦铺清酒优质健康饮品的核心竞争力。

4. 酿酒原料种类繁多

瓦铺村地处秦巴腹地，位于中国南北分水岭区域，年降水量800毫米以上，年平均气温15℃，四季分明，早晚温差大，无霜期达200天以上，农业生态系统保存完好，具有种植农业的天然优势。当地农民敬天惜物，传承传统生产耕作理念，施以农家有机肥，进行大田种植。瓦铺生物的多样性特征突出，野生物种资源丰富，是中国南北分水岭不可多得的生物物种基因库，保证了瓦铺清酒原材料生产的质量要求和多样性。主要农作物种类繁多，有甜杆（甜高粱）、玉米、水稻、小麦、魔芋、红薯、拐枣、柿子、洋姜等，既满足了村民生活所需，又为瓦铺清酒提供了充足的生产原料。

5. 应时而酿

瓦铺清酒的酿造注重农时节气，从开始制酒曲到成酒，严格遵守古法传承，酒的特性品质顺应自然的循环，实现了人与自然的和谐统一。瓦铺清酒在酿造过程中，依古法形成了烤制九得诀，即"人得其诚、水得其甘、曲得其时、粮得其实、器得其洁、工得其细、拌得其准、火得其缓、酒得其真"。这些工艺技术通过口传心授，流传至今，成为重要的非物质文化遗产。

二 瓦铺清酒的传统工艺与产业化发展探索

清酒产业的现代化设计需要建立在对传统工艺的挖掘、整理和提升基础之上，最终实现清酒古法酿造与现代科技的有机结合。瓦铺清酒在历史的流传中，其古法酿造的主要工艺保存完整，相应设备在历史传承中适应现实的需要有所改进，形成了瓦铺清酒产业发展的完整而生动的历史档案。

（一）瓦铺清酒的传统工艺设备

瓦铺清酒的传统工艺主要分为原材料发酵和上锅烤制两个阶段。原材料发酵阶段离不开铡刀、粉碎设备、塑料薄膜（卫生隔离、保温用途）。上锅烤制阶段离不开灶台、地锅、酒甑子、天锅、酒溜子（出酒器口）、甑箅等。从构成看下面烧水的锅叫"地锅"，中间木制装料部分叫"酒甑子"（一般选杉木制造），上面覆盖冷水凝酒的锅叫"天锅"。当地群众形象地把烤酒设施概括为"金木水火土"：金——地锅、天锅，木——酒甑子、酒溜子，水——制酒用水，火——柴火，土——灶台。存酒一般都用土质瓷罐（酒坛）密封，或入窖或进洞存放，确保清酒口感纯正。且酒精度数越高，越可以长久存放，辛辣感越少，喝起来愈加绵长深厚、回味无穷。

（二）瓦铺清酒的传统酿造技艺

1. 发酵工艺

每年腊月，气温骤降，正是农家手工酿酒的好时节。当地居民将地里的甜秆收回，去其头尾，洗掉尘土，挎叶剥皮。最早用农用铡刀切断，损失极少，但效率太低，现在普遍使用粉碎机，分成5厘米左右段节，均匀拌进酒曲后入窖（甜秆和曲子按50∶1比例）。地窖设置在向阳且土质干燥的坡地，上附蒸煮后拌曲的高粱米（高粱米水拌曲子按4∶3比例），这样如法炮制累加多层，用塑料薄膜包裹严密入窖。密封好后，根据地形、地温条件，少至"三七"21天，长至五六个月，即可实现完全发酵，当地人称之为"窝铺子"。如果加工酒糟量少，在自家木桶也可完成发酵过程。

2. 蒸馏工艺

将发酵后的原材料加入木质蒸锅（当地人称为酒甑子）蒸煮，火要匀火，柴要硬柴。锅烧开后，酒甑子的酒精蒸气体向上冒，冒出的酒精蒸汽遇天锅（内部循环加入凉水）降温后形成酒水，从出酒管口（当地人称为酒溜子）开始流出，酒水收入存用酒器。蒸馏用的铁锅必须刷洗干净，不能有锅垢，否则会烧（糊）锅，使酒有异味。酿酒天锅要换上三锅水，头锅水出的酒是酒头子，酒劲最大，酒精的度数在50度左右，喝多了不知不觉大醉；二锅水出的酒在30～40度；三锅水酒在30度以下，也叫酒尾子。换4～5锅水后，酒就出得差不多了，用酒盅接一杯尝尝，好酒是清冽的，口感醇和，绵味悠久，不上头。清酒的整个生产过程不掺入任何调制添加品进行勾调，属于纯粮食酿制。加工完的酒糟属于粗纤维，也是上好的清肠剂，喂牲畜可起到清肠开胃的作用。

（三）瓦铺清酒产业化发展的初步探索

清酒产业是瓦铺村的特色产业，当地几乎家家酿酒，瓦铺保留了最原生态的制酒方式，是活化石，也是一个活态博物馆。西北大学陕西文化产业研究院专家教授多次亲临实地进行考证。2016年10月，西北大学陕西文化产业研究院韩院长亲临茨沟镇，在茨沟红叶节开幕式上为瓦铺村授牌"中国原生态清酒之乡"，并指导首次进行陶瓶包装，实现了商业化第一步。2017年4月，在镇政府的倡议下，瓦铺村组建了第一个村级合作社。7户农民在村书记、酿酒能手唐国斌带领下，首次使用蒸汽燃料、不锈钢蒸锅，采用现代化工艺器材，提高了清酒产出率，甜杆酒日产可达200斤，满足了当地红白喜事市场和小商店销售需求。当时主要采取以销定产的方式，灵活机动；原料来源方式是自种或收购其他农户种植物，不占压资金。但由于资金和经营人才受限，瓦铺清酒产业未发挥最大效能。

与此同时，省社会科学院多任驻村工作队也在积极努力，为瓦铺清酒产业发展谋出路。2017年和2018年，瓦铺清酒先后两次在杨凌农高会上展出宣传，获得社会各界高度关注，并收获了可喜的市场订单。之后，陕西绿美公司加入瓦铺清酒开发，并多次与西安酒厂沟通，到瓦铺村实地考察。绿美公司多次往返西安、安康两地，对瓦铺清酒进行化验检测，帮忙解决销路问题。随后，绿美公司联系北京正和恒基集团，多次到瓦铺村进行考察，最终签订联合开发"瓦铺村旅游开发项目"协议。项目前期对清酒进行了规划设计，并联系西安甜未然食品有限公司重新设计包装，在市场上进行试销。2018年，"瓦铺清酒"开发被正式列入"苏陕合作计划"扶持项目，进入政府推动发展的快车道。

三 瓦铺清酒产业发展的新实践与新思考

2020年是瓦铺村产业发展的关键之年，瓦铺清酒产业正式进入建厂运营的实质性阶段。为确保清酒厂能够顺利投产运营，瓦铺"四支力量"积极开展招商引资工作。陕西省社会科学院联合西北大学、西安文理学院、省扶贫协会等社会各界的专家学者，围绕瓦铺清酒产业的发展进行多次座谈研讨，到类似的酒类企业进行学习交流，请相关专家为酒厂建设设计方案，邀请相关企业家来瓦铺考察，积极为瓦铺清酒产业发展建言献策。安康市委相关负责人高度重视瓦铺清酒产业发展，组建专班人马定期督导，积极联系泸康酒厂承接清酒未来的运营，确定了"用好苏陕合作资金尽快建成酒厂，由泸康酒厂以租赁扶持方式带动瓦铺清酒产业发展"的方案。这一系列举措将瓦铺村多年来发展产业、传承清酒文化的夙愿化为现实，为瓦铺巩固脱贫攻坚成果、促进乡村全面振兴打下了基础。

产业发展是一项系统工程，除了政府推动和企业带动，还需加强自我发展。瓦铺村"四支力量"立足自身实际，在全力推进既定工作方案的同时，积极思考清酒产业的长远发展问题，最终确定总体思路是：逐渐摆脱扶贫思维与模式，坚持市场化思维和企业化运营，做大做强清酒产业；坚持发挥传统核心技术和特色文化优势，借助现代化的企业营销模式，拓宽瓦铺清酒的营销渠道，扩大市场份额；加强对瓦铺清酒传统酿造技艺的非物质文化遗产保护，建立传习所与展示馆，确定传承人，培养研习人，与乡村旅游交相辉映、相互促进，并让这一文化走进大学校园，走进课堂，扩大品牌影响力。

（一）用好金字招牌，坚持传统工艺与现代营销相结合

瓦铺"中国原生态清酒之乡"是陕西省社会科学院联合西北大学，组织全国的专家学者来瓦铺村进行深入调研考察后，基于瓦铺清酒悠久的历史和深厚的传统文化而确定的。这是一个全球视野下的战略性荣誉，是非常珍贵的金字招牌。正是由于这一殊荣，全世界的目光都开始关注瓦铺。将传统酿酒技艺传承，将这一传统文化形成产业，既为瓦铺村预设了一条脱贫致富的产业之路，更成为世界非物质文化遗产保护的关注点。喝到原生态的瓦铺清酒，喝到中国自己的清酒，已成为广大消费者的强烈企盼，这为瓦铺清酒产业的发展开拓了广阔的市场前景。因此，瓦铺清酒产业的发展，必须坚持传统技艺，在选料、制曲、酿造和存储等工艺上坚持原生态，确保瓦铺清酒的品质，做到名副其实。同时，"好酒也怕巷子深"，建议组成专门课题组，充分利用各种社会资源和平台，引智借脑，特别是用好社会智库和大学生创业团队，借助互联网电商和网络直播技术，借助现代营销理念和模式，为瓦铺清酒找准定位，精心包装，策划宣传，扩大市场占有份额，让好酒为世人所知所享。

（二）用好扶贫政策，实现集体增收与农民致富

巩固脱贫成果需要以产业为支撑，否则无法实现农民持续增收，无法从根本上扭转农户家庭收入更多来自政府转移性帮扶资金的局面。习近平总书记强调："发展扶贫产业，重在群众受益，难在持续稳定。"国家扶持贫困村发展产业的政策，其最终目的都是实现产业持续发展、带动村集体财产增加、农民收入水平提升的三重目标。瓦铺清酒产业无论采用何种经营形式，都必须按照市场化的原则，延长产业链，实现产业链上下游互补互助。同时，要积极探索建立符合自身特色、稳定的利益联结机制，实现产业与村合作社和农民利益挂钩，将广大群众镶嵌在产业链上，最大限度地享受到产业发展的成果。

（三）依托公司化理念，优化股权结构与扶贫机制

产业的发展必须遵循市场化的原则，要按照"产权清晰、权责明确、政企分开、管理科学"的现代企业制度要求，建立现代化的公司治理结构。在发展清酒产业带动脱贫攻坚中，既要用好用足扶贫政策及资金，发挥其基础与引导作用，又要遵循市场化的原则，组建好清酒企业的运营管理团队，通过科学合理的股权结构，会集清酒企业运营所需要的各种社会要素，充分发挥各种要素的创新潜力，形成清酒产业发展的有机整体。

（四）用好非物质文化保护，实现产业发展与技艺传承

瓦铺清酒历史悠久，发展瓦铺清酒的文化基础正是其传统的技艺与品质，如果偏离这一本质，瓦铺清酒产业的发展就失去了自身的独特优势，从而丧失品牌特色。因此，在利用现代科技和生产设备提升瓦铺清酒产量的同时，一定要保持好瓦铺清酒的传统及原生态品质，

在原料、用曲、农时等方面都要遵循传统。要充分利用国家对非物质文化遗产进行保护的相关政策，挖掘瓦铺清酒的传承人和传统技艺，建立清酒传统技艺展示馆，形成传承瓦铺清酒传统技艺的长效机制，让现代人既能喝到纯正的瓦铺清酒，更能体会到瓦铺清酒的内在历史文化。

（五）用好企业帮扶，实现带动引领与自我造血相接续

泸康酒厂带动引领瓦铺清酒厂运营，对瓦铺清酒厂的初期发展至关重要。瓦铺借助泸康酒厂成熟的生产和营销体系，可减小市场风险，迅速打开市场。但从长远来讲，瓦铺清酒产业的发展，无论是由泸康酒厂继续带动，还是由镇村独立经营，都需要以瓦铺清酒为核心形成独立的生产营销体系，而不是以提供基酒为目的。因此，应当用好泸康酒厂平台，打造包装瓦铺清酒，为镇村培养管理和营销人才，形成瓦铺清酒自身品牌和销售网络，不断增强瓦铺清酒产业自我发展能力，为瓦铺清酒产业未来的独立持续发展打牢基础。

（六）用好产业纽带，加快一二三产业融合发展

在"一村一品"农村产业发展战略下，瓦铺清酒已经成为瓦铺产业发展规划的核心。应当以系统的思维和发展的眼光，挖掘其在瓦铺村产业发展规划中的核心纽带作用，做长做强产业链，打造一二三产融合发展的典型范例。清酒加工，可以带动甜杆、玉米、洋姜、拐枣等清酒制作原材料的规模化种植；以清酒传统工艺的传承展示，带动瓦铺村文化旅游产业发展，形成生态农业、现代加工业和文化旅游业融合发展的新格局。

总之，在历届帮扶单位和村主体的共同努力下，瓦铺清酒产业受到社会高度关注，具有了一定的市场发展潜力和社会效应。应当立足当前，谋划长远，开拓中国清酒市场，提升中国清酒文化，让"中国原生态清酒之乡"走向全中国，走向全世界。

专题篇

Special Reports

B.14 弘扬脱贫攻坚精神，推进乡村全面振兴

陕西省社会科学院课题组*

摘　要： 2020年是精准扶贫收官之年，之后我国将全面转入乡村振兴阶段。本报告回顾党的十八大以来脱贫攻坚的重大举措、重要部署，阐述脱贫攻坚的重大政治意义、历史意义和世界意义，总结脱贫攻坚的成就经验，提炼脱贫攻坚精神，提出在更高起点上推进乡村全面振兴的思路对策。包括：巩固脱贫成果、建立稳定脱贫的长效机制，解决产业发展基础薄弱问题，推动减贫战略和工作体系向乡村振兴平稳转型，激发欠发达地区和农村低收入人口发展的内生动力，实施精准帮扶促进逐步实现共同富裕等。

---

* 课题组成员：于宁锴、罗丞、马建飞、赖作莲、江小容、黄懿、智敏、魏雯、冯煜雯、景国文。于宁锴，陕西省社会科学院农村发展研究所所长、副研究员，研究方向为农村贫困问题；罗丞，陕西省社会科学院农村发展研究所副所长、研究员，博士，研究方向为农村社会问题。

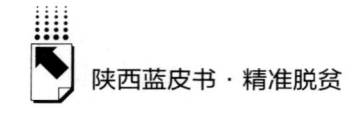

关键词： 乡村振兴　脱贫攻坚　陕西

贫困问题始终伴随人类历史进程，受到国际社会广泛关注。党的十八大以来，在以习近平同志为核心的党中央坚强领导下，在习近平新时代中国特色社会主义思想指引下，特别是习近平总书记有关扶贫工作重要论述的指导下，全社会共同努力，扶贫工作发生翻天覆地的变化，取得了历史性成就，汇聚形成了动人的新时代脱贫攻坚精神，并在更高起点上推进乡村全面振兴。

一　党的十八大以来脱贫攻坚的历史性成就

党的十八大以来，陕西省委、省政府全面贯彻落实党中央国务院关于打好精准脱贫攻坚战的决策部署，把脱贫攻坚作为重大政治任务、头等大事和第一民生工程，因地制宜、多措并举，扎实推进产业扶贫、易地搬迁、危房改造、就业创业、生态补偿、医疗救助、教育支持、兜底保障"八个一批"工程，成功走出了一条具有陕西特色的脱贫攻坚道路，谱写了脱贫攻坚的辉煌篇章。

（一）产业扶贫脱贫一批

实施"3+X"产业扶贫工程，发展以苹果、奶山羊、棚室栽培为代表的果业、畜牧业、设施农业3个支柱产业和茶叶、核桃、食用菌、猕猴桃、花椒等区域特色产业，拓展光伏、旅游、电商等新产业新业态，制定56个贫困县优势特色产业菜单，总结推广22种模式35个范例，通过以奖代补、先建后补等方式引导新型经营主体1.4万家参与产业扶贫，把贫困户嵌入产业发展链条，使有劳动能力、发展意愿和发展条件的贫困户每户至少有1个稳定增收的产业项目。千阳县

"项目超市"模式被列入中国浦东干部学院创新典型案例。富平、周至、平利进入阿里巴巴"2017～2018年全国贫困县农产品电商50强"。陕西始终坚持把产业发展作为脱贫攻坚的根本,立足资源禀赋和产业基础,统筹当前脱贫目标与长远发展,打造"3+X"扶贫特色产业体系,形成多门类多渠道多层次的扶贫产业发展格局,带动贫困户实现长期稳定增收。

(二)易地搬迁脱贫一批

严格对标中央政策,对"一方水土养不起一方人"地区贫困人口实施易地扶贫搬迁,确保具备搬迁安置条件的贫困人口应搬尽搬、逐步实现同步搬迁。以"四靠近"(城镇、园区、农村新型社区、中心村)为原则,以岗定搬、以业定迁,全面统筹推进安置住房、基础设施和产业配套建设,同步跟进就业、就医、就学、文化等公共服务设施配套,帮助贫困群众挪穷窝、立新业、融入新生活。"十三五"期间24.9万户84.39万人易地扶贫安置房全部竣工达到入住标准。形成了白河县山上建园区、山下建社区,镇安县"一户一策""一人一法"等典型经验做法。陕西始终坚持把易地搬迁作为脱贫攻坚的重大举措,统筹"搬得出、稳得住、能脱贫",确保有劳动力的搬迁家庭就业有岗位、创业有门路、增收有渠道、生活有幸福。

(三)危房改造脱贫一批

扎实推进农村危房改造,从简化农村危房鉴定程序,规范对象认定办法,严格执行国家关于建档立卡贫困户D级危房拆除重建面积标准,改造一户,销档一户。按照对象贫困程度、房屋危险程度和改造方式,完善分类补助标准,加大对深度贫困户的倾斜支持,明确不同地区、不同类型、不同档次分类补助,并结合实际测算,制定具体分类补助标准,建立完善对象、鉴定、改造、验收四个清单,形成责任闭环的"四清一责任"工作机制，持续推进存量危房清零工作。2017年以来累计改造危房13.08万户，成果被列入新中国成立70周年成就展。陕西始终将农村危房改造作为助力脱贫攻坚"两不愁三保障"的重要举措、重大民生工程和头等大事，不断探索创新，精准施策分类补助，切实做到"让加固改造户不花钱、新建翻建户少花钱"，减轻群众负担。

（四）就业创业脱贫一批

围绕兴建社区工厂、组织开展职业培训、促进转移就业、鼓励创新创业、设置公益性岗位等方式，开展一系列就业扶贫行动，确保有劳动能力且符合条件的建档立卡贫困户每户至少有1人稳定就业。探索推广"村级劳务公司+用工企业主体+贫困劳动力"、培训就业"二合一"等模式，持续开展国企"合力团"、校地结对"双百工程"、"万企帮万村"等工程。新建扶贫车间（社区工厂）526家，新培育就业扶贫基地336个，吸纳贫困劳动力1.12万人就业，有组织劳务输出8.42万人，公益岗位新上岗4.1万人，选聘生态护林员2.04万人。紫阳县"修脚"技能脱贫、宝鸡市中期技能培训、平利县社区工厂等模式入选首届"全球减贫案例征集活动"最佳案例。陕西始终坚持把就业创业扶贫作为脱贫攻坚的重要抓手，充分发挥龙头企业、合作社、"双创"示范基地、产学研示范基地等的带动作用，拓展多元化的就业扶贫工作格局，实现贫困户高质量创业就业。

（五）生态补偿脱贫一批

开展生态公益岗位扶贫，落实国家生态护林员政策，自2016年以来，选聘生态护林员5.03万名，带动18万贫困人口达到稳定脱贫标准。落实并完善生态补偿补助机制，确保及时兑现贫困户的补偿资金。落实新一轮退耕还林补助政策，2019年退耕还林惠及贫困群众超过13.30万户45.07万人，户均增收1423元；落实公益生态林补偿政策，公益生态效益补偿惠及贫困人口40.75万户134.06万人，户均增收352元。开展生态产业扶贫，推进林下经济与林业产业发展，现有特色经济林超过2240万亩，林下经济规模达到1820万亩，林业产业产值达到1319亿元，带动贫困人口20.56万户66.09万人，户均增收952元。陕西始终坚持"绿水青山就是金山银山"的理念，通过公益性岗位、林下经济、生态补偿补助、生态扶贫工程等方式，带动贫困户实现脱贫增收。

（六）医疗救助脱贫一批

将建档立卡贫困人口全部纳入基本医疗、大病保险、医疗救助三重保障框架，全面落实县域内定点医院住院"先诊疗后付费""一站式"结算服务，25种大病患者救治率为99.89%，签约服务慢病患者63.3万人，6.3万名大骨节等地方病重度患者建立健康档案并得到有效救治，探索建立陕西"健康云"平台，开展覆盖到村的远程培训和远程诊断。镇巴县健康扶贫"四步筛查"法及慢病签约服务信息化工作得到国家卫健委和国务院扶贫办肯定，安康市"对标百分百参保全覆盖"的工作成效受到国家医保局肯定。陕西始终坚持把医疗救助脱贫作为巩固脱贫成果的重要环节，从医疗卫生服务、医疗保障、疾病防控和公共卫生等方面，加快推进公共服务均等化，有效缓解致贫返贫问题。

（七）教育支持脱贫一批

强化控辍保学"七长"责任制，精准资助建档立卡贫困学生48.1万人，将乡村教师生活补助扩大到所有贫困县，为贫困县招聘特岗教师545人，累计改善6895所义务教育薄弱学校基本办学条件，基本实现了贫困人口义务教育有保障目标。全省学生资助工作连续4

年走在全国前列,"全面改薄"工作在财政部专项绩效考评中获得优秀。陕西坚持把教育扶贫作为提升脱贫质量的关键,从基础教育、职业教育和降低贫困家庭就学负担等方面,采取具体措施,逐步消除贫困地区贫困户子女因学致贫的问题,阻断贫困代际传递。

(八)兜底保障脱贫一批

扎实推进综合保障性扶贫,统筹各类保障措施,重点为完全丧失劳动能力和部分丧失劳动能力且无法依靠产业就业帮扶脱贫的贫困人口提供兜底保障。健全完善农村低保标准动态调整机制,将农村低保标准提高到4310元/年,把符合条件的贫困人口按规定程序全部纳入农村低保或特困人员救助供养范围。加强和改进临时救助工作,全省1312个乡镇(街办)全部建立临时救助储备金制度,残疾人"两项补贴"惠及96.3万人。全省开展农村低保专项治理的做法被民政部在全国推广。陕西始终坚持把综合兜底保障作为脱贫攻坚的重要保障,从社会救助、社会保险、社会福利制度、基本养老保障等方面,筑牢社会保障安全网,解决特殊困难群体和弱势群体的脱贫问题。

二 脱贫攻坚的重大意义

脱贫攻坚是中国共产党带领中国人民在习近平新时代中国特色社会主义思想指引下的伟大创举,具有重大政治意义、历史意义和世界意义。对此,国际国内社会给予了高度评价。

(一)彰显了党的庄严承诺和社会主义制度的无比优越性

脱贫攻坚凸显了党的领导优势。在脱贫攻坚实践中,坚持省、市、县、乡、村五级书记一起抓扶贫,向贫困村派出第一书记和驻村工作队,加强贫困地区的扶贫工作力量,这些脱贫攻坚活动充分凸显了党的领导这一最大优势。夯实了农村基层党组织。在脱贫攻坚中，坚持把"三会一课"、主题党日、组织生活会等制度，作为夯实农村基层党组织的有力抓手，将扶贫工作与党建工作有机结合。锻炼了干部队伍。通过选聘一批机关干部到贫困县、贫困村挂职，开展扶贫帮扶工作，增强了机关干部对国情、社情、民情的认识，增强了群众工作本领，让广大干部队伍的精神面貌焕然一新。践行了党的根本宗旨。中国共产党人的初心和使命就是为中国人民谋幸福，为中华民族谋复兴。党的十八大以来，脱贫攻坚取得决定性进展，农村贫困人口累计减少6853万人，减贫幅度达到70%，年均脱贫人数1370万，是1994~2010年年均减贫人数的两倍多，贫困地区农村居民人均可支配收入与全国农村平均水平的差距进一步缩小。彰显了社会主义制度的无比优越性。我国大规模减贫成就和提前10年完成联合国可持续发展的减贫目标，是充分发挥中国特色社会主义制度优势的结果。脱贫攻坚取得的成效是高质量的、整体性的，实现了脱贫攻坚政策体系、治理体系、管理体系等方面的协调统一推进。

（二）书写了人类历史上最成功的脱贫故事，是一项前无古人的伟大创举

党的十八大以来，以习近平同志为核心的党中央，把扶贫开发纳入"五位一体"总体布局和"四个全面"战略布局，全面打响了脱贫攻坚战，确保到2020年实现农村贫困人口全部脱贫，首次解决中国历史上的绝对贫困问题，书写了人类历史上最成功的脱贫故事，是一项前无古人的伟大创举。联合国粮农组织总干事若泽·格拉济阿诺·达席尔瓦表示，中国在减贫发展的道路上取得了很大的成就。过去30年中，中国7亿贫困人口摆脱了贫困。中国设立的2020年消除绝对贫困和极端贫困的发展目标，比联合国2030年可持续发展目标提早了十年。

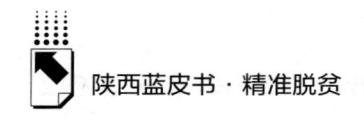

（三）为全球减贫事业贡献了中国智慧和中国方案

为全球减贫事业贡献了思想财富。脱贫攻坚工作以习近平新时代中国特色社会主义思想为指引，在脱贫攻坚工作中形成和确立了习近平精准扶贫重要论述，是全球减贫事业中宝贵的思想财富，为全球减贫事业贡献了中国经验。在脱贫攻坚进程中，始终立足本国国情，始终坚持实事求是的原则，逐渐形成了具有中国特色的中国道路和中国方案，为全球脱贫减贫事业贡献了中国经验。为全球减贫事业做出了中国贡献。中国的贫困人口从2012年底的9889万人减少到2019年底的551万人，贫困发生率从2012年底的10.6%降至2019年的0.6%，对全球减贫贡献率超过70%。

三 实践凝结形成的脱贫攻坚精神

在打赢脱贫攻坚战的伟大实践中，广大人民群众在党的带领下奋发进取，埋头苦干，形成了宝贵的脱贫攻坚精神，不断赋予中国特色社会主义鲜活的生命力。

（一）敢为人先、锐意进取的开拓创新精神

新中国成立以来，全国人民在党的领导下始终秉持开拓创新精神，勇敢推进理论创新、实践创新、制度创新、治理模式创新，持续向贫困宣战。从"救济式扶贫"到"开发式扶贫"，从"区域性扶贫"到瞄准贫困县、"整村推进"，再到现在的"精准扶贫"，逐步建立起一整套有效的脱贫攻坚责任体系、政策体系、投入体系、动员体系、监督体系和考核体系。一系列体制、制度与技术创新创造出一个又一个奇迹，形成了赋能为本与保障兜底的中国特色社会主义反贫困新模式。

（二）同心同向、合作共赢的团结奋斗精神

习近平总书记指出，扶贫开发是全党全社会的共同责任，要动员和凝聚全社会力量广泛参与。脱贫攻坚是一项复杂长期的系统工程，需要政府、社会和贫困主体持续发力，构建政府、社会、市场协同推进的大扶贫格局，形成跨地区、跨部门、跨单位、全社会共同参与的多元主体的社会扶贫体系，广大贫困群众树立"靠人不如靠己"思想，自力更生、艰苦奋斗，与全社会守望相助，同舟共济，形成了脱贫攻坚的强大合力。

（三）脚踏实地、埋头苦干的求真务实精神

习近平总书记指出，"伟大梦想不是等得来、喊得来的，而是拼出来、干出来的"。脱贫攻坚没有既成的公式可以遵循，也没有现成的模式可以照搬，必须在实践中一步一步摸索。各级领导干部带领人民群众以求真务实的态度，久久为功，善作善成，做到脱贫攻坚重要节点一环紧扣一环抓、重点工作一锤接着一锤敲，坚定不移地走好脱贫攻坚的长征路，确保脱贫攻坚成效经得起实践和历史检验。

（四）直面难题、知难而进的勇于担当精神

脱贫攻坚力度之大、规模之广、影响之深，前所未有。全国人民在党的领导下，不以事艰而不为、不以任重而畏缩，把脱贫攻坚作为当前最大的政治任务、最大的民生工程、最大的责任担当，牢固树立"打赢脱贫攻坚战"的决胜态度和坚定信念，尽锐出战、迎难而上，精准施策，奋力夺取脱贫攻坚战的最终胜利。

（五）只争朝夕、时不我待的追赶超越精神

全面打赢脱贫攻坚战，是全面建成小康社会的重要保证，也是构

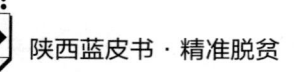

建社会主义和谐社会的重要前提。为了兑现对全国人民的庄严承诺，各级党委、政府以"只争朝夕、时不我待"的紧迫感和责任感，明确时间表和路线图，精心"排兵布阵"，精准帮扶到户，精细政策执行，集中力量攻克贫困的难中之难、坚中之坚，确保坚决打赢对如期全面建成小康社会、实现第一个百年奋斗目标具有决定性意义的攻坚战。

四 高起点推进乡村全面振兴的战略思路和政策建议

2020年之后，我国农村的工作重心将由精准扶贫向乡村振兴转换。要继续发扬脱贫攻坚精神，客观分析面临的新趋势、新问题，在更高起点上实现乡村振兴。

（一）建立稳定脱贫长效机制

瞄准未脱贫人口、返贫人口和边缘人口三类群体，继续科学制策，精准施治。同时，建立稳定脱贫的长效机制，持续巩固脱贫攻坚成果。

1. 激发贫困人口内生动力

培育主体意识。从思想上拔穷根，营造脱贫光荣、致富光荣的氛围，实现"要我脱贫"向"我要脱贫"转变。完善奖惩机制。完善正向激励机制，采取生产奖补、劳务补助、以工代赈等方式，激发群众主动作为、勤劳致富动力。实行反向约束，建立失德、失信、失孝负面清单。弘扬文明乡风。推动文化与德治融合，创建文明村镇，推进移风易俗，不断提升农民素质和生活品质，塑造农村文明新风。

2. 发展壮大村级集体经济

由县、镇政府选派政治素质过硬、熟悉本地情况、年富力强的后备干部，作为村支书、村委会主任、合作社董事长三合一人选。发挥村党组织对集体经济组织的领导核心作用，防止内部少数人控制和外部资本侵占集体资产。盘活村集体资产，用好光伏电站收入，通过能人推动集体经济发展，带动村民合作经济发展，解决农村公益性资金需求缺口。

3. 完善灾害风险防范机制

加大农业保险实施力度，着力减小农户遭遇自然灾害损失，提高农户规避自然灾害风险的能力，防止农户"因灾返贫"。将事后救助政策与农村养老、基本医疗、最低生活保障、工伤保险等政策结合起来，通过综合性手段，降低农民家庭生计的脆弱性，降低风险。

4. 保持扶持政策的稳定性

防止脱贫摘帽后工作松劲懈怠，保持社会保障、健康扶贫、教育扶贫等政策的稳定性。全面实现农村最低生活保障制度与扶贫开发政策有效衔接，逐步提高保障水平。坚持健康扶贫"两手抓"，完善"四重保障机制"，减少贫困人口医疗支出。持续抓好控辍保学工作，精准资助各学段贫困家庭学生。

（二）升级减贫战略和工作体系，平稳迈向乡村振兴

推动脱贫攻坚向乡村振兴转型，要从解决绝对贫困向缓解相对贫困转变，从特惠性政策供给向普惠性政策供给转变，从注重贫困地区的点向推动广大农村地区的面转变，从着重产业发展、移民搬迁、基础设施改善扩展向乡村治理、民生保障以及体制机制构建等更多方面转变。

1. 着重解决产业基础薄弱问题

优化产业联结机制，嵌入分散农户。鼓励各经营主体之间以资本、技术、品牌、信息为纽带，通过股份合作、工序衔接、产销对接等方式，组建利益共同体。促进三产融合发展，培植新型业态。促进产业深度交叉融合，形成"农业+"多业态发展态势。引导社会资

本投入，共谋产业振兴。推进政府与社会资本合作，破除城乡要素流动体制机制障碍，推动城乡要素合理、自由、高效流动。建设区域公用品牌，带动特色产业发展。围绕陕西省"3+X"农业产业体系，由政府引导农业龙头企业、行业协会，共同制定"十四五"时期农产品区域公用品牌创建规划，力争形成涵盖区域主要特色农业产品的区域公用品牌体系。提升乡村旅游水平，拓宽收入来源。规划、改造、建设乡村旅游公路，串联美丽乡村、旅游小镇、景区景点，完善沿线公共厕所、休息区、观景台、充电桩等设施。推进民宿业成为乡村经济增长新动能。

2. 大力实施产业、人才、生态、文化、组织全面振兴

把产业振兴作为核心抓手。因地制宜发展多元特色产业，依托乡村特色资源，聚力发展特色产业，继续探索小农产业，坚持适度规模经营。把人才振兴作为关键一环。鼓励外出农民工、大学毕业生和退休人员返乡参与乡村振兴，大力培育新型职业农民，创新乡村人才培育引进使用机制，培养造就一支懂农业、爱农村、爱农民的"三农"人才振兴队伍。把生态振兴作为基本前提。加强农业面源污染防治，落实县、镇、村三级农村环境保护主体责任，严禁工业和城镇污染向农业、农村转移。把文化振兴作为精神内涵。进一步保护和挖掘当地文化资源，保护乡村文化健康长效发展。把组织振兴作为根本保障。发挥基层党组织在乡村振兴中的引领作用，通过目标激励、树立正确导向夯实农村基层党建根基，增进乡村组织振兴。

3. 建立健全统筹、投入、监督工作体系

强化规划引领和统筹协调。统筹绝对贫困集中攻坚和相对贫困持续消化，统筹贫困村和非贫困村、贫困户和非贫困户发展，分类制定出台普惠、优惠、特惠支持政策，构建既有差别又能共享的全覆盖乡村振兴政策体系。增强农村投入保障。健全财政投入保障制度，创新投融资机制，加快形成财政优先保障、金融重点倾斜、社会积极参与

的多元投入格局。加强责任落实和考核监督。坚持和完善协调工作推进机制，强化党政一把手责任制，健全党政领导班子和领导干部推进脱贫攻坚、乡村振兴战略的实绩考核制度，将考核结果作为选拔任用、评优树模的重要依据。

（三）继续实施精准帮扶措施，逐步迈向共同富裕

继续对相对贫困人口及地区实施精准帮扶，逐步实现全社会共同富裕。

1. 强化研究、多方协同，健全精准识别机制

鼓励科研院所、高校等研究机构，加强相对贫困的基础性研究，摸清各地贫困现状和底数，并从政策层面形成对收入贫困和多维贫困、绝对贫困和相对贫困的统一认识，充分了解相对贫困的内涵、成因、深度、强度。尽快出台相对贫困的认定标准，为相对贫困人口识别、帮扶政策制定等后续工作打下基础，确保相关帮扶政策有的放矢。

2. 靶向瞄准、动态调整，健全精准帮扶机制

立足差异、分类推进，实现区域共同发展。在资源相对匮乏、生态环境相对差的偏远地区，以人口集聚为重点，有序实施移民搬迁；以人饮工程提质为突破，解决好群众基本生活需求；强化新型农业经营主体带动，因地制宜发展特色农业。在资源相对丰富、生态环境相对较好的偏远地区，完善卫生、文化、教育等农村综合配套设施；强化绿色农业带动，发展种养、农产品加工、旅游休闲"三产"融合的现代农业综合体。其他地区，以居住条件、居住环境持续改善为重点，提高生活水平；强化科技农业带动，加快土地流转，建设现代化、规模化农场。

3. 创新引领、科技支撑，健全精准监测机制

对已脱贫人口"两不愁三保障"情况实时跟踪，建立监测预警

机制。借鉴陕西横山县设定三级预警，实行分级管理的做法，确保将返贫户和新增贫困户及时纳入帮扶对象。发挥大数据、人工智能等信息技术作用，整合人口、产业、教育、健康医疗等各方面的大数据资源，积极构建返贫致贫监测预警系统。加快完善城乡流动人口监测体系，对进城务工、失地农民等群体中出现的贫困人口，有针对性地出台精准帮扶措施，避免新贫困问题的出现。

B.15
陕西脱贫攻坚与乡村振兴的有效衔接探析

胡清升 党海燕*

摘 要： 脱贫攻坚与乡村振兴是中国实现社会主义现代化必须完成的两大重要战略任务，二者衔接关系密切。脱贫攻坚是实现乡村振兴目标的基本前提，乡村振兴是巩固脱贫攻坚成果的重要举措，两者紧密配合、相互支撑、无缝衔接。目前，陕西紧跟中央的决策部署，脱贫攻坚与乡村振兴已经取得了一系列成效，但实际工作中仍面临一些共性问题和挑战。后期，在工作的规划设计方面，应从工作体制机制的衔接、建立防止返贫和帮扶长效机制、促进产业可持续发展、推动普惠性民生工程、加强乡风文明建设等方面入手，构建脱贫攻坚与乡村振兴有效衔接的长效机制。

关键词： 乡村振兴 精准脱贫 陕西

2020年是决战决胜脱贫攻坚、全面建成小康社会的收官之年，截

---

* 胡清升，陕西省统计局总统计师，高级统计师，西安财经大学兼职硕士研究生导师，研究方向为经济统计分析；党海燕，陕西省统计局科研所所长，高级统计师，目前挂职省扶贫办，研究方向为统计科研及数据分析。

至年底，陕西脱贫攻坚工作已经取得决定性进展和历史性伟大成就，现行标准下农村贫困人口全部脱贫，贫困县全部摘帽，绝对贫困和区域性整体贫困基本解决。同时，陕西乡村振兴战略开局起步良好，各项乡村振兴工程稳步推进，村容村貌已发生显著变化，乡村振兴的格局已初步建立。习近平总书记在2020年3月6日的决战决胜脱贫攻坚座谈会上强调指出，"要接续推进全面脱贫与乡村振兴有效衔接"，为做好脱贫攻坚和乡村振兴各项工作提供了根本遵循。在此背景下，系统研究并统筹谋划陕西省脱贫攻坚与乡村振兴的衔接问题，既可以全面总结陕西省脱贫攻坚成果和脱贫攻坚工作的经验做法，也有利于在乡村振兴的战略指引下，提前谋划2020年脱贫攻坚后的减贫思路，以脱贫攻坚的宝贵工作经验，扎实有效地推进陕西乡村振兴的高质量发展。

一 陕西脱贫攻坚与乡村振兴的战略背景

农业农村农民问题始终是党中央关注的重点、焦点问题。党的十八大以来，中央为解决"三农"问题，先后出台了一系列重大战略部署，以农业供给侧结构性改革为战略主线，统筹推进脱贫攻坚与乡村振兴两大战略任务，这一系列战略任务相互联系、相互交叉、不可分割、统筹推进。

2018年，中央一号文件第一次提出了"做好实施乡村振兴战略与打赢精准脱贫攻坚战的有效衔接"，同年9月，中共中央、国务院下发了《乡村振兴战略规划（2018～2020年）》，把打好精准脱贫攻坚战作为实施乡村振兴战略的优先任务，推动脱贫攻坚与乡村振兴有机结合、相互促进。2019年中央再次下发了《关于坚持农业农村优先发展做好"三农"工作的若干意见》，明确提出必须坚持把解决好"三农"问题作为全党工作重中之重不动摇，指出"对摘帽后的贫困县要通过实施乡村振兴战略巩固发展成果，接续推动经济社会发展和群众生活改善"。习近平总书记站在全面建设社会主义现代化国家的战略高度，也多次对实施乡村振兴战略作出重点部署、提出明确要求。习近平总书记强调指出，贫困县摘帽后，也不能马上撤摊子、甩包袱、歇歇脚，要继续完成剩余贫困人口脱贫问题，做到摘帽不摘责任、摘帽不摘政策、摘帽不摘监管。

陕西紧跟中央要求，也出台了一系列相关政策。2018年陕西省委省政府出台了《陕西省乡村振兴实施规划（2018~2020年）》，指出"脱贫攻坚是实现乡村振兴目标的基本前提，乡村振兴是巩固脱贫攻坚成果的重要举措，要准确把握两者之间的关系，构建相互支撑、紧密配合、无缝衔接的良性互动格局"。2019年6月，省委省政府出台了《关于坚持农业农村优先发展全面做好"三农"工作的实施意见》，指出"要把实施乡村振兴战略放在全省经济社会发展全局中来统筹谋划和推进"，同时紧密结合陕西省农业农村发展实际，对脱贫攻坚、乡村建设、产业发展、农村改革等方面作了具体安排部署，具有鲜明的陕西特色。

同时，部分省级部门和地区也从具体领域出发，对脱贫攻坚与乡村振兴衔接问题进行了部署。2018年，陕西省委办公厅、省政府办公厅印发了《陕西省农村人居环境整治三年（2018~2020年）行动方案》，提出用三年时间集中开展农村人居环境整治行动。2019年，陕西省生态环境厅、自然资源厅、住建厅、交通厅、水利厅、农业农村厅、林业局联合印发了《陕西省乡村生态振兴行动方案》，从持续改善农村人居环境、推进实施农业绿色发展工程、加大乡村生态保护与修复力度、推动实现生态资源价值等四个方面提出实施乡村生态振兴、加快美丽陕西建设的具体措施。2019年，中央农办、农业农村部、自然资源部、国家发展改革委、财政部联合发布了《关于统筹推进村庄规划工作的意见》，明确把加强村庄规划作为实施乡村振兴战略的基础性工作，力争到2019年底，基本明确集聚提升类、城郊融合类、特色保护类等村庄分类；到2020年底，结合国土空间规划编制在县域层面基本完成村庄布局工作，持之以恒推动乡村振兴战略落实落地。陕西也相应地制定了《陕西省村庄规划工作推进方案》，按照国家乡村振兴战略要求，顺应村庄发展规律和演变趋势，根据陕西省村庄因为资源禀赋不同，发展条件各异，未来发展方向不一致等特点，有针对性地提出了规划编制要求，做到分类指导。此外，省政府还下发了《关于加快推进"四好农村路"建设的意见》《关于推进农业高新技术产业示范区建设发展的实施意见》等一系列政策措施，积极推动乡村振兴战略实施。

由此可见，陕西脱贫攻坚与乡村振兴建设已经初步互动，但是两大战略要形成良性互动、有效衔接的联动机制，必须因地制宜，分类分地区找准切入点，以城乡融合发展为契机，以城带乡、城乡结合，有序推进两大战略统筹衔接。

二　陕西脱贫攻坚与乡村振兴的成效

自决战脱贫攻坚以来，陕西充分利用各方资源，汇聚全社会力量尽锐出战，陕西脱贫攻坚工作取得决定性进展。2018年陕西省委省政府出台了《关于打赢脱贫攻坚战三年行动方案的实施意见》，对全省的脱贫攻坚工作进行了全面安排部署，并把脱贫攻坚作为重大政治任务、头等大事和第一民生工程，减贫进程明显加快，脱贫质量明显提升。截至2019年底，全省56个贫困县（区）全部脱贫摘帽，6462个建档立卡贫困村全部出列，贫困人口由2015年底的79.18万户229.88万人减少到10.74万户18.34万人，贫困发生率从2015年底的9.02%降到0.75%，区域性整体贫困基本解决。贫困地区农民人均可支配收入由2015年的7692元提高到2019年的11421元（见表1），增长48.5%，高出同期全省农民收入增速6.5个百分点。

表1　2015~2019年陕西省贫困人口及贫困地区农村居民人均可支配收入一览

项目	2015年		2016年		2017年		2018年		2019年	
	万户	万人	万户	万人	万户	万人	万户	万人	万户	万人
贫困人口（现行标准）	79.18	229.88	66.03	191.3	65.89	183.27	33.79	77.55	10.74	18.34
贫困发生率(%)	9.02		7.90		7.54		3.18		0.75	
贫困地区农民人均可支配收入(元)	7692		8424		9297		10267		11421	

资料来源：陕西省扶贫办《陕西省2019年度脱贫攻坚基础数据手册》（内部资料）、国家统计局陕西调查总队网站，2020。

陕西贫困群众"两不愁"问题全面解决，"三保障"和饮水安全问题基本解决，全省建档立卡贫困人口全部纳入基本医疗保险、大病保险、医疗救助三重保障，农村基础设施建设已见成效。2019年，全省共资助各类家庭经济困难学生135.85万人，其中资助建档立卡学生48.1万人，改善6895所义务教育薄弱学校基本办学条件，基本实现贫困人口义务教育有保障目标。每个贫困县建好1所县级公立医院，每个乡镇建成1所政府办的卫生院，每个行政村建成1个卫生室，因病致贫户从2016年的20.2万户减少到2.23万户，实现贫困人口县域内定点医院住院"先诊疗后付费"、"一站式"结算服务。实现了住房安全有保障，2017~2019年，全省累计实施建档立卡户农村危房改造13.08万户，全省"十三五"易地扶贫搬迁24.92万户84.39万人。"十三五"以来，全省建成农村供水工程1.8万处，解决了198.9万贫困人口的饮水安全问题，巩固提升受益总人口1672万人，农村安全饮水问题基本解决。补齐短板强基础成效显著，全省建制村全部通沥青（水泥）路，99.86%的建制村通客车，6462个贫困村均通动力电和生活用电，电力入户率达到100%，长期制约贫困地区发展的基础设施短板已基本补齐。

发展产业提升脱贫质量成效显著。陕西持续推进"3+X"产业扶贫工程，规模化发展以苹果为代表的种植业、以奶山羊为代表的养殖业、以设施蔬菜为代表的设施农业，同时因地制宜发展了茶叶、食用菌、中药材、富硒农产品等30多种区域特色产业，制定了56个贫困县优势特色产业项目菜单，使有劳动能力、发展意愿和发展条件的贫困户每户至少有1个稳定增收的产业项目。推动各地建立更加稳定的利益联结机制，支持龙头企业、专业合作社等新型经营主体与建档立卡贫困户建立起紧密的利益联结机制。目前，全省1.4万家新型经营主体把贫困户"嵌入"产业发展链条，各类特色产业扶贫项目累计覆盖贫困人口435万人次。

同时，陕西坚持农业农村优先发展，以推进农业供给侧结构性改革为主线，加大农业农村的固定资产投资力度，农业综合实力显著提升，居民收入保持较快增长，农村基础设施建设不断完善，农村人居环境和教育、医疗、卫生条件得到改善，乡村振兴战略成效已初步显现。

农业生产稳步发展，综合实力显著增强。2019年，陕西第一产业增加值1990.93亿元，比2017年的1741.45亿元增加了14.3%。全省粮食总产量1231.1万吨，比2017年的1194.2万吨增加了3.1%，连续9年稳定在1200万吨左右。全省蔬菜产量1897.4万吨，比2017年的1734.0万吨增加了9.4%。全省水果产量1733.4万吨，比2017年的1660.8万吨增加了4.4%。猪牛羊禽肉类和牛奶、禽蛋产品供应充足，满足了人民对优质生活的消费需求，为社会经济的发展提供了有力支撑（见表2）。

表2 2017~2019年陕西第一产业增加值及主要农产品产量一览

单位：亿元，万吨

年份	第一产业增加值	主要农产品产量				
		粮食	蔬菜	水果	肉类	奶类
2017	1741.45	1194.2	1734.0	1660.8	113.4	156.9
2018	1830.19	1226.3	1808.4	1566.0	114.5	159.7
2019	1990.93	1231.1	1897.4	1733.4	109.5	159.7

资料来源：《陕西省情2020》，陕西省统计局。

农民收入持续增长，生活质量稳步提升。2019年，陕西农村居民人均可支配收入12326元，比2017年的10265元增长了20.08%。全省城乡居民收入比由2017年的3.00下降至2019年的2.93。消费水平稳步提高，消费结构优化升级，2019年全省农村居民人均生活消费支出10935元，比2017年的9306元增长了17.5%（见表3）。

表3 2017~2019年陕西农村居民人均可支配收入及生活消费支出一览

年份	2017	2018	2019
农村居民人均可支配收入(元)	10265	11213	12326
农村居民人均可支配收入比上年增长(%)	9.2	9.2	9.9
城乡居民收入比	3.00	2.97	2.93
农村居民人均生活消费支出(元)	9306	10071	10935

资料来源：《陕西省情2020》，陕西省统计局。

基础设施建设加快，人居环境持续改善。近年来，陕西不断加大农村公路建设力度，交通基础设施保障极大增强，2018年，累计完成农村公路建设投资100.1亿元，新改建、完善农村公路12304公里。建制村通畅工程全面完成，实现全省所有具备条件建制村通沥青（水泥）路。2018年，陕西开展了农村人居环境整治三年行动计划，着力补齐农村人居环境短板，全省89%的行政村生活垃圾、41%的行政村生活污水得到有效治理，户用无害化卫生厕所普及率达到40.7%。同时陕西持续推进美丽乡村建设，全省累计创建美丽宜居示范村1424个，其中国家级示范村10个、中国美丽休闲乡村25个。

此外，陕西立足区域资源禀赋和产业优势，持续深化农村改革，壮大集体经济，涌现出一批在全省范围内可示范、可借鉴、可推广的"明星村"。

总体上看，在城乡融合发展中，陕西农业现代化进程加快，发展质量和效益提升；乡村发展基础更加坚实，乡村面貌和环境明显改善；农民收入和生活水平明显提升，城乡统筹发展步伐加快，陕西脱贫攻坚与乡村振兴已取得显著成效。

三　陕西脱贫攻坚与乡村振兴存在的主要问题

陕西脱贫攻坚与乡村振兴衔接方面，虽然已经取得了初步成效，但也要看到，制约稳定脱贫和长远发展的根本因素尚未完全根除，巩固拓展脱贫攻坚成果的任务依然艰巨，两大战略的推进过程还存在一些值得关注的问题。

1. 工作机制的衔接方面仍存在一些亟须解决的问题

有些地方对脱贫攻坚与乡村振兴二者的内在联系认识不到位，认为"脱贫摘帽"就可以"松气歇脚""到站下车"了，没有从"三农"工作的大局去把握二者目标一致性、工作连续性和阶段统一性。还有的地方就"脱贫"论"脱贫"，就"振兴"论"振兴"，忽视了两大战略之间的内在逻辑关系，甚至有的地方脱贫攻坚与乡村振兴两套工作体制机制各搞一套，缺乏相应的沟通机制和协调机制。还有一些贫困县脱贫任务完成后出现松懈厌战现象，没有建立相应的脱贫攻坚长效机制，对剩余贫困户或易返贫致贫户缺乏相应的帮扶救助机制。

2. 部分贫困户和非贫困户仍然存在返贫和致贫风险

截至 2019 年底，全省确定脱贫监测户 1.29 万户 4.09 万人，边缘户 1.43 万户 4.28 万人。2020 年以来，受各种因素影响，尤其是新冠肺炎疫情以及洪涝、地质灾害的影响，农村人口外出务工受阻，扶贫产品销售困难，扶贫项目进度减缓，对贫困人口的增收产生了不利影响，农村人口返贫致贫风险有所提升，截至 2020 年 5 月 15 日，全省纳入防止致贫返贫监测范围的两类人群共计 2.82 万户 8.64 万人，其中边缘户 1.46 万户 4.35 万人，占 50.3%；脱贫监测户 1.36 万户 4.29 万人，占 49.7%。这两类人群随时可能因为疾病、失业、自然灾害等各种因素重返贫困，这不仅给脱贫攻坚工作带来了一定的挑战，也是在乡村振兴战略中需要时时关注的重点。

3. 产业扶贫"小、散、短"，农业产业化和现代化基础相对薄弱

目前，陕西省城乡二元格局明显，乡村"空心化"和"贫血症"现象明显。产业扶贫措施多以短期、小规模的传统种植业、养殖业为主，具有一定带动性和较为稳定性的中长期产业扶持项目偏少，持续性强和规模适度的中长期区域主导产业缺乏。传统农业占比较大，农业结构相对比较单一，农产品加工能力不强，加工转化效率不高，缺乏标准化、品牌化、产业化、规模化等现代农业发展观念。农产品营销方式落后，生产效率低下，生产和消费市场的对接以及销售等缺乏整体规划，存在一定的盲目性，农产品供过于求、供给不充分的现象同时存在，品牌缺乏市场竞争力和市场知晓度。农村一二三产业融合不够深，产业链延伸困难，农业供给的质量和效益有待提升。

4. 各地基础设施建设、基本公共服务、基本社会保障上的差距仍比较突出

脱贫攻坚期间，政府以行政力量在短期内集聚大量资源投入贫困地区，强力进行必要的"输血"，脱贫攻坚工作取得了显著成效，但

实践中还面临不少亟须解决的问题。一是陕西省绝大多数深度贫困村位置偏远、山大沟深，基础设施和公共服务普遍欠账较多，与全省平均水平差距仍然比较大。二是由于各级政府主要精力和财政资金都聚焦于贫困地区，部分非贫困村基础设施建设及产业发展与贫困村形成明显反差，贫困村与非贫困村发展不协调的问题比较突出。三是局部性基础设施改善的现象比较突出，缺乏结合地方特点的整体长期规划。

5. 贫困户观念落后、信心不足，适应生产力发展和市场竞争的能力不足

由于长期满足于自给自足的生活方式，加上多数贫困村交通不便，与外界沟通交流少，这里的群众接受新思想、新观念、新知识、新技术的能力较弱，内生动力严重不足。尤其是深度贫困地区，不仅存在基础设施、公共服务、产业发展等方面的"短板"，更为突出的是农民思想上的短板，观念上的"深度贫困"。这些地区农民适应农业现代化发展和市场竞争的意识、能力不足，具有一定技术的专业人才匮乏，实用性人才缺乏，医生、教师、农业畜牧业技术人员以及产业带头人等本地人才缺乏，人才引进困难。

6. 乡风文明和乡风治理仍需要进一步加强

乡村振兴是一个系统工程，在"产业兴旺、生态宜居、乡风文明、治理有效、生活富裕"二十字的总要求中，乡风文明是乡村振兴在精神层面最直观的表现形式，是乡村振兴的保障。目前陕西省的贫困村虽然已经达到"两不愁三保障"的要求，摆脱了绝对贫困，但是村民的精神文明建设匮乏，社会主义核心价值观建设不够深入，村规民约、移风易俗的执行，农村生活垃圾的处理、污水的治理、村容村貌的提升等还存在较大缺陷，农民在思想观念、道德规范、知识水平、素质修养、行为操守等方面还需进一步提升，与乡村振兴的二十字总要求存在较大差距，乡风文明和乡风治理任重而道远。

四 陕西脱贫攻坚与乡村振兴有效衔接的对策建议

脱贫攻坚与乡村振兴两大战略的基本内涵相通、实践内容统一、工作目标一致,二者的有效衔接既是当前农业农村农民发展问题的现实所需,也是全面建成小康社会、实现社会主义现代化的迫切要求。因此,陕西要加快形成脱贫攻坚和乡村振兴战略相互支撑、相互配合、有机衔接的良性互动格局。

1. 从工作机制入手,做好脱贫攻坚与乡村振兴的政策衔接

要从规划的安排上,搞好脱贫攻坚与乡村振兴的有机衔接,建立健全有机衔接的统筹规划机制。要规划设计一张图、一盘棋,搞好顶层设计。一是建立政策衔接机制。加强脱贫攻坚、乡村振兴和农村综合改革等各类政策的统筹,分类确定需要取消、接续、完善的政策,研究现行倾斜性支持政策的延续时限及脱钩方法。逐步将政策的重心,由解决绝对贫困的脱贫攻坚举措调整为解决相对贫困的常规性、普惠性社会保障措施,有规划地均衡发展农村基础设施和教育卫生等公共服务。二是建立规划和项目衔接机制。根据各地特点,制订符合实际的项目过渡计划,将脱贫攻坚任务中的产业项目、扶贫资产、农村人居环境整治等,有计划、有步骤地纳入乡村振兴规划或实施方案,实现脱贫攻坚与乡村振兴战略的相互呼应、有效衔接。三是建立组织领导衔接机制。脱贫攻坚中形成的党的全面领导体制,"中央统筹、省负总责、市县抓落实、乡镇推进和实施"的管理体制,五级书记抓脱贫的责任体系,是一个强有力的工作体系,以及行业协调、区域协作、社会力量协力参与、贫困群众协商共建的工作格局,都使脱贫攻坚工作具有了明确的全局定位和强大的组织保障。应当适时将这些组织体系和工作体系转入乡村振兴体系中,尤其是驻村第一书记和驻村工作队在脱贫攻坚中已经形成的模式和制度,接续用于乡村振

兴战略，做到队伍不散、作风不变、任务不减。四是建立考核评价有效衔接机制。脱贫攻坚已经形成了比较成熟的考核评价机制，要逐步探索分类分地区制定脱贫攻坚与乡村振兴有机衔接的成效评价标准和体系，并纳入地方党政领导工作考核体系中。

2. 从贫困治理入手，做好脱贫攻坚与乡村振兴的帮扶衔接

筑牢脱贫人口返贫和边缘人口致贫防线，是彻底摆脱贫困以及实施乡村振兴战略的基础和前提条件。一是建立防止返贫致贫动态监测预警机制。充分发挥目前已经比较成熟的全国扶贫开发信息系统和陕西省脱贫攻坚大数据平台，通过扶贫系统定期筛查和行业系统比对，重点关注家中主要劳动力有病或残、产业发展失败、家庭收入"连续两年下降"或呈现"Λ""N""M"走势等农户，建立跟踪监测长效机制，及时发现监测潜在返贫致贫风险点，并采取有针对性帮扶措施。二是建立有效帮扶长效机制。针对动态预警监测结果，组织镇村干部进行进一步的核实和排查，对有劳动能力和发展条件的对象，加大产业帮扶力度，加强生产经营技能培训，提供扶贫小额信贷支持；对残疾人、无劳动能力或家庭遭遇意外变故的对象，积极落实残疾、低保、医疗、养老保险、特困人员救助等综合性社会保障措施，并在攻坚期后一定时期内保持政策连续性，以确保稳定脱贫不返贫。三是建立风险应对机制。2020年面对国内国际形势变化对经济的冲击、新冠肺炎疫情以及地方洪涝、地质灾害等的影响，很多地方的产业链、供应链中断了，增收链也断了，加之刚刚脱贫的很多地区基础设施、产业发展等都比较薄弱，返贫的风险仍然比较大，因此要建立乡村振兴的抗风险应对机制，探索通过调整产业链，设立农业保险、灾害保险等措施，提高农村农民应对风险的能力。

3. 从产业发展入手，统筹推进产业可持续发展，做好脱贫攻坚与乡村振兴的发展衔接

陕西省应坚持把发展乡村产业、促进产业振兴作为推进脱贫攻

坚、实施乡村振兴战略的首要任务，继续深化实施特色现代农业产业"3＋X"工程，持续深化农业供给侧结构性改革，延伸农业产业链，拓展新功能，开发新业态，推动农村一二三产业融合发展，不断提高农业综合效益和竞争力，实现全省乡村产业蓬勃健康发展。一是推动传统农业产业转型升级。通过适度扩大农业经营规模，打破小农户分散且相互割裂的经营格局，如以服务规模经营集中、以土地要素规模集中，或是以产业集聚规模经营为主等方式，因地制宜、因时制宜采取措施，激活土地的要素属性，实现土地、资本、人力、技术等要素的集约化、组织化和规模化，逐步将社会化服务嵌入农业规模经营活动中，促进小农户与大农业的有机衔接，推动传统农业产业方式转变与效益提高。二是大力发展优势特色产业。根据各地区产业发展基础、区位优势、资源禀赋差异等，建设区域优势特色明显、示范作用强的农产品加工、种植养殖、流通服务等特色产业。大力推进农业生产的组织化、标准化、适度规模化经营，不断提升市场竞争力。大力实施品牌化经营战略，提高农产品品质，优化产品结构，延伸产业链条，提高产品附加值。三是推进农村一二三产业深度融合发展。随着居民生活水平的提高，消费需求不断升级，人们对自然观光、休闲旅游、体验式消费的需求日益增多。鼓励各地依托乡土文化、绿水青山、田园风光等资源，大力发展乡村旅游、休闲农业、森林康养等产业，推进农村一二三产业深度融合发展。

4. 从普惠性民生工程入手，做好脱贫攻坚与乡村振兴的服务衔接

脱贫攻坚主要针对绝对贫困人口、贫困村和贫困地区，重点解决区域性整体贫困问题，通过集中发力，大力改善贫困地区的基础设施和公共服务，不断缩小贫困地区与全国农村平均水平的差距。各项政策在落实过程中，对建档立卡贫困人口和非贫困人口、贫困村与非贫困村、贫困县与非贫困县之间有明显的界限。实现乡村振兴，就是要把政策的范围扩大到所有的乡村人口和乡村区域，把特惠性的帮扶工

作逐步转变为普惠性的民生工程。一是实现体制机制上的社会公平。补齐不同乡村之间基本社会服务、基础设施建设、基本社会保障短板，逐步缩小城乡差距，使社会发展成果城乡共享。二是全面推进民生领域城乡一体化建设。既立足于全面巩固脱贫攻坚成果，又面向解决相对贫困问题，将提高贫困人口的生活水平纳入补齐区域民生短板中，推进养老、医疗、教育、就业、饮水安全、公共服务、基础设施建设等民生领域的城乡一体化建设，构建巩固脱贫攻坚成果与推进乡村振兴相衔接的新格局。

5. 从扶智引智入手，做好脱贫攻坚与乡村振兴的人才衔接

在全省推进精准扶贫、精准脱贫工作过程中，帮扶队伍是打赢脱贫攻坚战的重要保障。乡村振兴要解决好"谁来振兴"问题，要打造一支带动乡村振兴的骨干队伍。一是鼓励专职人员继续担任第一书记、驻村干部，特别是注重把在脱贫攻坚工作中有想法、有经验、有办法的优秀人才充分利用起来；二是鼓励和吸引新乡贤、返乡大学生、退伍军人等投身乡村振兴，培养造就一支懂农业、爱农村、爱农民的"三农"队伍；三是最大限度地激发广大农民群众的积极性主动性，大力开展职业农民培训教育，培育新型职业农民，夯实乡村振兴的内在力量。

6. 从乡风文明入手，做好脱贫攻坚与乡村振兴的文化衔接

乡风文明是乡村振兴的核心和灵魂，乡风文明就是要大力弘扬社会主义核心价值观，抓好农村移风易俗，坚决反对铺张浪费、大操大办等陈规陋习，树立文明新风，全面提升农民素质，打造农民的精神家园。一是优化农村人居环境。环境好了，生活才能更好。要持续改善环境、优化社会秩序，满足人民群众对美好生活的向往。二是抓好农村基础设施环境的改善。因地制宜建立污水处理、垃圾处理设施，加大改水改厕力度，强化环境卫生整治和村容村貌的管理，引导农民讲卫生、讲文明、树新风。三是抓好乡村农民精神文明建设。通过组

织群众喜闻乐见的健康娱乐文艺活动，如粘贴宣传画等形式，深入践行社会主义核心价值观，提高农民精神风貌。成立卫生、文化、教育等志愿服务队，深入农村开展助学、助困、医疗、文艺演出等志愿服务。四是积极倡导社会新风尚。建立道德讲堂，通过道德模范、创业先进的坎坷经历和感人故事，让群众有所感悟，见贤思齐，提升农民思想道德水平。通过村干部、先进人物等的带头示范效应，倡导节俭养德、喜事新办、厚养薄葬、勤俭节约、文明理事的社会新风尚，积极引导移风易俗。

参考文献

陈文胜：《脱贫攻坚与乡村振兴有效衔接的实现途径》，《贵州社会科学》2020年第1期。

程伟：《陕西：打赢脱贫攻坚战共筑全面小康梦》，《陕西日报》2020年7月27日，第8版。

付寿康、李忠斌：《脱贫攻坚与乡村振兴统筹衔接的策略研究》，《改革与战略》2020年第7期。

高强：《脱贫攻坚与乡村振兴有效衔接的再探讨——基于政策转移接续的视角》，《南京农业大学学报》（社会科学版）2020年第4期。

李宛嵘：《巩固成果聚力攻坚——陕西举全省之力坚决打赢脱贫攻坚战综述之三》，《陕西日报》2020年8月10日，第1版。

陕西省委省政府：《关于坚持农业农村优先发展全面做好"三农"工作的实施意见》，2019年6月。

谢茹：《推进脱贫攻坚与乡村振兴相衔接》，《中国政协》2020年第12期。

尹成杰：《脱贫攻坚与乡村振兴有机衔接》，https://xyjj.gxu.edu.cn/info/1202/1983.htm，最后检索时间：2020年10月20日。

赵国峰：《乡村振兴视阈下陕西构建现代农业产业体系的发展路径》，

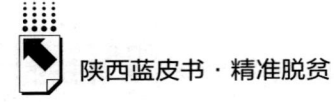

《贵州农业科学》2020年第7期。

《陕西省乡村振兴战略实施规划（2018~2020年）》，2018年3月。

《中国中小城市发展报告》编辑委员会、中小城市发展战略研究院、中国国研智库、宋洪远、曹慧：《促进产业兴旺助力乡村振兴》，载《中国中小城市发展报告（2018）——中国中小城市乡村振兴之路》，社会科学文献出版社，2018。

B.16
陕西金融支持农民合作社发展的实践

陕西省农业农村厅课题组[*]

摘　要： 陕西省农民合作社已发展到6.1万家，成为开展产业扶贫、促进农民增收、发展农业农村现代化、实施乡村振兴战略的重要载体。目前，农民合作社发展壮大对资金需求旺盛，但融资难已经成为最大的瓶颈。金融机构和地方政府探索实践了许多有效做法，邮储银行"三走、四送"、陕西信合突出"3+X"工程、农行创新信贷产品、陕西农担"政银担"合作促农贷，杨凌示范区小额信贷、合阳县探索"产权贷"、韩城市担保基金、石泉县"统贷统还"、神木市贷款贴息等金融支持方式，作用明显。为加大金融支持合作社高质量发展，建议加强规范管理、加大财政扶持、优化支农政策、创新金融产品、开展信息共享，解决合作社融资难的问题。

关键词： 金融支持　农民合作社　陕西

农民合作社是农民自愿联合、民主管理的互助性合作经济组织，

---

[*] 课题组组长：蔡斌，陕西省农业农村厅党组成员、副厅长，研究方向为农村合作经济；课题组成员：张旭锋，陕西省农业农村厅总经济师；桑兴岳，陕西省农村合作经济工作站干部；毛恒，陕西省现代农业培训中心干部；刘亚军，陕西省农村合作经济工作站站长。

具有天然的益贫性，在脱贫攻坚中发挥了重要作用。十多年来，陕西省农民合作社快速发展，达到6.1万家，入社农户285万户，带动非社员农户390.3万户，实现了行政村、主导产业和产业农户全覆盖。全省合作社以种养业为主，种植业类30508家，占49.7%；畜牧业类17340家，占28.3%；林业类5154家，占8.4%；服务业类3868家，占6.3%；渔业类487家，占0.8%；其他类3975家，占6.5%。开展产加销一体化服务的32069家，以加工服务为主的2714家，分别占52.28%和4.43%，为社员统一购买农资总额29.9亿元，统一销售农产品总额约119亿元。合作社已经成为推动现代农业发展的重要主体、农村"三产"融合的有效载体、农业社会化服务的重要组织、技术推广的有效渠道以及构建乡村和谐社会的支撑力量，在提高农民组织化程度、带动农民增收致富、实施乡村振兴战略等方面发挥着越来越重要的作用。但是面对农民合作社旺盛的资金需求，融资难已经成为其发展壮大的瓶颈。

一 农民合作社贷款需求

为了解陕西合作社的资金需求，课题组在陕西省靖边县、定边县、合阳县、华州区、韩城市等开展了实地调研，收到了来自716家合作社的有效问卷。

（一）农民合作社贷款现状

问卷显示，合作社融资的主要途径（多选）为金融机构贷款，占54.89%；成员内部融资，占38.97%；民间借贷占29.05%。从贷款情况看，有357家合作社目前还没有贷款，占49.86%。359家合作社有贷款，其中50万元以下小额度贷款的有190家，占52.9%；50万~100万元的80家，占22.3%；100万~500万元的56家，占15.6%；500万元以上的33家，占9.2%。从贷款主体（多选）看，金融机构对合作社的认可度不高，以合作社名义贷款的只占39.66%；基本上都是以合作社理事长或成员个人贷款，其中理事长个人贷款占60.34%，合作社成员贷款占13.27%。从贷款方式（多选）看，由于多数是小额贷款，以信用贷款为主，占66.48%，担保贷款占34.22%，抵押、质押贷款占比较小，分别占8.52%和16.9%，表明合作社缺乏贷款所需有效抵质押物。从贷款利率看，合作社的贷款利率并不算高，年利率5%以下的最多，占39.39%；5%~8%的占29.47%；8%~10%的占29.32%；10%以上的很少，占1.82%。

（二）农民合作社贷款需求

问卷显示，与大部分合作社目前没有贷款需求正相反，有贷款需求的合作社占大多数，达到91.48%，更加说明不是合作社不需要资金，而是贷不到款。与合作社贷款主要集中在50万元以下的实际正相反，贷款需求量主要集中在50万元以上，占64.95%。其中50万~100万元最多，占34.22%；其次为100万~500万元，占24.58%；500万元以上，占6.15%。这充分说明不是合作社不想要大额贷款，而是贷不到，只好贷小额款。从贷款用途需求（多选）看，生产经营周转占61.31%，建设生产基地占60.2%，购置加工设备占33.1%，购置存储设备占25.56%，购买农机设备占35.06%，购买运输设备占13.83%。从贷款期限需求（多选）看，主要集中在1年以上，占65.78%；其次为6~12月，占20.11%。

二 金融机构支持农民合作社的主要做法

近年来，各有关金融机构采取多种措施，出台多种政策，创新多种信贷产品，支持以合作社为主的新型农业经营主体，形成了一些行之有效的经验。

（一）邮政储蓄银行陕西省分行"三走、四送"促农贷

2017年，邮政储蓄银行陕西分行专门成立三农金融事业部，开展"三走、四送"活动，即走访政府、企业、产业，送资金、信息、技术、服务，做到了走访100%的省级示范社、80%以上的市县级示范社。确定眉县、合阳、三原、阎良、汉阴、定边、洛南等7个县区开展金融支农示范县活动，探索支农方式，加大对合作社等新型农业经营主体的支持力度。目前涉农贷款累计投放950多亿元，余额达到439亿元，占各项贷款余额总量的34%。支持合作社等新型农业经营主体累计投放贷款130.5亿元，贷款余额达到33.9亿元。

（二）陕西信合突出"3+X"工程促农贷

全省信合机构持续加大"三农"信贷投放力度，助力乡村振兴。截至2020年4月末，涉农贷款余额2227.18亿元，连年增加，占总贷款余额的63.77%。一是大力支持"3+X"特色产业工程，全力满足果业、畜牧业、设施农业等特色农业的资金需求。在延安推出"果农贷""苹果贷""冷库贷""林权贷"等一系列苹果产业信贷产品，累计发放21.05亿元。在宝鸡围绕奶山羊产业推出"羊乳贷"，累计发放2235万元。在陕南地区推出"茶叶贷"，累计发放2.81亿元。二是支持农民合作社、家庭农场等新型农业经营主体发展壮大。2019年走访家庭农场、农民合作社等新型农业经营主体19081户，发放贷款9.19亿元。三是推进农户建档评级授信签约。目前全省农合机构建档575.04万户，建档率达到100%；授信签约93.83万户762.41亿元，授信率50.21%；用信57.83万户493.07亿元，用信率64.67%。四是加快数字化转型，2019年正式推出线上贷款业务"秦e贷"，其中针对农户开发线上"e农贷"，已累计申请办理贷款259.24亿元（其中线下授信线上用信238.77亿元，纯线上办理20.47亿元）。

（三）农行陕西省分行创新信贷产品促农贷

农行陕西省分行聚焦精准扶贫、"3+X"特色产业、农村产权制度改革、农村基础设施建设等八大领域，以农业产业化联合体、龙头企业、合作社、家庭农场为重点，先后出台全额保障扶贫贷款、转授县支行信贷审批权限等一系列优惠政策，创新推出"金穗陕果贷""果农贷""快微贷""果库贷"等专属产品和"惠农贷""农担贷"等系列产品，着力推动服务乡村振兴改革落地见效。截至2020年4月末，农行陕西省分行县域各项贷款余额902亿元，涉农贷款余额612亿元，其中合作社及社员贷款余额5.2亿元，主要支持宝鸡、渭南、延安等地3818家农民合作社和社员。

（四）陕西农担公司"政银担"合作促农贷

陕西农担体系建设持续推进，新设办事处14家，全省"政银担"合作平台达到45家，分支机构达到49家。围绕"3+X"产业布局，不断创新农担新产品，先后推出"茶叶贷""秦粮贷""花椒贷"等10款新产品，产品种类达19个。与农发行陕西省分行、建设银行陕西省分行及互联网金融领域的平安普惠等签署合作协议，2019年在保项目9933个，在保余额25.47亿元，累计担保项目10966个，担保金额32.89亿元，单笔业务担保额平均25.64万元，合作社等新型农业经营主体平均担保费率在1%以下。

三 地方政府促进金融支持农民合作社的主要方式

（一）杨凌示范区小额信贷方式

杨凌示范区作为国家金融改革试点区，示范区管委会与驻地金融机构共同协商，参考农户小额信用贷款方式，按照"先评级—后授信—再用信"的程序，把合作社纳入信用评定范围，建立合作社的信用确定程序分为三个层面。一是合作社经营层面，如主营业务是否突出、经营年限长短、业务规模大小、品牌效应高低等；二是合作社的信用等级，包括合作社、合作社法定代表人（或实际控制人）和社员三类，评定内容包括个人品行状况、是否有逾期贷款记录等；三是社会政策环境，如农业保险的覆盖面、是否有经营性贷款记录、贷款金额大小、用款时间长短、是否按时还款等。根据量化分值的高低，将合作社分为不同的信用等级，用于借款审查的依据。2019年，邮政储蓄银行杨凌支行已累计完成了172家合作社及其社员的信用等级评定和授信发证工作，共评出43家不同星级标准的合作社，授信额度共计950万元，其中最高的综合授信额度达到130万元，最低的也有5万元。

（二）合阳县资产评估探索"产权贷"方式

2014年合阳成立县土地流转中心时（现更名为"农村产权流转交易中心"），将土地可收益值评估纳入中心职责，可出具有法律效力、银行认可的评估报告。从农业、畜牧等涉农系统抽调具有中级职称以上的专业技术人员，组成新型农业经营主体经营收入评估专家库，制定"农村土地承包经营权价值评估办法""新型农业经营主体可收益值评估办法"，根据贷款申请主体从事的农业生产类型，组织专家评估确认后，出具评估报告。同时由公证机构对借贷行为全程审核公证，出具具有强制执行效力的公证文书，防范借款者的道德风险和借贷行为中的操作风险。2019年，共组织评估17次，涉及农户和新型农业经营主体61户，评估价值9000万元。邮储银行等共发放"农权贷""产权贷"168笔4571万元，其中合作社7笔1500万元。

（三）韩城市担保基金方式

韩城市财政出资 1000 万元设立新型农业经营主体专项担保贷款基金，在市农业农村局设立基金管理办公室，委托经办银行按照 1∶10 的比例扩大贷款发放。根据合作社等经营主体的生产规模、投资额度、经营能力等确定贷款最高授信额度，即种养大户 30 万元，家庭农场 50 万元，合作社 100 万元，涉农小微企业 200 万元。担保期限原则上不超过一年，最长不超过两年。几年来，专项基金支持合作社等新型农业经营主体贷款 2.8 亿元。

（四）石泉县"统贷统还"方式

在"统贷统还"方式中，石泉县政府组建了一个平台公司作为贷款主体，将从农发行贷来的资金转贷给具体使用对象，用以发展生产、滚动使用，最后由该贷款主体统一向农发行还款。在实际操作中，石泉县成立了"扶贫开发投融资有限公司"，负责向农发行统贷统还，担保方式采取政府委托代建购买服务模式，用纳入财政预算的购买服务协议项下应收账款设定质押担保。该平台公司向农发行统一贷款后，通过委托县域金融机构向贷款使用对象转贷。转贷对象以合作社为主，也包括小微企业和农业园区。重点是引导发展产业的贫困户以合作社为依托，采取"集约土地、产业共建、联保贷款、户均五万、带资入社、互助合作、产供加销、分工分业"方式，既解决农户不知如何发展生产的难题，又解决缺资金的难题。贫困户带资入社的具体投放流程是：入社人申请—合作社汇总—村委会、镇政府、被委托金融机构审查—县脱贫攻坚指挥部审批—提供担保措施—签订借款合同—借款投放—贷后管理—付息还本。农发行按照保本经营原则，实施期限延长、利率下浮等优惠措施，体现让利于农和服务脱贫。"石泉县'统贷统还'扶贫业务试点方案"对贷款期限、利率和额度进行了具体规定，设定贷款期限为 20 年，贷款利率采取央行 5 年以上中长期贷款基准利率下浮 15%。石泉县的"统贷统还"平台公司利用农发行的集中授信，通过县域金融机构为贫困户每户转贷 5 万元，贫困户用 5 万元贷款加入合作社，并将资金由合作社集中使用，为成员提供农业投入品和各类服务，帮助贫困户发展生产、实现脱贫致富目标。全县贷款总额度 23.5 亿元，其中产业类 6.4 亿元。

（五）神木市贷款贴息方式

从 2017 年开始，神木市对工商注册和生产经营一年以上且当年贷款 10 万元以上的涉农企业、农民合作社进行贷款贴息支持。贷款用于发展畜禽、果蔬、红枣、粮油、中药材等主导产业，促进农业社会化服务体系建设等。据统计，2017 年、2018 年，神木市共贴息 100 多万元，支持 30 多家合作社发展生产。

四　金融支持农民合作社存在的问题

农民合作社融资难是农业农村贷款难、贷款贵的集中反映，其成因是综合的、多方面的，内外因交织，突出表现在以下几方面。

（一）风险分担及补偿机制不健全

面对现代农业投入高、回报期长、风险大的现实需求，农业保险担保机构少，覆盖面小，与实际需求差距太大。一方面，涉农保险体系建设严重滞后。虽然国家每年安排大量资金开展政策性农业保险，但还是显得量小面窄，保险机构少，进展缓慢，作用发挥不尽如人意。商业性保险公司自身的利益追求导向，与农户保险需求难以达成一致，参与度更低，无法有效降低农户和合作社的生产经营风险。目前已有的农业保险多是保成本，而且兑付不够及时，如何做到保收益更是无从谈起，无法对合作社信贷支持形成有效风险补偿，造成信贷风险提高，影响金融机构的放贷积极性。另一方面，农业担保机制不健全。全省专业性的农业担保公司只有陕西省农业信贷融资担保公司一家，在全省只有49个分支机构，以财政为主的担保基金还处于探索阶段，担保资金有限，相关政策还不健全，财政风险补偿金的管理有待进一步提升，无法全面覆盖点多面广的合作社等新型经营主体。问卷显示，75.42%的融资担保机构没有产业发展基金和担保基金为合作社担保贷款。

（二）农民合作社信用评价体系没有建立

由于从银行贷款难，合作社贷款期望值不高。合作社贷款少，银行流水小，加之财务报表、报告等重要财务信息不全，金融机构无法在短时间内全面采集有效信息，合作社信用评价未形成有效体系，影响了金融机构对其授信评级，使一些地方银行发放贷款信心不足，甚至"惧贷"、"惜贷"和不作为。

（三）农民合作社运营管理不规范

目前合作社数量多，但运营规范、实力较强的少，全省县级以上示范社3870家（许多县尚未评定示范社），占6.3%；省级示范社1142家，只占1.86%。经过2019年的"空壳社"清理，大部分合作社运营正常，但季节性、协会型合作社居多，章程不完备，法人运作机制、民主管理制度、财务管理制度不够健全。金融机构对合作社情况难以把握，宁愿给合作社理事长和社员个人贷款，也不给合作社贷款。问卷显示，以合作社名义申请贷款难的比例高达80.42%。

（四）有效抵押物不足

合作社正处于起步阶段，规模小，实力弱，固定资产少，最重要

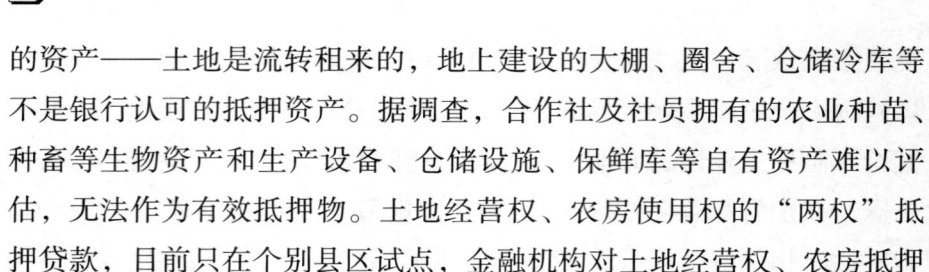

的资产——土地是流转租来的,地上建设的大棚、圈舍、仓储冷库等不是银行认可的抵押资产。据调查,合作社及社员拥有的农业种苗、种畜等生物资产和生产设备、仓储设施、保鲜库等自有资产难以评估,无法作为有效抵押物。土地经营权、农房使用权的"两权"抵押贷款,目前只在个别县区试点,金融机构对土地经营权、农房抵押的认可度不高,推进难度大。

(五)金融机构不愿贷款

省级以上金融机构开展"三农"服务非常主动。自2020年6月以来,陕西先后有邮政储蓄银行、建设银行、中国银行、农业银行的陕西分行和陕西信合五大金融机构,与陕西省农业农村厅联合发文,制定优惠政策,开展"政银"合作,进一步探索金融机构支持合作社及其成员(包括小农户、家庭农场、农业企业等)的途径和方式。但市县金融机构积极性不太高,这与强调无风险和信贷员终身负责制的考核机制有关,也与银行不愿担风险、收缩农村信贷机构、网点少有关,而且农村的银行网点以吸收存款为主,少有贷款权限,造成农村资金外流。另外,金融机构支持合作社的贷款对种养环节的放贷较少,更愿意为从事二、三产业的大户贷款。有些地方出现多家金融机构争相服务国家示范合作社的现象,而大多数合作社则无人问津。同时,合作社多以种养业为主,其经营特点决定了其金融需求具有较强的季节性、期限灵活性和抵押担保物多样性等特点,但多数金融机构以小额信贷、农户联保等为主,缺乏为合作社量身订制的信贷产品,涉农业务和产品创新不足。

五 金融支持农民合作社发展的建议

2020年4月,经省政府同意,省委农工办、省农业农村厅等11

个部门联合下发《关于加快推进农民合作社高质量发展的若干措施》，制定了包括金融支持在内的20项具体措施。目前，农民合作社进入数量扩张转为质量提升的新阶段，金融促进合作社高质量发展具有特别重要的意义。

（一）加强指导，提升合作社规范化建设水平

严格依法登记，指导完善法人治理机制，民主决策，规范运作，注重经营行为和合作社信用。强化示范创建，建立各级示范社名录，严格标准，动态监管，及时淘汰不合格示范社。建立辅导员制度，加强培育和引进人才，提升合作社经营管理人员能力素质。重点加强财务管理，政府有关部门提供免费财务管理软件，鼓励合作社设立财务机构或委托记账，将财务账务完整、成员账户健全作为享受财政项目的必要条件，经营性资金通过合作社对公账户进行结算，增加银行流水，增强信用度，提高自身融资能力。

（二）加大扶持力度，提升合作社融资发展能力

各级政府应认真贯彻落实农民合作社法，依法扩大财政扶持合作社的专项资金规模，允许优先承担涉农项目，重点扶持合作社建设优质农产品生产基地，健全质量安全追溯和标准化生产体系、冷链储运、分级包装、精深加工、品牌化营销等关键环节，延长产业链，增加附加值，提高经济效益。支持合作社参办现代农业园区、农产品加工园区、特色产业小镇、农业产业化联合体、"三产"融合发展先导区，参与农产品产地批发市场和跨区域农产品流通基础设施建设等，增强合作社经济实力。加大县级整合力度，支持合作社专项资金、扶贫开发资金、中小企业发展资金、商务部门的农超对接资金、工信部门的小微企业扶持资金等，专项用于支持合作社高质量发展，发挥合作社的产业扶贫和产业振兴的积极作用，增强融资能力。

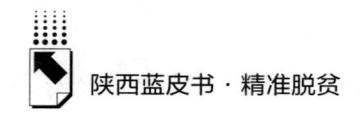

（三）优化政策，增强金融机构服务"三农"意愿

制定优惠政策，引导金融机构加大对农业、农村、农民的金融支持力度，重点支持家庭农场和农民合作社这两类新型农业经营主体。金融监管部门要制定差异化的考核机制，明确各金融机构服务"三农"的资金比例，将信贷支持情况纳入绩效考评指标，提高分值占比。财政、税务部门进一步完善金融机构支持"三农"的税费政策，对金融支持农民合作社发展的减免税费。加强和完善县级农村产权交易中心建设，明确承包地经营权、农房、农作物、农机具等农村资产交易评估职能，建立并畅通农村资产的流转变现机制，为新型农业经营主体抵押融资提供服务。政府出资并协调鼓励民间资本共同建立服务合作社等新型农业经营主体的政策性担保基金，解决合作社缺少有效担保的问题。积极探索农业保险的途径和方式，扩大覆盖面，提高赔付比例，增强农业的抗风险能力，降低金融机构贷款风险。

（四）创新产品，满足合作社多层次信贷需求

支持金融机构改进服务，推行灵活的贷款政策，量身订制金融产品，加大信贷投入。重点在担保方式、授信额度、贷款利率、贷款期限、还款方式等方面开发适合合作社特点的信贷产品，为合作社及成员提供特色化信贷支持。探索合作社在粮食、果业、养殖以及重大项目、大型农机具购置等方面中长期贷款。支持开展合作社土地经营权、林权、农房抵押担保贷款，试点果园农作物、禽畜抵押贷款、合同签证贷款和库存农产品质押贷款等创新型农贷产品。

（五）信息共享，全面开展合作社信用评级

各级政府各相关部门应牵头组织金融机构、产业化龙头企业、农

资生产供应企业等与合作社建立信息共享融资平台，共同搜集整理合作社信息，实行互联互通。金融机构要把合作社纳入农村信用评定范围，开展合作社"信用评级"创建活动，建立合作社及其成员信用档案，记录和监督合作社及其成员的信用状况，完善合作社信用贷款办法，加大信用贷款力度，从根本上解决合作社融资难问题。

B.17
陕西精准扶贫中的农村基层组织治理问题研究

江小容*

摘　要： 农村基层组织是党在农村全部工作和战斗力的基础，是国家帮扶贫困个体的桥梁和纽带，是领导和集结农民群众的核心力量，在全部扶贫工作中发挥着战斗堡垒作用。随着脱贫攻坚战的到来，治理任务密集下沉，村级治理事务繁重且复杂，对村干部职业化提出了更高要求。陕西在推进精准扶贫过程中，将农村基层组织建设摆在突出位置，积极探索"党支部+"产业扶贫、乡贤协助治村等新模式，在提高贫困村村民收入的同时，改变了乡村治理结构。在精准扶贫衔接乡村振兴的关键时期，陕西需从体制内外入手，构建以党组织领导为主、以乡贤协治为辅的治理模式，逐步形成取长补短、优势互补的乡村治理新格局。

关键词： 精准扶贫　农村基层组织　党组织建设　陕西

治理有效是实现乡村全面振兴的关键环节和重要保障。在精准扶

---

* 江小容，陕西省社会科学院农村发展研究所助理研究员，博士，研究方向为农村社会发展。

贫衔接乡村振兴的关键时期，陕西各地为加快农村治理体系和治理能力现代化，将基层组织治理工作摆在精准扶贫工作的突出位置，加快以党组织为核心的农村基层组织建设。村党组织、村民委员会和外部扶贫人员共同组建专门扶贫队伍，共同构成农村基层组织治理的多元主体，以强化农村基层组织治理能力、引领贫困人口脱贫致富、打赢脱贫攻坚战为共同目标。在精准扶贫工作中，基层组织的主要功能是联系落实上级政府扶贫政策，加强对村中各类扶贫相关公共事务的管理，包括收集、处理并审核贫困村民相关信息，执行精准扶贫具体事务，管理和带领贫困村村民脱贫致富等，同时鼓励支持社会力量、贫困户共同参与，确保早日打赢脱贫攻坚战，实现乡村全面振兴。其中，基层组织引领服务扶贫相关公共事务是农村基层组织治理的基础，多元治理主体的权责约束是农村基层组织治理的保障，共同组成农村基层组织治理的顶层设计。

一 关于基层组织建设的顶层设计

（一）习近平关于基层党组织建设的相关论述

以习近平同志为核心的党中央高度重视党的农村基层组织建设，提出了许多新观点、新论述。早在 2016 年，习近平总书记就在开展"两学一做"学习教育的重要批示中强调："基层是党的执政之基、力量之源。只有基层党组织坚强有力，党员发挥应有作用，党的根基才牢固，党才有战斗力。"2017 年 10 月党的十九大报告提出，党的基层组织是确保党的路线方针政策和决策部署贯彻落实的基础。要以提升组织力为重点，突出政治功能，把企业、农村、机关、学校、科研院所、街道社区、社会组织等基层党组织建设成为宣传党的主张、贯彻党的决定、领导基层治理、团结动员群众、推动改革发展的坚强战斗堡垒。2017年12月，习近平在江苏徐州考察时指出，农村基层党组织是农村各个组织和各项工作的领导核心，要强化农村基层党组织职能，把农村基层党组织建设成为宣传党的主张、贯彻党的决定、领导基层治理、团结动员群众、推动改革发展的坚强战斗堡垒。

2018年4月26日，习近平在湖北考察时指出，要改革创新，完善基层治理，加强社区服务能力建设，更好地为群众提供精准化精细化服务。基层党组织担负着领导社区治理的重要职责，要把党的惠民政策宣传好，把社区居民和单位组织好，打造共建共治共享的社区治理格局。2018年7月3日，在全国组织工作会议上，习近平在讲话中指出，党的基层组织是党的肌体的"神经末梢"，要发挥好战斗堡垒作用。基层党组织是党执政大厦的地基，地基固则大厦坚，地基松则大厦倾。同年11月，习近平在上海考察时指出，党建工作的难点在基层，亮点也在基层。随着经济成分和就业方式越来越多样化，在新经济组织、新社会组织就业的党员越来越多，要做好其中的党员教育管理工作，引导他们积极发挥作用。

2019年7月，在中央和国家机关党的建设工作会议上，习近平在讲话中再次强调，中央和国家机关要树立大抓基层的鲜明导向，以提升组织力为重点，锻造坚强有力的机关基层党组织。要抓两头带中间，推动后进赶先进、中间争先进、先进更前进，实现基层党组织全面进步、全面过硬。2020年6月，在十九届中央政治局第二十一次集体学习时，习近平在讲话中强调，基层党组织是贯彻落实党中央决策部署的"最后一公里"，不能出现"断头路"，要坚持大抓基层的鲜明导向，持续整顿软弱涣散基层党组织，有效实现党的组织和党的工作全覆盖，抓紧补齐基层党组织领导基层治理的各种短板，把各领域基层党组织建设成为实现党的领导的坚强战斗堡垒。2020年7月，习近平在吉林考察时强调，推进国家治理体系和治理能力现代化，社区治理只能加强、不能削弱。要加强党的领导，推动党组织向最基层延伸，健全基层党组织工作体系，为城乡社区治理提供坚强保证。同年9月，习近平在湖南考察时强调，在接续推进乡村振兴中，要继续选派驻村第一书记，加强基层党组织建设，提高基层党组织的政治素质和战斗力。

（二）中央指导农村基层组织工作的重要文件

2019年1月，经多次修订的《中国共产党农村基层组织工作条例》（以下简称《条例》）正式颁布。新修订的《条例》紧紧围绕脱贫攻坚、乡村振兴等"三农"工作大局，针对农村基层党组织建设的突出问题，提出务实的解决措施，增写了"乡村治理""领导和保障"两章，从六个方面对农村基层组织建设提出具体要求。

一是强调农村基层党组织的领导地位。1999年印发的《条例》中曾这样表述："（党的农村基层组织）是乡镇、村各种组织和各项工作的领导核心。"新修订的《条例》总则明确指出，党的农村基层组织"全面领导乡镇、村的各类组织和各项工作""必须坚持党的农村基层组织领导地位不动摇"。从"领导核心"到"全面领导"，文字表述的改变，体现了党的十九大以来党内法规修改的重大原则，即坚持党对一切工作的领导。二是对农村基层党组织设置进行了全面规范。新修订的《条例》明确规定，以村为基本单元设置党组织。县以上有关部门驻乡镇的单位，应当根据党员人数和工作需要成立党的基层组织。这些党组织，除党中央另有规定的以外，受乡镇党委领导。农村经济组织、社会组织具备单独成立党组织条件的，根据工作需要，可以成立党组织，一般由所在村党组织或者乡镇党委领导。三是分别规定了乡镇党委和村党组织在六个方面的主要职责。四是明确了党的农村基层组织在经济建设、精神文明建设和乡村治理方面的重点任务。五是提出要加强村党组织领导班子和农村基层干部队伍、党员队伍建设。六是强调要强化各级党委特别是县级党委在农村基层组织建设中的主体责任。

新增加的"乡村治理""领导和保障"两章，是新修订《条例》的亮点和突破点。《条例》明确提出党的农村基层组织领导乡村治理的目标、机制及其任务等，为当前及今后一个时期农村基层组织领导乡村治理指明了方向。"乡村治理"章节明确提出要"推广新时代'枫桥经验'，推进乡村法治建设，提升乡村德治水平，建设平安乡村"。这是首次将地方经验写入中央党内法规，也是对"建立健全党组织领导的自治、法治、德治相结合的乡村治理体系，打造充满活力、和谐有序的善治乡村"的回应。"领导和保障"一章，从制度上明确各级党委特别是县级党委的主体责任和乡镇党委的直接责任，即县级党委抓好党的农村基层组织建设、乡镇党委抓村级组织建设，同时提出完善乡镇工作机构设置和人员配备，健全以财政投入为主的稳定的村级组织运转经费保障制度等，形成了人才、钱物、政策向基层倾斜的鲜明导向。

2019年3月19日，中央全面深化改革委员会第七次会议审议通过了《关于加强和改进乡村治理的指导意见》（以下简称《指导意见》）。《指导意见》对当前和今后一个时期乡村治理的组织实施提出四点要求：加强组织领导，建立协同推进机制，强化各项保障，加强分类指导。对2019年中央一号文件明确提出的乡村治理试点示范和乡村治理示范村镇创建活动要求，《指导意见》再次强调，要大力开展文明村镇、农村文明家庭、星级文明户、五好家庭等创建活动，开展乡村治理试点示范和乡村治理示范村镇创建活动。关于如何健全"三治结合"的乡村治理体系，《指导意见》作了具体部署，即以自治增活力，以法治强保障，以德治扬正气。就如何增强农民的安全感问题，《指导意见》从五方面作出部署：推进法治乡村建设，加强平安乡村建设，健全乡村矛盾纠纷调处化解机制，加大基层小微权力腐败惩治力度，加强农村法律服务供给。

二　农村基层组织治理的陕西实践

为贯彻落实以习近平同志为核心的党中央的决策部署，陕西着眼于全面建成小康社会大局，将巩固和加强农村基层组织治理作为精准扶贫的重点内容之一，突出抓好农村基层组织治理能力建设，不断推进农村社会治理工作向前迈进。据统计，陕西省已在 15965 个村实现村党组织书记、村委会主任"一肩挑"；选派驻村工作队 10677 支驻村干部 37358 人精准帮扶；累计培训各类扶贫干部 275.76 万人次。[①] 党的基层组织在精准扶贫工作中的领导作用得到强化，基层组织中涌现出了"三加四亮""党支部+"等典型模式，加快了贫困地区精准脱贫的进程，对贫困农村基层治理体系的现代化建设起到了积极的作用。

（一）"党建+"模式

自 2016 年以来，全省共计完成 24.93 万户 84.36 万贫困群众易地扶贫搬迁任务。[②] 异地搬迁后的社区治理问题在陕西尤为重要，岚皋、千阳、平利等地为此作出了积极的探索。

岚皋"党建+"模式促进社区治理体系创新。岚皋县探索出的支部引领、协同治理的"三加四亮"机制，为解决易地扶贫搬迁后续扶持发展问题提供了参考。"三加四亮"机制的核心，一是建立"三加"模式，即在易地扶贫搬迁安置小区建立"党支部+业主委员会""党支部+物业公司""党支部+党群服务中心"协同治理体系。

[①] 程伟、李宛嵘：《陕西脱贫攻坚取得决定性进展 4 年累计减贫 211.54 万人》，http：//www.shaanxi.gov.cn/sxxw/sxyw/181896.htm，最后检索时间：2020 年 10 月 22 日。

[②] 齐卉：《陕西省五年完成易地扶贫搬迁 24.93 万户》，http：//www.sx-dj.gov.cn/a/szxw/20201019/35470.shtml，最后检索时间：2020 年 10 月 22 日。

二是开展"四亮"活动,即在易地扶贫搬迁安置小区开展共建活动,驻社区机关单位亮共建项目,社会组织亮身份,机关党员亮服务,小区党员亮职责。通过"三加四亮",构建起党支部引领、各类组织协同、广大群众参与的基层治理体系。

千阳、平利"党建+"模式引领贫困地区特色产业发展。千阳县以建立非公企业党组织为龙头,利用宝鸡海升现代农业有限公司党支部资金、技术、人才、服务等优势,不断将苹果发展成广大贫困户实现稳定增收致富的"铁杆产业",为乡村振兴注入强大动力。平利县针对异地扶贫搬迁后出现的土地资源闲置、低效利用等突出问题,探索"党建+企业(宣传员)"等模式,走出了一条基层党建工作服务土地流转、盘活土地资源的新路。

(二)乡贤协同治村

西安市长安区按照"先试点、再铺开,边推动、边完善"的工作思路,在全区16个街道232个行政村,建立起"花园乡村协理组、乡风文明协理组、矛盾调解协理组"3个类别3046人的新时代乡贤队伍,实现街、村乡贤协助治理委员会全覆盖,探索新时代"乡贤+"工作模式,凝聚各个层面乡贤力量,推动新时代文明实践在农村落地生根,为乡村振兴注入新活力。

一是发挥乡贤智囊团的作用。长安区利用乡贤熟悉当地情况的特点,发挥乡贤作为顾问团和智囊团的作用,最大限度避免年轻干部"水土不服"的现象。当地乡贤在外打拼多年,思维活跃,有能力整合一定资源,且他们随着年龄的增长,有意愿落叶归根,为家乡贡献力量。长安区通过乡贤协助治村的模式,建立了区、街道(镇)、村(社区)三级乡贤协治委,健全常态化运行工作机制,助力乡村振兴。

二是让乡贤引领乡风文明。农村工作上面千条线,下面一根针,

四 改进农村基层治理的几点建议

当前,陕西正进入打赢脱贫攻坚战、决胜全面建成小康社会并向乡村振兴迈进的关键时期,多重任务叠加并向基层下沉,需准确判断和把握形势,从以下几方面加强和改进乡村治理。

(一)以党建引领立足乡村强化基层组织建设

决战决胜脱贫攻坚,是一场历史性的政治大考、经济大考、民生大考,党建引领是其中至关重要的一环,必须有效发挥基层党组织在乡村治理中的核心作用。决胜脱贫攻坚需要一支忠诚担当、倾心为民的干部队伍,为此,需继续强化党的农村基层组织建设。一方面,坚持一切从实际出发,以提升组织力为重点,突出政治功能,分类别、分领域统筹推进农村基层组织规范化、标准化建设,夯实党在农村的组织基础。另一方面,立足乡村,发掘有知识、懂技术、热爱乡村、年富力强的本土人才,把他们吸收进基层党组织队伍;选拔政治上可靠、工作上有本事、群众中有威信的优秀党员和致富带头人进"两委"班子,发挥其"领头雁"作用。同时继续强化党内作风建设,防止基层党组织"家族化",不断增强建设基层党组织的自觉,健全基层党组织建设的相关机制,切实发挥基层党组织在乡村治理中的战斗堡垒作用。

(二)以自治为基础健全村民参与基层治理的工作机制

加强村民自治是推进基层治理的重点任务,也是畅通基层治理的"最后一公里",当前需重点做好以下两方面工作。一是完善村民小组治理的工作、领导、决策和监督机制。明确和细化村民小组一级所要承担的村民自治功能,即管理组内公共事务和公益事业,制定村集体经济发展规划及其目标，协调化解村民之间的矛盾纠纷，等等。二是健全村民小组治理工作机制，在村民小组内部成立议事会和监事会，分别负责小组决策和决议执行监督。事关村民利益的村务经小组议事会讨论执行，大型事宜召开组员大会投票决定。议事会成员由村民认可的乡村能人组成，小组干部由处事讲原则、守底线的村民代表担任，确保村规执行主体在群众中的公信力。小组长任职期数根据实际情况适当延长，确保村民小组内部政治威望与政治预期的稳定性。

（三）凝聚乡贤力量构建多元协同治村新格局

重贤、尚贤是中国传统乡村社会的良好风尚。乡贤借助自己的威望、品行、才学，主动履行起凝聚族群、尊祖继统的职责，成为乡村社会优良道德和淳美家风的示范者和引导者，在规范族人和乡民行为方面，扮演着监督者和执行者的角色。当前，在城镇化加速推进、乡村振兴战略全面实施的背景下，脱贫攻坚正进入决战决胜阶段，多重任务叠加下沉，乡村社会矛盾呈现多发高发的态势，基层治理问题更加复杂多变，仅靠基层干部的力量十分有限。要破解基层治理突出问题，需农村多元治理主体共同发力，搭建协同治村的机制平台，摆脱治理结构松散化困境，构建起与乡村振兴目标相匹配的治理框架。建议借鉴长安区经验，深刻认识新时代乡贤的内涵和价值，充分发挥其凝聚力量、示范效应和桥梁作用，把外部援助内化为乡村发展动力，激发当代乡村治理主体活力，构建体制内以党组织领导为主、体制外以乡贤协治为辅、多元主体协同治村的乡村治理新格局。

（四）善用新媒体做好农村基层宣传工作

基层领导干部主动作为，学好用好"学习强国"等平台，自觉加强政治理论学习和思想教育，始终保持清醒的政治头脑，坚定马克思主义信仰和建设中国特色社会主义的理想信念，确保导向正确有力，凝聚起群众同心决胜全面小康、共创美好生活的强大正能量。大胆探索和创新基层宣传工作方式方法，充分发挥志愿服务等机制的作用，网上网下统筹，面对面心贴心交流，不断提升宣传、服务群众的能力和水平。充分发挥分管干部对扶贫相关具体问题的专业理解能力，适应分众化、差异化传播趋势，用推动工作中的真实情况去说服群众、引导群众，激发群众特别是贫困群众参与基层治理的积极性。充分考虑贫困地区群众的实际情况，使用生动的语言、形象化的概念、通俗易懂的方式宣讲相关政策及文件，使他们更快更好地融入全面建成小康社会的大局中，激发他们参与乡村全面振兴的主体意识。

参考文献

陈蒙：《精准扶贫中农村基层组织的治理阻力研究》，华北理工大学硕士学位论文，2019。

贺雪峰：《村级治理的变迁、困境与出路》，《思想战线》2020年第4期。

李清峰：《农村基层治理在精准扶贫中的问题与对策研究》，《经济纵横》2019年第1期。

王向阳：《政治引领：中西部留守型村庄村干部职业化的动力机制探析——基于陕西扶风X村村干部职业化实践的考察》，《西南大学学报》（社会科学版）2019年第3期。

《全面提高新时代党的农村基层组织建设质量》，《党员干部之友》2019年第4期。

B.18 乡村振兴背景下陕西农村电商发展现状与对策研究[*]

智 敏[**]

摘 要: 近年来,农村电商发展迅猛,在增加农民收入、倒逼农业转型升级和脱贫攻坚等方面发挥了重要作用。陕西农村电商市场规模持续扩大,电商生态逐步成熟,营销方式多元化发展,社交电商、内容电商爆发式增长,政企协作,多元社会主体参与农村电商的氛围日益形成,持续赋能脱贫攻坚,助力乡村振兴,经济社会效应日益显现。但仍然面临着农产品标准化程度有限,供应链体系不完善,人才"难育、难引、难留"等问题。随着乡村振兴政策红利的持续释放,陕西农村电商的发展环境和空间将不断优化。加强农产品标准化生产经营和品牌化建设,改造优化供应链,因人而异培养本土电商人才,将为乡村全面振兴注入强大活力。

关键词: 乡村振兴 农村电商 陕西

一 发展现状

(一)市场规模持续扩大,水果线上销售表现抢眼

作为农业大省,近年来,陕西农村电商快速发展,市场规模持续

---

[*] 本文系2020年陕西省社会科学院重点课题(编号为20ZD01)的阶段性成果。
[**] 智敏,陕西省社会科学院农村发展研究所助理研究员,研究方向为农业经济管理。

扩大。尤其是疫情加速推动居民购买方式由线下向线上的转变，生鲜电商行业逐步成为市场新宠，全省农村网络零售持续保持快速增长态势，其中陕西苹果、枣、猕猴桃等鲜食水果网络零售表现突出。

2016~2019年，陕西农村网络零售额从85.24亿元增长到286.62亿元，年均增长49.8%；农产品网络零售额从29.92亿元增长到115.58亿元（见图1），年均增长56.9%。2020年上半年，全省上下立足当下，疫情防控与促消费两手抓，农村电商市场活力持续加速释放，农村网络零售额同比增长了14.08%，达到151.63亿元。其中农产品网络零售保持高速增长，同比增长了47.04%，实现68.14亿元。2017年陕西电子商务发展指数排在全国第10位，电商成长指数位列全国第6；2018年发展指数继续保持在全国第十位，成长指数升至全国第1位，这其中农村电商的蓬勃发展功不可没。

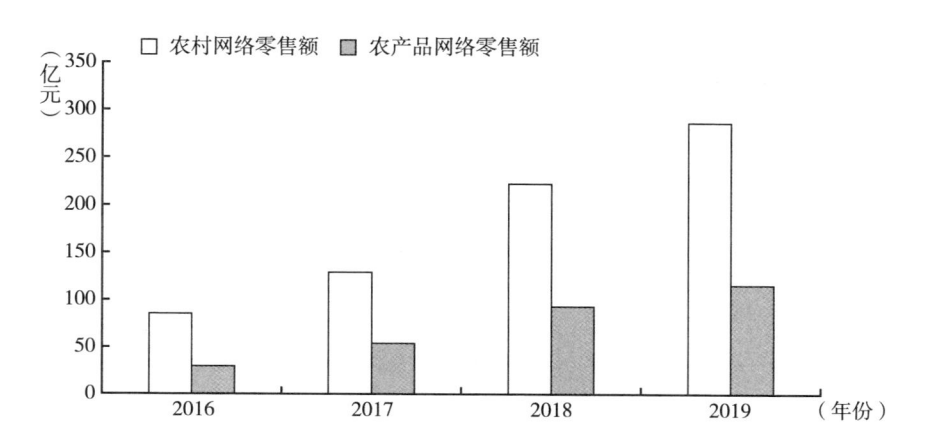

图1 2016~2019年陕西农村、农产品网络零售额

资料来源：陕西省农业农村厅网站。

鲜食水果一直是陕西电商网络零售的主力军，尤其是随着消费习惯的改变，直播带货、社区团购等社交电商和内容电商的兴起，线上水果销售在全国表现抢眼。2019年全省水果网络零售额位列全国第三，实现70.94亿元，同比增长19.62%。2020年省市县合力开展水果网络特色季，第一季度水果网络零售继续保持高速增长态势，排名全国第二，实现27.59亿元，其中，水果农产品和加工品分别实现23.89亿元和3.70亿元。在农产品线上销售规模大幅提升的同时，特色农产品知名度也在不断提升，陕西初步形成了苹果、猕猴桃、石榴、富硒茶等优质农产品品牌，成为线上同类产品第一品牌。

（二）电商生态逐步成熟，物流效率不断提升

农业信息化基础设施日趋完善。随着"宽带中国"战略、"百兆乡村"示范工程和农村电信普遍服务试点项目的深入推进，农村偏远地区光纤建设和4G网络覆盖稳步推进，陕西农村光网覆盖广度、深度和宽带接入能力逐步提升，2018年已经实现行政村100%光纤通达，农村网络用户体验逐步改善。自2019年起，将人工智能、区块链、5G、空间遥感等技术与农业农村信息化基础建设相结合，重点推进村村享信息化平台和信息进村入户平台建设，建设10个县级和20个村级益农信息社，并与全省1.5万个信息采集点进行双向数据交换共享，全面提升农业农村信息化服务水平。

全程冷链物流体系有所改善。2017年陕西印发《关于加快发展冷链物流保障食品安全促进消费升级的实施意见》，明确提出要建设覆盖主要产地和消费地的预冷、储藏、保鲜等冷链设施，支持西安、咸阳、榆林、汉中等地建设冷链物流园区，鼓励大中型农产品批发市场建设冷藏冷冻、流通加工冷链设施。2019年中央一号文件提出要实施"'互联网＋'农产品出村进城工程"，支持产地建设农产品储藏保鲜、分级包装等设施，加强农产品物流骨干网络和冷链物流体系建设。截至2019年底，全省共有冷库仓储企业443家。陕西果业集团自2015年成立以来，新建21万吨果品储藏库，购置冷链运输车

200多辆，2020年开工建设30万吨果品冷藏库，项目建成后将大大提升陕西果品冷藏规模和能力。"供销e家"仓储物流中心已建成运营，该中心基于云仓管理标准，与27个县域供销电商的产地仓、销区仓相结合，具有仓储、分拣、冷链、物流集散等功能。陕西供销电商集团还将在白水、洛川等主要产地建设一批冷链仓储设施，配备加工、预冷、烘干、包装、冷藏等基础设备，重点提高当地农产品的商品化处理和错峰销售能力。

县、乡、村三级电商服务体系覆盖范围逐步扩大。县、乡、村电商服务站是推进农产品上行的重要节点，陕西持续推进电子商务进农村综合示范项目建设，示范地区"两中心一站点"的运营体系基本形成，已经实现对全省56个贫困县的全覆盖。电商服务站在贫困村的覆盖率达到59%，共建成2946个，其中深度贫困村覆盖率49%，建成电商服务站点238个，铜川和汉中实现了村级电商服务站的全覆盖。

（三）营销方式多元化发展，社交电商、内容电商爆发式增长

传统电商的流量红利逐渐消失，伴随着分享经济的崛起，微信和小程序应用的逐步成熟，基于微信、微博平台的社交电商快速发展，社交电商主要是通过社交分享来实现销售，因此具有更低的获客成本和更高的客户黏性，也极易实现短时间内销量的爆发，这也很好地适应了农产品销售的时令性和季节性，迅速成为传统电商的有力补充。内容电商成为农产品精准营销的有效手段。体验感差一直都是制约电商发展的重要因素，随着直播、自媒体、短视频等营销手段的加入，线上购物更具场景化，用户更容易被内容吸引而进行消费，购物的代入感更强。随着大数据的发展，电商平台对消费者的需求更加了解，结合内容对消费者进行更为准确的内容推送，有力地助推了农产品的出村进城。

对农产品进行数字化赋能已经成为推动陕西特色农产品出村进城的重要手段和有益探索。省商务厅和阿里巴巴签署"春雷计划"战略合作协议，通过提高农产品标准化生产和物流配送效能，培养具有直播带货能力的新农人，深入原产地直采，合力打通农产品的上行通道。阿里巴巴已经启动了"陕货淘宝直播购物节"，2019年陕西农产品在淘宝销售170万吨，其中直播是主要途径。省农业农村厅与拼多多签约深化战略合作，将在20多个县开展合作，共同打造网红农产品与电商直播基地，培养农村电商人才。拼多多也正式上线"陕西助农优品馆"，并联合央视在优品馆举办陕西农产品专场直播带货。2019年农货节期间，陕西农产品在拼多多的销售订单量逼近全国前三。汉中、商洛、宝鸡等地市也纷纷启动了官方带货直播活动，为陕货背书代言，省果业中心与淘宝、京东、抖音、快手、西部网、西域美农等共同发起了陕西水果网络特色季系列活动。省农业农村厅举办了首届陕西网上茶博会，通过"政府背书+媒体宣传+直播带货"，共发布短视频300余条，超4200万人次观看直播，累计带动茶叶产品交易额200多万元。

（四）政企协作，多元社会主体参与农村电商的氛围日益形成

围绕农村电商和电商扶贫，政府部门出台了一系列相关文件，政策红利不断释放，基本构建了促进农村电商发展的政策体系和管理体制。先后印发了《陕西省人民政府办公厅关于促进农村电子商务加快发展的实施意见》《陕西省电商扶贫政策措施》《陕西省电子商务扶贫工程实施方案》《全省电商扶贫工作安排意见的通知》，积极引导涉农企业、农民专业合作社、家庭农场、专业大户和经纪人等新型市场主体转型发展，参与农产品网上销售。通过电子商务进农村综合示范、信息进村入户工程、"互联网+"农产品出村进城等专项带动工程的深入推进，不断完善农产品上行的基础设施、供应链体系、人才培育引进服务和综合服务体系。积极组织各类产销对接活动，搭建农商洽谈、协商、合作平台，多渠道拓宽农产品销售渠道。以大学生村官、农村青年致富带头人、返乡创业大学生与农民工、经济困难家庭未就业青年人群为重点，积极进行电子商务人才培养，推动农村电商创新创业。

社会资本参与农村电商的积极性不断提高，许多电商企业和涉农企业纷纷下沉，将农村作为电商发展的战略重点。阿里巴巴、京东、拼多多分别与陕西签署战略合作协议，全省各县区新型经营主体将根据三大电商平台各自的优势和专长领域，开展合作对接。充分发挥阿里巴巴在电商、物流、金融、云计算、新零售等生态体系的优势，重点在智慧农业领域开展合作。重点在推进农业信息化建设、农业品牌塑造、农产品流通等方面，与京东开展合作，助力农业产业发展。与拼多多重点在扶贫助农领域开展合作，扩大农产品线上销售规模，助力产业扶贫。最终通过市场需求与合作发展倒逼生产，有效促进农业特色产业"3+X"工程的实施，实现特色产业高质量发展。

（五）持续赋能脱贫攻坚，助力乡村振兴

习近平总书记在陕西考察时指出，电商不仅可以帮助群众脱贫，而且还能助推乡村振兴，大有可为。自2015年国务院印发的《关于打赢脱贫攻坚战的决定》中明确指出，要实施电商扶贫工程，大力推进"互联网+扶贫"以来，陕西积极探索，电商减贫、脱贫成效显著，逐渐成为助力陕西脱贫攻坚的新引擎。一是电子商务有效地改善了农民与市场信息不对称的现象，使小农户与大市场直接对接，偏远地区的农特产品能够快速便捷地到达消费终端，减少了中间的流通环节，降低了成本，增加了贫困群众的收入。目前全省有1516家电商企业和合作社通过与贫困户建立利益联结机制，共带动了增收贫困户40500多个。二是减少了贫困农户的生产生活支出。农村电商的发

展，打破了地理和交通限制带来的城乡市场分割，也促进了城市商品的下行，农户能够买到更加质优价廉的生产生活用品，降低了生活成本。三是带动了贫困地区农户创业就业。电商经济的不断发展，社会效应的逐步发挥，改变了农民的生活和消费习惯，也吸引了一大批贫困户、大学生、返乡农民工和转业军人回乡创业，并催生了许多新的农村就业创业门路。

农村电商的快速发展，能够在脱贫攻坚和乡村振兴中持续发挥积极作用。产业振兴是乡村振兴的关键，而农村电商则可以在推动网络与实体经济融合的过程中产生叠加效应，运用大数据倒逼原有产业升级转型，农产品生产的标准化、规模化和品牌化程度不断提高。同时催生了一系列相关配套产业，农村电商从交易环节向产业链条的上下游不断延伸，带动了物流、包装、印刷、仓储、美工等相关产业集群式发展。人才是实现乡村振兴战略的重要支撑，农村电商的快速发展，吸引和带动了一大批年轻人返乡创业，实现农村人才的回流，有利于破解乡村振兴人才瓶颈。

二 存在问题

（一）标准化程度有限制约农产品上行

农产品"分散生产、非标准化、规模小"的特点，制约了标准化、网货化和高品质化程度，制约了农产品的上行。一是农业生产经营的高度分散，增加了农产品生产标准化和质量控制难度，分散小农户的农产品难以达到大型电商平台准入条件，不利于品牌价值打造，也难以形成规模效应，为线上销售提供持续有效的网络供货难度较大。以陕西水果电商为例，水果网上销售数量虽然持续快速增长，但是在电商类型上仍然是以个体户为主，并且营收水平相对较低。2019

年，陕西水果网络零售年收入不足1万元的网商超过83%，且以个人网商为主。二是农产品加工比例不高，附加值提升难以实现。以陕西水果为例，2019年鲜食水果的网络零售额占到整个水果网络零售额的83.99%，而水果加工品仅仅占到16.01%。大多数农产品网上销售只是对初始产品进行包装，农产品的单位价值不高，而同质化的"价格战"又进一步压缩了盈利空间，甚至出现了"劣币驱逐良币"的现象。三是高品质农产品偏少，低端同质化农产品多。随着生活水平的提高和消费升级，市场对于有机无公害农产品需求增多，但当前面向市场销售的农产品大多数是大路货，辨识度不高，难以实现品牌溢价，也不利于客户黏性的提高。

（二）供应链体系有待完善

完整的农产品供应链包括生产、产地仓储、初深加工、包装、物流和配送等多个环节，其间农产品信息流、物流和资金流将各个环节串联起来。高效的供应链体系同时还应该具有较高的组织化程度、完善的信息网络和高效的资源配置等重要特征，是农产品电商的重要支撑，也是产品价值不断增加的保障。目前，陕西的农产品供应链体系还有待进一步完善，主要表现如下。一是农产品"最初一公里"和产地仓储加工设施不完备，导致了农产品产地预冷、分级和加工包装等关键环节的缺失，影响了产品的保鲜度和储存期限，也增加了农产品的损耗和成本。二是农产品冷链体系有待完善。由于农产品本身的属性和特点，对运输的要求更高，而目前我国普遍存在的问题是产地预冷、全程冷链运输和销地冷库建设不足，导致运输过程的高损耗和高成本，也制约了农产品的销售半径和消费体验感。三是依然存在信息不对称的问题。虽然电商的交易模式已经对交易信息的透明公开有了明显的改善，但是离产销高效对接还是有一定差距的，尤其是在农产品质量安全信息和品质安全信息方面，产销分离的现象依然普遍存在。

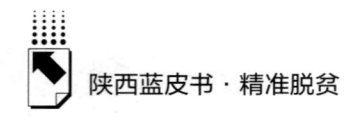

（三）农村电商人才"难育、难引、难留"

电商市场是一个对操作性和实践性要求都非常高的领域，要善于进行网络和平台管理，熟悉物流配送和售后，从事农村电商还需要熟悉农村，了解农产品。内容电商和社交电商等新兴营销方式的兴起，对农村电商从业者的要求越来越高。目前农村电商，尤其是偏远和贫困地区的电商团队和个人的专业技术水平不能完全满足农村电商发展的要求，专业人才仍然处于短缺的状态。虽然近年来大学生、农民工和复转军人返乡创业有所回升，电商人才的培养也受到政府和企业重视，但农村电商人才"难育、难引、难留"的现象一直存在。中国农业大学智慧电商研究院在《2020中国农村电商人才现状与发展报告》中指出，在调研中发现绝大部分高校毕业的电商专业人才，投身基层农村电商发展的意愿不强烈，我国目前农产品上行电商从业者中，1%为小学文化，50%为初中文化，32.5%为高中文化，大学文化比例仅为16.5%，并且预估"2025年农产品上行电商人才缺口为350万人"。农村电商的快速发展，将会带来大量的农村电商人才缺口，人才缺口成为制约农村电商发展的重要因素。

三 展望与建议

（一）乡村振兴为农村电商带来新的发展机遇

政策红利持续释放，农村电商的发展环境和空间会不断优化。2018年中央一号文件发布了《中共中央国务院关于实施乡村振兴战略的意见》，同年9月出台了《乡村振兴战略规划（2018~2022）》，都对农村电商进行了相关部署。随着乡村振兴战略的深入推进，农村地区的交通、网络、物流等基础设施建设将会更加完善，金融、教育、法律法规等支持政策将进一步落实。2019年中央一号文件提出要实施"'互联网+'农产品出村进城工程"，重点在"加强农产品物流骨干网络和冷链物流体系建设，完善县乡村物流基础设施网络，支持产地建设农产品储藏保鲜、分级包装等设施，鼓励企业在县乡和具备条件的村建立物流配送网点"等方面发力。继续开展电子商务进农村综合示范，对已经支持过的示范县进行第二轮支持，在建立农村现代市场体系，提高流通效率，加强品牌、品控和标准体系建设等方面重点支持。陕西电子商务进农村综合示范项目已经实现对全省56个贫困县全覆盖，升级版的示范项目将对本地农村电商发展带来更多的机遇。2019年底出台的《实施"互联网+"农产品出村进城工程的指导意见》，提出要建立完善适应农产品网络销售的供应链体系、运营服务体系和支撑保障体系，为推动农村电商发展提供更好的政策空间和环境，农村电商与农村发展、农民生活交互融合的深度和广度将会不断增加。

（二）价值链提升是农村电商发展的新目标

加强农产品标准化生产经营和品牌化建设，实现产业链向产前、产后和二、三产业的扩张延伸，促进农业转型升级，实现功能链拓展和价值链提升，是农村电商持续健康发展的新目标，也是重要保障。一是提升农产品生产的标准化水平。随着生活水平的提高和消费的升级，市场对产品品质和服务要求越来越高，人们对农产品的消费也逐渐步入品质消费时代。建立国标、地标、团标、企标有机结合的全产业链标准体系，积极推进《陕西省农业标准体系表（2017版）》《陕西省果蔬标准化体系规划》《陕西省乡村振兴标准化体系规划》等农产品品种、生产、质量、加工等方面标准的应用，推进优势果业、设施蔬菜、"北羊、南猪、关中奶畜"、茶业等农业发展重点领域的标准化建设，建立可追溯到生产源头的农产品追溯体系，不断提高农产品质量安全水平。二是建立健全流通环节的标准化规范。围绕陕西重点农特产品，完善质量分级、采后处理、储存保鲜和包装配送等流通环节的标准化规范，并积极推广，强化农产品在流通环节的安全保障。只有健全全产业链的标准化体系，把非标农产品转化成标准化商品，才能实现农产品的价值提升，避免低水平的"同质竞争"。三是注重陕西农产品独特性挖掘和品牌塑造营销。充分运用社交电商和内容电商等新兴营销方式，围绕陕西苹果、猕猴桃、柿饼、大枣、茶叶等特色优势农产品，结合产品特性，注入产地文化，增强消费者体验感，塑造区域公用品牌，培育具有全国知名度和影响力、符合线上消费需求的"陕货"品牌。

（三）改造优化供应链是农产品电商高质量发展的新路径

随着农村电商的发展，农产品供应链上生产、流通和销售环节的网络协同效率已经成为决定农产品市场竞争力的核心因素，借助云计算、物联网、移动互联网、大数据等技术，改造优化供应链，成为提高农产品质量和上行效率的重要途径。一是持续完善农村三级物流网络。继续完善陕西农村公路、网络通信和电力等基础设施，不断提高农村道路通达率和农村物流服务能力。加强交通、商务、邮政、供销、农业农村等相关部门现有农产品物流网点的资源共享共建，推进农村综合服务中心、电商服务站点、村级供销社、益农信息社、乡镇运输服务站等基层网点的合作运营，提高农村尤其是偏远地区综合服务站、自提点和智能快递柜的分布密度。二是不断完善全程冷链物流体系建设。创新政府与企业、企业与企业之间冷链物流的共建共享机制，推进苹果、猕猴桃、茶叶等主要农产品主产地全流程冷链物流网络体系建设，建设适度规模的预冷、质检、分级、包装、储藏保鲜设施，加强产地移动型、共享型商品化处理设施建设，提高农产品商品化处理和错峰销售能力。三是提高供应链末端惠民服务能力。2019年财政部、商务部决定开展农商互联工作，完善农产品供应链，对确定支持的省（区、市）给予支持。陕西作为确定支持地区，要充分利用优惠政策，支持农产品流通企业或新型农业经营主体创新应用新模式、新技术，建设或改造菜市场、农贸市场和社区菜店等传统零售市场，发展联合采购、统仓统配等模式，完善末端销售网络，降低流通成本，推动农商互联互动。

（四）培养本土人才是加强人才支撑的有效途径

人才是发展农村电商的关键支撑，人才的短缺也是目前农村电商发展的主要制约因素之一。由于城市资源的正向吸引，农村地区引进人才和留住人才的难度相对较大，因此培养本地的电商人才是加强人才支撑的有效途径。一是按照《陕西省职业技能提升行动实施（2019～2021年)》的文件要求，发挥补贴政策的激励作用，鼓励院校、企业和培训机构积极开班，重点培养实操技能，切实提高农村电商从业者的专业技能水平。二是以返乡青年、大学生"村官"、复转军人和返乡农民工为重点群体，整合商务、人社、农业等部门的电商培训项目，将电商实用技术列入继续再教育内容，结合不同人群需求开展针对性培训，并发挥示范带头作用，建立当地的电商人才队伍。三是要不断提高普通农户的线上经营能力。重点提高参与电商的意识和能力，通过线上线下结合的培训方式，在实际参与过程中加强对农村电商的了解和认识，提高自觉参与的积极性，为农村电商发展提供坚实的群众基础。

参考文献

崔春华：《上半年我省农产品网络零售额同比增长47.04%》，http：//gxt.shaanxi.gov.cn/zsxx/58029.jhtm，最后检索时间：2020年8月22日。

崔春华：《陕西省贫困村电商服务站覆盖率达59%》，《陕西日报》

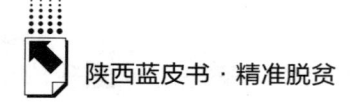

2019年3月7日,第2版。

丁延武、林东升:《疫情下四川农村电商发展对策》,《当代县域经济》2020年第8期。

胡明宝:《数字化赋能"陕货"出村进城,陕西"直播+电商+短视频"推进农产品销售》,http://www.farmer.com.cn/2020/05/26/99853801.html,最后检索时间:2020年9月14日。

刘芯靓:《补短板 强弱项 推进陕西省县乡村三级物流体系建设》,https://www.ishaanxi.com/c/2020/0609/1706283.shtml,最后检索时间:2020年9月9日。

农业农村部市场与信息化司、中国农业科学院农业信息研究所:《中国农业电子商务发展报告(2018)》,中国农业科学技术出版社,2019。

陕西省农业厅:《鲜食水果担当网销主力 水果加工品大有潜力——2019年陕西水果网络零售市场分析研究》,http://nynct.shaanxi.gov.cn/www/stzx7305/20200710/9724785.html,最后检索时间:2020年10月10日。

石永波:《物联网5G技术陕西农业农村信息化发展进入快车道》,https://www.sohu.com/a/306999123_120028023,最后检索时间:2020年10月10日。

西部网:《阿里京东拼多多都进军陕西农业》,https://baijiahao.baidu.com/s?id=1650145125886523696&wfr=spider&for=pc,最后检索时间:2020年11月14日。

西部网:《陕西果业集团30万吨果品冷藏库项目集中开工 总投资46亿元》,http://www.moa.gov.cn/xw/qg/202007/t20200717_6348833.htm,最后检索时间:2020年9月17日。

姚平:《电商助力脱贫攻坚》,http://esb.sxdaily.com.cn/pc/content/202005/25/content_726893.html,最后检索时间:2020年9月25日。

《〈农村电商人才报告〉:2025年人才缺口将达350万》,https://www.sohu.com/a/400949326_100117963,最后检索时间:2020年8月10日。

中国国际电子商务研究中心研究院:《中国电子商务发展指数报告(2017~2018)》,https://www.sohu.com/a/233437526_118392,最后检索时间:2020年5月30日。

B.19
陕西精准脱贫内生动力路径培育的案例研究[*]

魏雯[**]

摘　要： 脱贫内生动力从个人视角来看，主要体现的是人口自我发展能力的强弱；从区域发展的视角来看，主要指区域内部的资源禀赋条件与技术、文化等因素的有效结合，以促进区域经济发展达到更高水平均衡的内生增长路径。在陕西近几年的实践中，脱贫内生动力培育路径主要形成了内部引导、外部带动和内外结合三种类型。内部引导型的内生动力培育路径主要包括解决文化贫困、加强典型示范、发展人力资本三条具体路径。以发展产业为主要内容的外部带动型内生动力培育路径，主要包括壮大要素、整合资源、挖掘禀赋三条具体路径。除此之外，部分帮扶单位在内外两种内生动力培育路径下，结合发展条件，探索出了融合发展模式，把内部引导和外部带动有机衔接，凝聚为整体，具有借鉴和启发意义。报告以陕西近几年各地区培育脱贫内生动力的一些做法为典型案例，通过梳理内生脱贫动力的形成路径，提出下一步乡村振兴时期内生动力在人力资本、发展主体、产业支撑上的对策建议。

---

[*] 本文系国家社科基金项目（编号为17CJY043）的阶段性成果。
[**] 魏雯，陕西省社会科学院农村发展研究所助理研究员，研究方向为农村减贫。

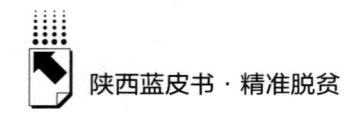

关键词： 乡村振兴　精准脱贫　内生动力　陕西

一　引言

党的十八大以来，习近平总书记强调坚持人民主体地位和注重激发内生动力，要求强化扶贫"造血"功能。2012年12月，在河北省阜平县考察扶贫开发工作时，习近平就已明确提出贫困地区发展的"内生动力"问题。他认为，"贫困地区发展要靠内生动力"。2017年习近平在全国深度贫困地区脱贫攻坚座谈会上指出："要加大内生动力培育力度，坚持扶贫同扶智、扶志相结合。"中共十九大报告中又指出："注重扶贫同扶志、扶智相结合。"2018年国务院扶贫办等多个部门联合发布了《关于开展扶贫扶志行动的意见》，进一步强调："加强扶贫扶志，激发贫困群众内生动力。"这一系列重要论述都对激发贫困群众内生动力提出了明确要求。只有切实挖掘贫困群众的内生动力，充分发挥其主动性、积极性、创造性，才能从根本上解决贫困问题，实现可持续脱贫，在更高起点上推进乡村全面振兴。

精准扶贫前期，由于扶贫工作时间紧迫、任务繁重，对贫困群众自我发展的内生动力激发不够，贫困地区出现了一些"干部干、群众看"、贫困群众"等靠要"、争当贫困户的现象。兜底保障、产业扶贫、社会帮扶等精准扶贫举措，是扶贫开发工作和脱贫攻坚战的实践基础，但若没有内生动力，巩固贫困地区脱贫成果就不可能实现，更做不好下一步乡村振兴战略实施工作。鉴于此，本文以陕西近几年各地区培育脱贫内生动力的一些做法作为典型案例，通过梳理内生脱贫动力的形成路径，对于巩固脱贫攻坚战成果，厚植欠发达地区和低收入农民的内生动力，防止贫困群众再次返贫，实施乡村振兴战略具有重要意义。

二 案例分析

精准扶贫不仅仅体现为经济目标,更多的是一种社会目标。脱贫内生动力从个人视角来看,主要体现的是人口自我发展能力;从区域发展的视角来看,主要指区域内部的资源禀赋条件与技术、文化等因素的有效结合,提升区域经济发展水平,提高居民生活质量的内生增长路径。在陕西近几年的实践中,脱贫内生动力培育路径主要形成了内部引导、外部带动和内外结合三种类型。

(一)内部引导型的内生动力培育路径

扶贫先扶志、治穷先治愚的扶志扶智工作是内生动力培育的基础,也是从微观个体视角培育内生动力的主要路径。陕西通过开展扶志扶智等一系列举措,着力补齐贫困群众的"精神短板",通过激发贫困家庭内生动力,增强精准扶贫工作软实力。内部引导型的内生动力培育路径主要包括解决文化贫困、加强典型示范、发展人力资本三条具体路径。

1. 解决文化贫困

贫困文化是贫困群体中独有的一种文化,是存在于主流秩序下的一种亚文化,这种亚文化表现为贫困群体无法实现现有道德和规范下宣扬的价值观和目标,从而形成边缘化群体。打破农村贫困亚文化,本质上就是要打破社会对贫困边缘群体拒斥、隔绝的关系,形成集体摆脱贫困的意识。

安康市旬阳县用德治、法治与自治"三治融合"的思路和做法,推动"诚孝俭勤和"的新民风建设,促进贫困群体与集体的融合,解决文化贫困问题。德治上,旬阳县通过"道德评议"激发群众内生动力,转变贫困户"等靠要"思想,破解扶志难题。旬阳县以村民自治为基本原则,逐步探索制定出群众"自治自管"的村内"道德评议"机制,包括"群众说、乡贤论、榜上亮"三步骤。以村、社区为基本单位,群众推选以老党员、老干部、道德模范、人大代表、政协委员等"乡村精英"为代表的道德评议委员会,全县共6376名代表组成305个委员会,通过建立的村规民约评议基层治理中的矛盾纠纷、帮教转化、先进典型。在德治基础上,旬阳县坚持基层治理制度自治化,群众广泛参与讨论修订本村"自治章程"和"村规民约",促进群众知法守规,例如,桐木镇石板沟村针对红白喜事攀比风气,重新修订村规民约,村民除婚丧嫁娶外,其他事项不得置办酒席,人情随礼直系亲属最高不超过200元,普通宾客不超过100元,减轻群众负担,引导社会文明新风气。通过道德评议、制度化自治机制,旬阳县促进个体意识逐步融入集体意识,推动思想观念的转化。

咸阳市礼泉县开展200多场次"文艺走基层,欢乐乡村行"扶贫扶志文艺志愿活动。礼泉县取材礼泉脱贫攻坚的真实故事,创作扶贫小戏,以寓教于乐的方式,提升群众精神文化力量,激发群众脱贫内生动力,鼓励贫困户树立脱贫志向。

2. 加强典型示范

在亚文化群体中,个体在与同群体的交流中,意识形态、行为方式不断固化成形,容易强化贫困亚文化在个体意识中的地位,逐步形成思想控制。在实践中,表现为贫困群体甘于现状、缺乏脱贫积极性和主动性。陕西在内生动力培育中,注重通过树立先进典型,加强示范作用等方式,打破贫困亚文化的固化过程。陕西在树立典型激发贫困户内生动力的具体做法上,有两种方式:一是模范表彰,引导多数人向少数人学习,激发模仿跟随的榜样力量,形成"羊群效应";二是评星激励,鼓励贫困户发挥所长,各补短板,相互学习,相互激发。

铜川市宜君县将脱贫致富贫困户纳入全县道德模范表彰，在全县树立致富典型，通过宣讲活动引领、激励贫困群众发展产业，实现增收脱贫。一是宜君县每年表彰脱贫典型模范，并通过"现身说法"的方式，举办道德讲堂巡讲活动，讲述自身脱贫事迹，用榜样的力量激发贫困群众内生发展动力；二是全县广泛开展"好家庭""十星级文明户"等评选活动，以群众身边的榜样传播脱贫光荣的价值观。

安康市白河县不仅针对贫困户制定了评星激励的办法，并创新性地结合帮扶干部管理，对帮扶干部建立监督办法，加强典型示范的制度效应。白河县麻虎镇探索实行《贫困户"六星激励"和帮扶干部"三牌警示"管理办法》，以季度为单位，从弘扬新风、环境整治、遵纪守法、勤劳致富、政策知晓、交友帮扶六方面对在册贫困户实行星级评议管理，提高贫困户脱贫的积极性和主动性，根据贫困户授星情况，对帮扶工作实行"红黄绿"三牌警示，细化帮扶工作，为贫困户脱贫指明发展路径，同时，结果作为年度脱贫攻坚模范评选的依据，树立帮扶干部典型模范，促进帮扶干部间的相互学习，激发帮扶工作的内生动力。

3. 发展人力资本

贫困地区人力资本相对匮乏，主要原因是中国长期以来城乡二元结构导致对农村投资较少，表现为农民在知识、技能和健康等方面带来的收益回报较低。习近平强调的"志智双扶"中，最重要的一方面就是加大贫困地区教育投资，包括学历教育和技能教育。陕西各县在近几年的实践中，形成了特色不一的人力资本投入路径，主要包括咨询服务、技能培训和教育帮扶。

在咨询服务和技能培训上，商洛市柞水县在9个镇开设65个"新农民讲习所"，按照"群众缺什么，讲习所补什么"的原则搭建讲习平台，组建了专家学者、党员干部、乡贤能人、脱贫模范等168人的讲习团队，用方言、山歌等形式，深入田间地头，为贫困群众讲授农业技术、法律知识、健康医疗等内容；咸阳市泾阳县在脱贫攻坚中注重提升贫困群众健康和技能等人力资本培育，开展了义诊、农业技术、教育政策、卫生保健知识、法律知识等现场咨询服务，并创新技能培训方式，组织专家深入田间地头，进行农技示范指导、病虫害防治讲解等，有效提升贫困群众技能水平，增强贫困群众脱贫致富的信心和决心。

教育帮扶上，略阳县建立建档立卡贫困学生帮扶机制，"认领"留守儿童和残疾儿童，自2016年起，略阳1710名教师结对帮扶4212名建档立卡贫困学生，从学前教育到高中，建立帮扶台账，落实资助；柞水县由于地处秦巴山区，人口居住分散，为控辍保学创新"双线工作法"，线上户籍比对学生学籍、扶贫资助情况，线下走村入户逐人核实学生就读情况，并分派9个工作队赴全国寻找县外就读儿童，摸清全县6～15岁义务教育阶段19083名少年儿童接受教育情况，实现摸排情况"一个不漏"，在此基础上，对建档立卡残疾智障、患病学生送教上门，对厌学学生开展"兴趣爱好小社团"活动，对经济困难学生全面覆盖"两免一补一计划"资助政策。

（二）外部带动型的内生动力培育路径

习近平认为，贫困地区发展必须要有内生动力，仅凭救济和简单地改变村容村貌，不能实现稳固脱贫。他强调了发展产业的重要性，"一个地方必须要有产业，有劳动力，内外结合才能发展"。陕西在扶志扶智的举措之上，着力发展贫困地区特色产业，通过精准识别区域资源优势，确定县域特色产业体系，增强精准扶贫工作的硬实力。外部带动型的内生动力培育路径主要包括壮大要素、整合资源、挖掘禀赋三条具体路径。

1. 壮大要素型

宝鸡市陇县地处陕西西部，地处六盘山集中连片特困地区，是国家扶贫重点县，产业一直相对薄弱。基于陇县有发展乳产业的历史和基础，近几年陇县在产业扶贫中，举县兴乳，通过坚持做大做强乳产业，把贫困户吸引到乳产业链中，培育壮大全县产业发展内生动力。陇县以和氏乳业、关山乳业两家龙头企业为引领，获评国家奶牛养殖标准化示范区；在羊乳粉标准化领域，建立的小羊妙可实验室通过CNAS认可，和氏乳业牵头制定陕西羊乳粉质量地方标准，建设省级羊乳研究中心，以标准化推动产业进入中高端领域。在发展乳产业的同时，陇县引导贫困户全产业链参与羊乳产业，扶贫模式采取分户扩群、入股分红、基地带动、饲草养殖、就业务工、技术支持等多种途径，确保贫困户各自发挥所长，参与到产业扶贫中，增强自我发展能力。

2. 整合资源型

柞水木耳是国家地理标志产品，但是柞水县木耳产业受制于资金、技术等多种原因，一直难以破解"小、散、弱"的发展困境，规模化、产业化、市场化进程缓慢。柞水县通过建立产业示范基地，建设社川河流域木耳产业带，带动全县52个村发展木耳产业。在产业链的整合壮大中，政府从生产前端入手，在税收优惠方面，上门服务生产木耳的民营企业，对自产自销农产品免税优惠，并开展税收政策辅导和办理增值税优惠备案，助力企业发展壮大；在销售端方面，柞水县扶持"秦岭天下"柞水木耳网络销售电商企业，打开木耳网络销售平台，一夜销售最高达24吨。柞水县通过木耳产业全产业链的整合壮大，使栽培、销售分散的木耳产业成为全县脱贫致富的支柱产业，带动5933户贫困户参与到产业扶贫中。

3. 挖掘禀赋型

2016年太白县贫困发生率为23.28%，作为仅有5万人口的陕西海拔最高的县，既拥有得天独厚的生态资源，也有地理偏僻、交通不便和环境保护的压力。太白县耕地多分布于海拔1500米左右的高山地带，年平均气温 7.7℃，不适宜种植粮食作物，但具备种植高山反季节无公害蔬菜和有机农产品的最佳自然条件。太白县充分利用自然环境优势，挖掘独特的禀赋条件，制定《"十三五"蔬菜产业发展规划》以及《太白县蔬菜产业奖励扶持办法》，重点扶持园区、龙头企业、合作社等经营主体带领贫困村和贫困户发展高山蔬菜，推动标准化基地建设。在做精做深蔬菜产业方面，与西北农林科技大学联合成立全国唯一高山蔬菜研究院，充分利用智慧农业和绿色农业技术，注重高端产品消费市场，在供港蔬菜基地建立农业物联网监测体系，按照绿色无公害标准种植，建立蔬菜质量追溯体系，17 个蔬菜品种获得国家绿色食品 A 级认证以及欧盟、美国有机蔬菜认证，填补了陕西保鲜蔬菜出口的空白。全县高山蔬菜种植面积年均在 10 万亩左右，产量达 45 万吨，产值 4.5 亿元，贫困发生率降至 2019 年年末的 0.57%。太白县通过挖掘本地自然禀赋条件，实现了发展现代农业的致富增收之路，是贫困落后地区"绿水青山变成金山银山"的实践典范。

（三）内外结合型的内生动力培育路径

以志智双扶为主的内部引导型内生动力培育路径，和以产业发展为主的外部带动型内生动力培育路径，两者是贫困地区内部经济社会运行与对外经济发展的有机联系，两者相互影响、相互促进。陕西自开展精准扶贫工作以来，通过挖掘人力资本价值和有效利用扶贫资金，实现了人的观念转变和区域经济快速发展、贫困发生率大幅下降的目标。部分帮扶单位在内外两种内生动力培育路径下，结合发展条件，探索出了融合发展模式，把内部引导和外部带动有机融合，凝聚为整体，具有借鉴和启发意义。

陕西职业技术学院是陕西省示范性高等职业院校，利用本身产教融合、校企合作的优势，在与结对帮扶的定边县和"两联一包"的子洲县艾家河村的扶贫帮困工作中，探索内外结合型的内生动力培育路径。

在内部引导上，陕西职业技术学院从三方面入手，一是针对贫困地区人力资本落后，特别是技能型人才较少的困境，在定边县开展多专业的职业技能提升培训和支教活动；二是充分发挥以教学名师、行业企业技术骨干为专业带头人的教育资源优势，邀请专家和选派骨干教师深入包村贫困户中间，手把手培训贫困户果树和中药材种植技术和管理技术；三是确保贫困学生无人因贫辍学，2019年获得陕西省优秀学生资助工作单位。

在外部带动上，陕西职业技术学院在人才需求和培养基础上，把帮扶资金和发展人力资本与产业基础相结合，通过资金，撬动人才培养和产业发展的活力，实现内生动力激发与培育。一是利用帮扶资金91万元在定边县职业教育中心建成以培训实用技术为主的"金钥匙"人才工程和"产学研"一体化示范基地，更好地培养技能型人才；二是在子洲县艾家河村搭建电子商务平台并进行网络销售培训，支持村办合作社拓展销售渠道，贫困户增收20余万元，并在校内举办帮扶区县优质农产品进校园展销推介活动，开展以购代捐消费扶贫，激发产业发展活力，在培训产业技能基础上，建设平台，支持发展产业链下游；三是为帮扶村农产品的包装、市场运营、经营管理和产品升级提供咨询服务，提供产业发展软实力支持；四是积极建设帮扶村的水利基础设施和信息基础设施，2018年在子洲县艾家河村投入43万余元建设高山苹果灌溉项目，受益农户60余户，接入了互联网光纤宽带，建立党建活动室，对村容村貌进行了基础设施提升。

三 构建乡村振兴的内生动力

伴随全面建成小康社会历史目标的完成，构建以乡村振兴为目标的内生动力，不仅是下一步"三农"工作的重点，也是乡村经济可持续发展的内在要求。与脱贫攻坚时期的内生动力不同，乡村振兴要求的内生动力在人力资本、发展主体、产业支撑上具有自主性和高标准的特点。

（一）持续提升人力资本质量

义务教育阶段对人力资本的培养具有基础性、非替代性和高回报性的重要作用。欠发达地区义务教育质量对于培养少年儿童身体健康、认知能力和非认知能力具有重要意义，是阻断贫困代际传递的关键时期。但是与发达地区相比，欠发达地区义务教育普遍呈现水平较低的特征，进入"十四五"时期，需要继续扩大双语教师特岗计划名额，持续开展东中部地区师范院校大学生支教活动，加强省内优质教师资源轮岗交流，鼓励返聘发达地区退休教师讲学授课。职业教育是在义务教育的基础上，直接影响农民就业能力和收入水平的关键环节，要增强县级职业教育办学能力，鼓励社会资本投入，推动职业教育办学体制改革；加强职业教育专业和区域经济发展的契合度，建立具有鲜明地方特色的实用技能专业；政府可以通过购买服务方式，推动县级职业院校常态化开展低收入群体技能培训活动，提高低收入群体人力资本。

（二）巩固企业市场主体地位

企业和农户作为乡村经济活动的主体，是重要的微观基础和内生动力源泉。为县域企业、村镇企业改善营商环境，突出欠发达地区企业市场主体地位，是激发乡村经济活力、增加农民收入渠道的基础。特别是受2020年新冠肺炎疫情的影响，部分区县小微企业生产经营活动遭遇重创，凸显出欠发达地区在经济发展上的薄弱环节。具体来讲，一是加大对县镇企业扶持力度，简化施工许可证制度，落实减税降费制度，降低民营企业市场准入门槛，鼓励民间资本新业态发展；

二是做大做强本土优势企业，政府部门要积极服务具有发展潜力的优势企业与终端市场对接，延长产业链，提升产品竞争力，借助网络平台、新媒体技术等手段推广本土企业和优势产品；三是做好招商引资工作，鼓励优势互补企业落地投资，培育壮大市场主体。

（三）加快推进农村三产融合

乡村振兴的关键是产业振兴，人力资本提升和增强企业在市场中的话语权都是为产业振兴打下扎实基础。在脱贫攻坚中，贫困地区已经初步建立了区域特色主导产业体系，但是仍然存在一产过大，二产、三产发展较弱的问题。产业振兴最重要的是如何将产业链尽量多地留在乡村，如何将价值链中的增值环节留在乡村，只有融合三产发展，才能真正做大做强乡村产业，实现产业兴旺、农业增效、农民增收。建议政府出台政策鼓励支持现代农业科技向农业全产业链的渗透，鼓励新业态的出现；加快农村产权制度改革，建立产权交易市场，激活农村集体资产使用效益；有规划、有步骤地推动农村人居环境治理，以乡村旅游带动产业发展；加大对新型农业经营主体的扶持力度，推动农业规模化经营、集约化管理，提高农业产业规模效应。

参考文献

陈鹏、王晓利：《"扶智"与"扶志"：农村职业教育的独特定位与功能定向》，《苏州大学学报》（教育科学版）2019年第4期。

陈子真：《内生性脱贫动力差异化路径培育研究——基于48个案例的模糊集定性比较分析》，《经济问题探索》2020年第4期。

习近平：《给"国培计划（二○一四）"北师大贵州研修班参训教师的回信》，《人民日报》2015年9月10日，第1版。

习近平：《在北京市八一学校考察时的讲话》，《人民日报》2016年9

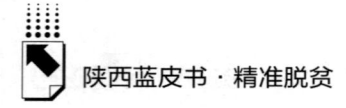

月 10 日，第 1 版。

习近平：《二〇一七年春节前夕赴河北张家口看望慰问基层干部群众时的讲话》，《人民日报》2017 年 1 月 15 日，第 1 版。

中共中央党史和文献研究院：《习近平扶贫论述摘编》，中央文献出版社，2018。

朱文韬、栾敬东：《农村产业融合发展的影响因素与路径选择——基于安徽省巢湖市 12 乡镇的模糊集定性比较分析》，《云南民族大学学报》（哲学社会科学版）2020 年第 5 期。

B.20
陕西新型农业经营主体高质量发展研究

黄懿*

摘 要: 新型农业经营主体高质量发展,是打赢脱贫攻坚战、推进乡村振兴的重要抓手,对推动农业供给侧结构性改革、实现农业农村现代化、增强农业农村发展新动能具有重要意义。陕西新型农业经营主体在规模、融合发展、带动效应、支持政策等方面取得了一些成效,但仍存在发展不平衡不充分、产业链条不完整、要素投入支撑不够、经营管理有待规范等问题。进一步推动新型农业经营主体高质量发展,需要营造良好发展环境、增强服务带动能力、健全要素投入机制、提升新型农业经营主体及其经营者的素质。

关键词: 新型农业经营主体 高质量发展 陕西

新型农业经营主体包括家庭农场[①]、农民合作社、农业产业化龙头企业等,规模化、集约化、组织化程度高,是打赢脱贫攻坚战、推

---

* 黄懿,陕西省社会科学院农村发展研究所助理研究员,博士,研究方向为可持续发展。
① 2019年,中央农办、农业农村部、国家发展改革委等部门和单位联合印发的《关于实施家庭农场培育计划的指导意见》指出"把符合条件的种养大户、专业大户纳入家庭农场范围",因此本文不对种养大户和专业大户做单独研究。

进乡村振兴的重要力量。新型农业经营主体高质量发展，对推动农业供给侧结构性改革、实现农业农村现代化、增强农业农村发展新动能具有重大意义。近年来，陕西新型农业经营主体在促进农业适度规模经营、带动农民就业增收等方面发挥了积极作用。

一 发展现状

（一）规模不断扩大

新型农业经营主体数量稳步增加，生产经营能力和带动能力不断提升。目前，全省省级以上农业产业化重点龙头企业共607家，其中，国家级龙头企业35家。家庭农场1.72万家，示范家庭农场1828家。农民合作社6.1万家，其中，国家级示范社290家，省级示范社1142家、百强社326家，入社农户285万户，带动非社员农户390.3万户、建档立卡贫困户15.5万户[1]，基本实现行政村、主导产业和产业农户全覆盖。示范社创建工作取得重要进展，规范运行水平大幅提高，服务能力显著提高。同时，以高素质农民[2]为代表的新型农业经营主体经营者队伍也不断壮大。截至2018年底，陕西省共有1063人获得高素质农民证书，其中，男性918人，占86.36%，大专及以上文化程度591人，占55.60%[3]。

（二）融合发展态势较好

家庭农场与农民合作社联系愈加紧密，合作社成员中，专业大户

---

[1] 农业农村部：《中国农村经营管理统计年报（2018年）》，中国农业出版社，2019。
[2] 实践中，出现了"高素质农民""高级职业农民"等多种提法，本文参照《农业农村部办公厅关于做好2020年高素质农民培育工作的通知》，以"高素质农民"为主。
[3] 陕西省农业农村厅，新型经营主体，http：//222.90.83.241：9001/agriresources/？source＝management，最后检索时间：2020年10月19日。

及家庭农场类型占比为6.47%，高于全国3.0%的平均水平。农民合作社提供技术、农资供应、农产品销售和资金等综合能力明显提升，提供产加销一体化服务的合作社达53.49%，2311个合作社实施了标准化生产，3162个合作社拥有注册商标，1291个合作社通过农产品质量认证。农民合作社领域不断拓宽，1261个合作社开展了农村电子商务，210个合作社发展了休闲农业和乡村旅游。从农民合作社的牵头主体来看，企业、基层农技服务组织牵头的合作社占比为5.34%，高于3.8%的全国平均水平，社会多元融合参与新型农业经营主体发展的态势已成[1]。

（三）带动效应明显

新型农业经营主体通过经营模式创新、产业链条延伸、经营规模扩张，为农户尤其是贫困户提供就近就业的机会，拓宽了增收渠道。同时，积极创新健全新型农业经营主体带贫助贫机制，通过资金入股、土地入股、劳力入股等方式，盘活资源，并采取"工资+分红"等分配方案，确保贫困户稳定持续增收，更多地分享发展红利。2018年，农民专业合作社统一组织销售农产品247.45亿元，经营收入达154.6亿元，按股分红5.4亿元[2]。此外，新型农业经营主体进一步提升了贫困户的自我发展能力，通过技术指导、优良品种引进、品牌化营销，提高农产品的产量和质量，降低了生产成本，提高了贫困户参与市场竞争的能力。其中，朱鹮湖果业专业合作社、韩家湾扶贫互助合作社、文同村扶贫互助合作社、周家坎扶贫互助合作社组成的洋县朱鹮湖产业联合体，辐射带动周边21个行政村脱贫致富；汉阴平梁镇太行村通过"党支部+村集体股份经济合作社+农民专业合作

---

[1] 农业农村部：《中国农村经营管理统计年报（2018年）》，中国农业出版社，2019。

[2] 农业农村部：《中国农村经营管理统计年报（2018年）》，中国农业出版社，2019。

社+农户"模式，因地制宜发展茶叶、花椒、西门塔尔牛等特色产业，带动贫困户增收致富。

（四）支持政策不断完善

相关职能部门都将新型农业经营主体纳入强农惠农政策支持范围，在项目安排、资金扶持、信贷支持等方面予以倾斜。2018年，合作社获得各级财政扶持资金2.94亿元，309个合作社承担了国家涉农项目，1268个合作社获得了农业部门扶持[①]。中共陕西省委农村领导小组办公室、陕西省农业农村厅等16个部门联合印发了《关于实施家庭农场培育计划的若干措施》，加快家庭农场培育高质量发展。积极开展了合作社质量提升整县试点、农民专业合作社百强示范社认定、农民合作社发展典型模式调研撰写和推荐、农民合作社农社对接和电子商务试点等工作。目前，岐山县、延川县、丹凤县、礼泉县、华州区、留坝县共6个县（区）入选全国农民合作社质量提升整县推进试点单位。陕西省教育厅、陕西省农业农村厅联合启动了高素质农民学历提升行动计划，鼓励符合条件的现职农村"两委"班子成员、新型职业农民、乡村社会服务组织带头人、农业技术人员、乡村致富带头人等报考，并对入学后的高素质农民在土地流转、产业政策、金融信贷等方面给予支持。

二 存在的问题

新型农业经营主体发展虽取得一定成效，但仍存在发展不平衡、不充分、实力不强等问题，面临诸多短板和制约，难以促进脱贫攻坚与乡村振兴有效衔接，难以满足农业农村现代化的要求。

---

① 农业农村部：《中国农村经营管理统计年报（2018年）》，中国农业出版社，2019。

（一）发展不平衡、不充分

区域差异明显，新型农业经营主体主要集中在关中地区，占50%以上，陕北和陕南基本持平（见图1），渭南、榆林和宝鸡分别以556个、482个和414个位列前3（见表1）。

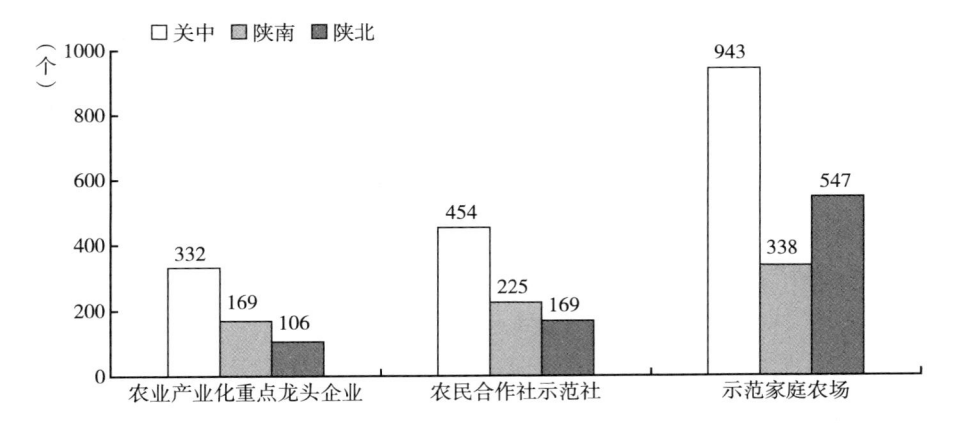

图1 陕西新型农业经营主体区域分布情况

资料来源：陕西省农业农村厅，新型经营主体，http://222.90.83.241:9001/agriresources/?source=management，最后检索时间：2020年10月19日。

表1 陕西各市（区）新型农业经营主体情况

单位：个

地区	农业产业化重点龙头企业	农民合作社示范社	示范家庭农场
西安市	62	59	155
铜川市	14	31	54
宝鸡市	69	108	237
咸阳市	71	90	164
渭南市	98	152	306
延安市	31	72	237
汉中市	68	87	157
榆林市	75	97	310

续表

地区	农业产业化重点龙头企业	农民合作社示范社	示范家庭农场
安康市	66	65	129
商洛市	35	73	52
杨凌区	18	14	27

资料来源：陕西省农业农村厅，新型经营主体，http://222.90.83.241:9001/agriresources/? source = management，最后检索时间：2020年10月19日。

关中、陕北从事种植业的家庭农场占比较高，分别达65.85%、50.27%；其中，渭南、杨凌的占比高达74.84%、77.78%。陕南从事种植业、畜牧业的家庭农场占比相对接近，分别为43.20%、34.62%；其中，安康从事畜牧业的家庭农场达44.96%（见表2）。农民合作社示范社以种植业为主，关中、陕南、陕北占比分别达68.28%、52.89%、60.95%；其中，渭南、咸阳、延安的占比高达七成以上。陕南的畜牧业合作社相对较多，占比为28.89%，商洛达35.62%（见表3）。

表2 陕西示范家庭农场经营类型分布

单位：个

地区	种植业	畜牧业	渔业	种养	其他
西安市	94	28	1	17	15
铜川市	31	15	0	7	1
宝鸡市	144	62	1	19	11
咸阳市	102	34	4	20	4
渭南市	229	41	1	28	7
延安市	159	34	1	38	5
汉中市	72	40	7	37	1
榆林市	116	33	2	157	2
安康市	49	58	3	15	4
商洛市	25	19	0	5	3
杨凌区	21	5	0	1	0

续表

地区	种植业	畜牧业	渔业	种养	其他
关中	621	185	7	92	38
陕南	146	117	10	57	8
陕北	275	67	3	195	7

资料来源：陕西省农业农村厅，新型经营主体，http：//222.90.83.241：9001/agriresources/？source＝management，最后检索时间：2020年10月19日。

表3 陕西农民合作社示范社经营类型分布

单位：个

地区	种植业	畜牧业	林业	农机	民俗工艺	加工业	渔业	其他
西安市	37	15	5	2	0	0	0	0
铜川市	17	5	7	1	0	0	1	0
宝鸡市	61	21	15	4	4	1	1	1
咸阳市	66	14	1	6	3	0	0	0
渭南市	116	21	7	0	5	0	0	3
延安市	52	10	7	1	0	0	1	1
汉中市	51	18	13	2	1	1	0	1
榆林市	51	22	14	3	0	4	2	1
安康市	36	21	3	1	1	2	1	0
商洛市	32	26	7	0	1	6	0	1
杨凌区	13	1	0	0	0	0	0	0
关中	310	77	35	13	12	1	2	4
陕南	119	65	23	3	3	9	1	2
陕北	103	32	21	4	0	4	3	2

资料来源：陕西省农业农村厅，新型经营主体，http：//222.90.83.241：9001/agriresources/？source＝management，最后检索时间：2020年10月19日。

农业产业化龙头企业发展质量有待提高，目前仍然处在提质增效、追赶超越的重要阶段，对农业农村发展的带动作用需进一步加强。农业农村部第九次监测合格农业产业化国家重点龙头企业有

1120家，陕西34家，比第1名山东少44家，比河南、四川、湖北分别少18家、24家、5家。农民日报社《2019中国农业产业化龙头企业500强排行榜》中，陕西仅有8家企业，其中，陕西石羊（集团）股份有限公司最强，也仅排在第121位，其税后利润仅为第1名的12%。

（二）产业链条不完整

种植业是农民合作社与家庭农场的主要从业类型。示范家庭农场中，57%的从事种植业，20.19%的从事畜牧业。在农民合作社中，种植业占50%、畜牧业占30%，服务业只占5%（见图2），且以植保服务为主，提供金融保险服务的只有17家。从事加工、储藏、农资经营、农技经营、动物防疫、农业信息研究及推广的高素质农民仅54人，占比不到0.05%，而从事种植业的高素质农民占比达62.46%[①]。

（三）要素投入支撑不够

各类新型农业经营主体融资难、融资贵、风险高等问题仍然突出，财税、金融、用地等方面扶持政策不够具体，倾斜力度不够。全省1005个乡镇，仅83个单独设置农经机构，农业农村部门指导服务能力亟待提升。资源盘活方式有待创新，合作社中以土地经营权出资的成员占比仅为2.26%，低于全国12.12%的平均水平。受农村社会保障体系不够完善等因素影响，农村集体产权制度改革、城镇化等让农户在共享发展成果的同时，也使农户产生了对"失地"的担忧，部分农户存在"不愿流转、不敢流转"的思想，制约了新型农业经营主体经营规模的扩大。经营耕地100亩以上的农户数占比仅为

[①] 陕西省农业农村厅，新型经营主体，http://222.90.83.241:9001/agriresources/?source=management，最后检索时间：2020年10月19日。

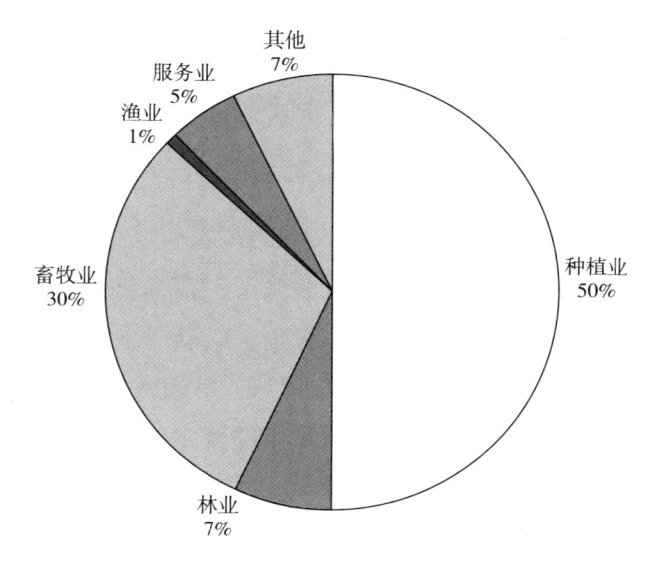

其他 7%
服务业 5%
渔业 1%
畜牧业 30%
种植业 50%
林业 7%

图 2　陕西农民合作社经营类型

资料来源：农业农村部《中国农村经营管理统计年报（2018年）》，中国农业出版社，2019。

0.21%，比全国低 0.39 个百分点。同时，基础设施配套落后，也影响了新型农业经营主体的快速发展。陕北、渭北旱塬等地缺水严重，陕南地质灾害频发、地形条件差、交通不便，在一定程度上增加了生产成本、经营成本。

（四）经营管理有待规范

家庭农场仍处于起步发展阶段，部分农民合作社运行不够规范，社会化服务组织的服务能力不足、服务领域拓展不够。家庭农场大多是家庭管理，日常运营不规范，内控机制不健全，财务管理等制度缺失，难以符合金融机构的信贷要求，难以获得金融支持。部分合作社由村领导班子带领，观念陈旧、管理方式落后，合作社运行效果不佳，甚至难以正常开展经营活动，内部运行不规范、合作社章程制度形式化等现象也存在。

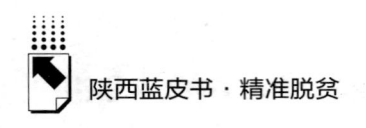

三 高质量发展的形势及展望

2020~2021年是"两个一百年"奋斗目标的历史交汇期，也是打赢脱贫攻坚战和实施乡村振兴战略的衔接期。在经济下行压力加大、国际环境发生深刻变化的复杂形势下，深入推进农业供给侧结构性改革，确保国家粮食安全、食品安全，给新型农业经营主体高质量发展带来了契机，也提出了新要求。目前，金融支持、产业项目、法律建设、税收优惠等方面支持新型农业经营主体高质量发展的政策体系已初步形成。国家印发了《关于加快构建政策体系培育新型农业经营主体的意见》《关于实施家庭农场培育计划的指导意见》《新型农业经营主体和服务主体高质量发展规划（2020~2022年）》等政策文件，陕西相应出台了《关于实施家庭农场培育计划的若干措施》等实施方案，确保相关政策落地。党中央、国务院高度重视新型农业经营主体发展，并将推动新型农业经营主体高质量发展作为重要战略考虑。同时，随着新一轮农村改革深入推进，我国农业生产布局、组织方式、动力结构均发生深刻变化。强农惠农富农政策日益完善、力度明显加大，对农业产业化组织的支持力度不断加大，各类新型农业经营主体迎来了快速发展的新时代。

四 对策建议

（一）落实责任协同推进，营造良好发展环境

强化农业农村、市场监管、人民银行、教育、商务、财政等多部门协作，统筹指导、协调推动新型农业经营主体高质量发展。加强科研院所和职能部门合作，围绕工商资本下乡、用地、金融支持、产业

转型升级等重点难点，积极开展基础研究，用足用好国家各项强农惠农政策，提出因地制宜、可操作的推动新型农业经营主体高质量发展的政策及实施方案。完善基层农经体系建设，确保支持新型农业经营主体高质量发展的各项工作抓细抓实。完善激励机制，充分发挥新兴媒体和传统媒体的宣传作用，加快构建"农民主体＋政府引导＋社会参与"的发展格局。

（二）增强新型经营主体服务带动能力

引进、培育大型领军企业和上市龙头企业。不断促进新型农业经营主体的融合发展，引导家庭农场领办或加入农民合作社，积极促进农民合作社联合与合作，积极与龙头企业、社会化服务组织建立利益联结机制，增强市场竞争力和抗风险能力。鼓励加强农产品初加工、仓储物流、技术指导、市场营销等关键环节能力建设，合力打造农业生产、加工、物流、销售等全产业链，推进农村三次产业融合发展。鼓励利用资源禀赋，开展绿色食品、有机食品、地理标志农产品认证和区域公用品牌建设。鼓励发展设施农业、休闲农业、智慧农业、电子商务等新产业新业态。加快区域性农业生产性服务平台建设，鼓励通过单环节托管、多环节托管、关键环节综合托管和全程托管等模式，发展农业生产托管服务，提升对小农户的覆盖率。鼓励积极参与农业废弃物处理、农村厕所粪污、生活垃圾处理及资源化利用的基础设施建设和运营，参与乡村文化建设。鼓励有条件的新型农业经营主体参与实施高标准农田建设、农技推广、现代农业产业园等涉农项目。

（三）创新引领，健全要素投入机制

不断完善财政补贴、信贷支持、保险保障等政策，引导新型农业经营主体采用先进科技和生产手段，开展标准化生产，提高产品及服

务的产量和质量。整合资金，综合采用政府购买服务、以奖代补、先建后补等方式，加大对新型农业经营主体的支持力度。切实落实各级政府各个部门推动新型农业经营主体高质量发展的优惠政策。加快各级投融资担保平台建设，创新农业信贷担保体系；鼓励金融机构针对新型农业经营主体开发专项信贷产品，开展新型农业经营主体信用等级评价。总结推广耀州农村信用合作社"一卡通"担保信用贷等典型经验。稳步开展农民合作社内部信用合作试点。发展农业互助保险，扩大农业保险覆盖面，满足新型农业经营主体多层次、多样化的风险规避需求。

加快农业农村生产经营、管理服务数字化改造，全面提升农业农村生产智能化、经营网络化、管理高效化、服务便捷化水平，用数字化驱动新型农业经营主体高质量发展。鼓励各地利用新型农业经营主体信息直报系统，推进相关涉农信息数据整合和共享。

（四）全面提升新型农业经营主体和经营者素质

积极开展农民合作社质量提升整县推进试点、家庭农场协会或联盟试点。健全新型经营主体动态管理体系，完善名录管理、退出机制等制度建设，加快数据库建设，实现智能预测、监测。引导广大农民和各类人才创办家庭农场，加大示范家庭农场创建力度，组织开展家庭农场典型案例的总结、宣传活动，切实发挥示范带动作用。

不断提升新型农业经营主体培育的灵活度、有效性，大幅改善培育条件、整合培育资源，大力开展高素质农民、新型农业经营主体带头人的线上线下培训，提高技能水平和经营管理水平。加强农技推广和公共服务人才队伍建设，支持农技人员在职研修，优化知识结构，增强专业技能，引导鼓励农科毕业生到基层开展农技推广服务。

参考文献

国家统计局陕西调查总队：《陕西脱贫攻坚成效调研报告》，http：//www.shaanxi.cn/jjxj/dcbg/FZfe2i.htm，最后检索时间：2020年10月19日。

郭芸芸、胡冰川、方子恒：《2019中国新型农业经营主体发展分析报告（一）——基于农业产业化龙头企业的调查和数据》，http：//www.farmer.com.cn/2019/02/22/99157407.html，最后检索时间：2020年10月19日。

陕西省统计局：《乡村振兴战略投资情况调研报告》，http：//www.shaanxi.cn/jjxj/sxsd/rdwdxj/bQv2Ij.htm，最后检索时间：2020年10月19日。

杨久栋、纪安、彭超、饶静：《2019中国新型农业经营主体发展分析报告（二）——基于农民合作社的调查和数据》，http：//www.farmer.com.cn/2019/02/23/838133.html，最后检索时间：2020年10月19日。

B.21
陕西发展壮大农村集体经济的问题与对策研究

冯煜雯*

摘 要: 农村集体经济是整个农村经济的重要组成部分,发展壮大农村集体经济是加快农村产业结构调整、促进农村经济向更高层次和更高水平发展的现实需要。陕西省集体经济起步较晚,发展速度较快,但发展能力普遍偏弱、收益偏低,空壳村占比49.5%,薄弱村占比39.3%。本报告针对陕西省农村集体经济发展现状、存在问题进行深入分析,提出对策建议。

关键词: 农村集体经济 农村集体产权 陕西

农村集体经济是整个农村经济的重要组成部分,发展壮大农村集体经济是加快农村产业结构调整、推进农业产业化经营、健全社会化服务体系、促进农村经济向更高层次和更高水平发展的现实需要。习近平总书记在中央扶贫开发工作会议上强调"要通过改革创新,让贫困地区的土地、劳动力、资产、自然风光等要素活起来,让资源变资产、资金变股金、农民变股东,让绿水青山变成金山银山"。2018

---

* 冯煜雯,陕西省社会科学院农村发展研究所助理研究员,在读博士,研究方向为管理科学与工程。

年中央一号文件提出，深入推进农村集体产权制度改革，逐步建立归属清晰、权能完整、保护严格、流转顺畅的社会主义农村集体产权制度。

一 陕西农村集体经济发展现状

（一）农村集体经济组织快速建立

截至2019年底，陕西省村集体经济组织完成产权制度改革的有16596个，占应改革村集体经济组织数量的87.6%；全省获得正式登记证书的集体经济组织有15213个，占完成产权制度改革村数量的86%。6235个贫困村实现了集体经济组织全覆盖。

（二）农村集体资产清产核资清查

调查结果显示，陕西省农村集体经济组织总资产1892.3亿元，村均资产约1000万元。其中经营性资产574.1亿元，占总资产的30.34%；非经营性资产1318.2亿元，占总资产的69.66%。资源性资产2.27亿亩，占省域土地总面积的73.7%。其中农用地20293.4万亩，建设用地1064.7万亩，未利用地1381.1万亩，分别占集体土地总面积的89.2%、4.7%和6.1%。

（三）农村集体经济组织收益分红

截至2019年底，全省已有1.4万个村集体经济得到发展，有经营收益的行政村10684个，占完成产权制度改革村数量的64.38%。3988个村实现集体分红，分红总额8.57亿元，惠及群众281万人。2019年全省集体经营性收入38.8亿元，主要集中在关中地区，关中、陕北和陕南分别是21.42亿元、14.26亿元和3.12亿元，占比分别为55.2%、37.6%和7.2%。陕北的集体经营性收益主要集中在榆林，占比高达89.5%。全省经营性收入在10万元以上的村1981个，占有经营性收益的村的18.54%，其中关中995个，占50.2%。全省县级产权交易中心实现了全覆盖，累计组织交易9850宗，涉及土地151万亩，交易金额19.8亿元。17个县区开展了农村产权抵押担保贷款业务，放贷金额达8.9亿元。

（四）调研情况

本报告对全省农村集体经济组织进行了调研，调研区域涉及关中、陕南、陕北三大区域174个合作社，调研集体组织大部分处于偏远村，仅少数城中村。从事产业主要包括苹果种植、香菇种植、中药材种植、牛羊养殖等第一产业，少部分从事加工、运输、旅游等二三产业。集体经济组织理事长平均年龄50岁，理事长学历程度主要集中于初中、中专和高中三个层次，大学本科及以上学历仅4人，总体来讲文化程度偏低（见图1、图2）。

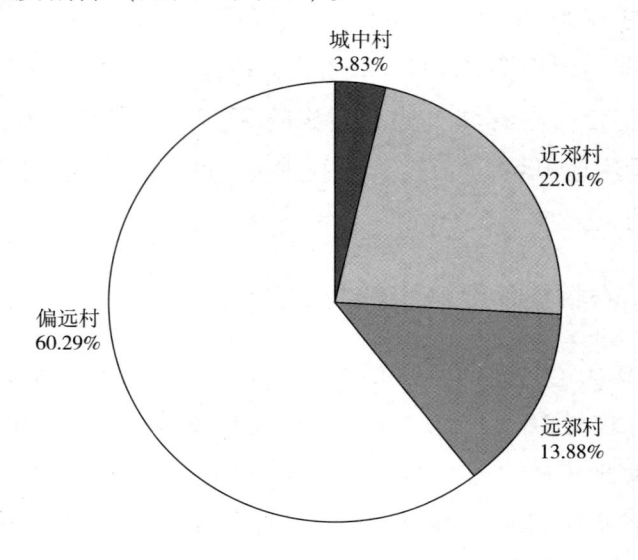

图1 集体经济组织与城镇距离分布

本科4人 小学4人
2.30% 2.30%

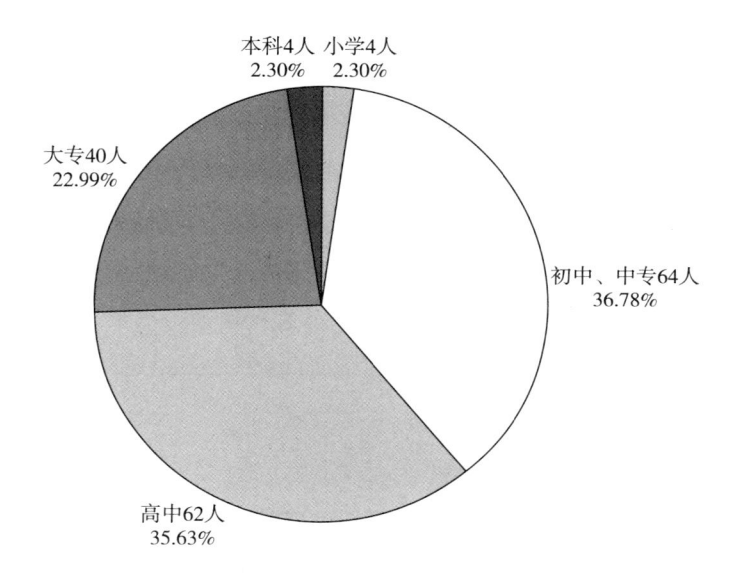

大专40人
22.99%

初中、中专64人
36.78%

高中62人
35.63%

图2　集体经济组织理事长学历分布

农村集体经济组织的合作经营主体主要包括合作社、农户、企业等，集体经济组织与农民专业合作社合作最多，联系最紧密，占全部集体经济组织的78.74%；其次是一般农户，占70.69%；第三是企业，占33.91%；与家庭农场的合作仅占22.99%，相对较少；与农合联的合作占比10.92%（见图3）。

二　陕西农村集体经济组织经验做法

（一）推进试点示范，探索集体经济发展经验

自2015年起，陕西省先后有西安、杨凌、韩城3个整市（区）和15个县区共18个试点单位纳入农村集体产权制度改革国家试点，目前均已完成改革任务。在重点抓好国家试点的同时，陕西坚持示范引导，组织实施"百村示范千村试点万村推进"行动，2017年分类

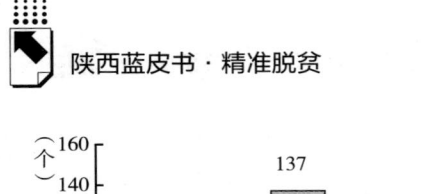

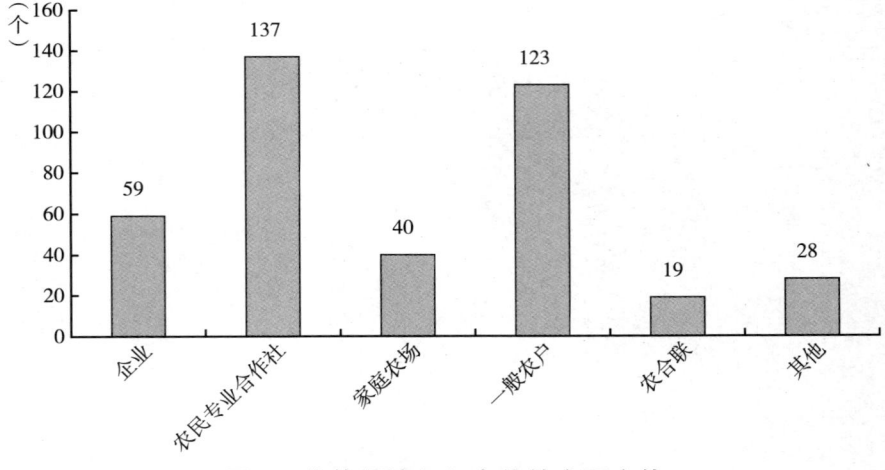

图3　集体经济组织合作的主要主体

选择100个村开展百村示范，结合产业扶贫，专人指导，重点推进；2018年在1101个村开展"千村试点"，重点支持深度贫困县和脱贫摘帽县的贫困村发展集体经济；2019年围绕整省试点全面推进，各市县也分级分类开展试点示范。

（二）深化产权改革，打牢集体经济发展基础

自农村集体产权制度改革启动以来，全省围绕安排部署、建立体制、宣传培训和试点探索等工作，创新工作举措，强化督导落实，改革稳步推进，为发展壮大集体经济打下坚实基础。全省农村集体资产清产核资基本完成，截至2019年底，17030个村完成成员界定，16596个村完成股份量化，16853个村建立集体经济组织，分别占应改革村数的88%、85.7%和87%。县区产权交易市场实现了全覆盖，逐步建立了利益联结、运营管理、政策支持和要素流转四项机制。

（三）强化政策引导，规范集体经济健康持续发展

省上制定了推动"资源变资产、资金变股金、农民变股东"的

《工作导引》，出台了《陕西省农村集体经济组织登记赋码管理办法》《陕西省农村产权流转交易办法》《陕西省农村集体产权制度改革档案管理办法》，印发了《关于进一步加强农村集体经济组织财务管理工作的通知》。各市县也因地制宜、不断创新，制定了相应的规范性文件，铜川市印台区的《农村集体资产股权量化指导意见》，吴起县的《农村集体经济组织管理制度》，宝塔区的《农村集体产权制度改革成员界定参考意见》，丹凤县的《农村集体经济组织登记管理办法》，韩城市的《关于村委会向村集体经济组织移交集体资产管理权的通知》，岚皋县的《财政支持农村集体经济发展专项资金管理办法（试行）》等指导文件，确保了改革和集体经济组织运行的规范。

（四）加大扶持力度，加快推进集体经济发展壮大

陕西着力于提高集体经济组织的造血功能。一是加大资金注入。出台了《财政专项扶贫资金和涉农整合资金使用管理工作导引》《关于支持贫困村发展壮大集体经济的指导意见》，印发了《关于坚持和加强农村基层党组织领导扶持壮大村级集体经济的通知》，引导各市县统筹使用扶贫专项资金、涉农整合资金等支持集体经济发展。2017年省级统筹3700万元产业扶贫资金支持100个"三变"改革示范村，2018年安排7000万元支持700个村，2019年统筹中央和省级专项资金4.38亿元支持876个村发展壮大集体经济，2020年将统筹中央和省级专项资金3.45亿元支持690个村发展壮大集体经济。二是加大政策扶持。围绕选准一个好产业、组建一支好团队、探索一套好机制的"三好"目标，按照"消除空壳村、提升薄弱村、壮大一般村、做强富裕村"的思路，省上、12个市（区）及部分县区都以党委政府文件形式出台了支持农村集体经济发展政策意见，从组织保障、用地供应、财政投入、金融支持、税收优惠、人才支持、科技支撑、机制建设等方面支持农村集体经济发展。此外，陕西省还专门出台了支持农村集体经济组织多形式参与高标准农田建设的政策要求。

（五）坚持问题导向，创新集体经济运行机制

在进行改革和发展集体经济过程中，坚持问题导向，创新出台政策措施意见，解决和消除改革发展中存在的难点、痛点、堵点，探索创新了集体经济运行机制。省上印发了《关于精准理解和落实农村集体产权制度改革政策的指导意见》《关于农村集体资产清产核资有关问题处理意见的通知》。西安市高陵区出台了集体建设用地使用权、农民住房财产权、农村承包地经营权等系列抵押贷款《管理办法》《西安市高陵区农村产权抵押贷款风险补偿基金管理办法（试行）》等，宝鸡市千阳县制定了《村集体及经济发展与村干部补贴挂钩意见》《集体经济收益认定实施细则》，榆林市吴堡县出台了《关于发展壮大村级集体经济的鼓励激励办法》《关于委托村集体经济合作社代建实施涉农工程建设项目管理办法》等。

（六）加强宣传引领，发挥典型示范带动作用

通过召开会议、举办论坛、专题座谈、督导调研、参观考察、汇编文件、组织培训、制作标语、媒体宣传等多种方式，全面讲解政策，宣传全省优秀改革经验和集体经济发展典型。省广播电视台、《农民日报》、《陕西日报》等中省主流媒体报道640余次。编印"文件汇编""案例选编""工作手册"5000余册，编发"陕西农业情况通报"60余期，组建28人的省级宣讲指导团，联合各市成立分团，包市包县指导培训。全省各级召开专题会议、举办培训4500多次，培训58万人次，编印各类宣讲及培训辅导材料20余万册，组织外出考察观摩活动600余次，参加人数达到1.8余万人次。

三　各地农村集体经济组织主要模式

集体经济组织按照主导产业、主要经营业务分类，分为六大类。

（一）农业主导型

对于传统农区而言，村集体经济组织的积累少、经营性资产缺，立足现代农业，引进先进的品种、技术、装备等生产要素，加快转变农业生产方式。

案例：洋县磨子桥镇二龙村，该村于2017年发起成立食用菌专业合作社，共吸纳社员106户，流转土地60亩，累计投资330万元建成食用菌产业园区，共建设51个香菇大棚，发展椴木香菇3500多架、袋料香菇80多万袋，注册了"春雾山""鹤韵"商标。2019年底，村集体累计收入180多万元，盈利30多万元，累计分红14.3万元。

（二）工业主导型

利用集体经济组织积累的资产资本发展乡镇企业，走出一条农村工业化和城镇化协同发展的道路，创造了以市场化和工业化为主要特征的发展模式。

案例：韩城市阳山庄村积极进行产业升级转型，村"两委"班子采用市场化经营理念，将经济发展的触角延伸至金融、建材、健康等产业，配合"四个千亿产业振兴计划"，利用股份制投资管理的模式，由实业公司主导，创建陕西华阳实业有限责任公司（西安）、阳山庄水泥有限责任公司、阳山庄建材家居城等下属企业，合股成立韩城市维康水科技有限公司、韩城市中小企业应急转贷服务有限责任公司、韩城市金华实业有限公司，投资建成政鑫融资担保有限公司、韩城华阳孵化有限公司等，成功打造村级集体经济多元化发展格局。

（三）服务业主导型——物业经营型、生产服务型、三产融合型

物业经营型。村集体经济组织利用积累或扶持资金，投资建设综合楼、门面房等各类物业，或购买保本银行理财产品获取收益，实现集体资产的保值增值。此种模式以"城中村"为主。如西安市的西何家村1876名股民，人均住宅达到105平方米，人均商业面积65平方米，年人均集体分红2万余元，每年除给股民分红外，免费给股民体检一次，并从集体股中报销股民的合作医疗剩余部分，雄厚的集体经济解决了广大群众看病难、看病贵的难题。西何家村集体股份制经济合作社与西安秦农银行联建"双基联动工作站"，以合作社股民股权证做抵押、党组织做信用等级评定、合作社做担保，即可为股民健康消费、理性置业、创业致富提供资金5万～25万元，对"全民创业、万众创新"给予强有力的支持。

生产服务型。村级集体经济组织为农户提供生产资料、农业机械、病虫害防治、信息、技术等服务，或开展联结龙头企业和农户的中介服务，或兴办农产品等专业批发市场，增加村集体收入。如范家镇雷南村，县财政出资60万元，华星果品有限公司出资40万元，由村级集体经济组织统筹资金，帮助群众改造提升冬枣大棚28棚，发展设施冬枣，并全程提供种植技术服务，提高单位面积收益，增加群众收入。改造后的大棚比原来增加净收益2万元以上，县财政、华星公司、村集体取得15万元的"溢价分红"，其中村集体分红6万元，实现了多方共赢。

三产融合型。通过农业、旅游、山水等资源整合，打造集生产加工、参观体验与三产融合于一体的特色产业，推动农旅深度融合。如赵渡镇赵西村集体经济组织以280亩土地入股沙苑子现代农业园区，参与种植、加工、销售全产业链分红；官池镇北王马村集体经济组织以40亩土地入股新茂天地源家庭农场，发展特种养殖、休闲观光、研学游，分享三产收益。

（四）资源开发型

土地资源开发型。通过村集体领办土地股份合作社，推动农业适度规模经营，着力提高劳动生产率和土地产出率，实现土地经营收益最大化。

案例：大荔县羌白镇明水村，常年种植甜瓜、辣椒等传统作物，经济效益好，收益稳定。县财政扶持100万元，合作社出资100万元，村集体以80亩土地入股种植西甜瓜，收益56万元。2019年群众已分红42万元，村集体分红12万元，村集体经济收入实现较快增长。

（五）资产盘活型

利用集体闲置的宅基地、农房、建设用地等资产以及山林、塘库、河道等资源，引进专业团队或企业，发展特色民宿、乡村旅游、生态体验等特色项目，实现"资源变资产"，增加村集体收入。

案例：留坝县小留坝村利用本村"绿水青山"的良好生态优势，与北京"隐居乡里"公司开展合作，原生态改造村集体腾退的11座老屋，打造以"大秦岭的小日子"为主题的楼房沟精品民宿。既为村民创造了就业机会，又带动了当地农产品销售，还增加了村集体收入，2019年村集体来自民宿的收益为15.3万元。

（六）资本资金经营运作型

利用各级财政扶持资金和村级自筹资金组建发展集体经济基金

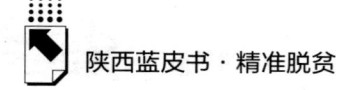

池，通过参股经营等方式转为经营资本，获取股金、利息和资产增值等资本运营收入。

案例：留坝县结合当地实际，探索出带动贫困户开展生产互助、壮大集体经济的模式。依托村支部成立村扶贫互助合作社，在市场监管部门登记，合作社下设小型基建工程队、产业发展合作社、村级公益事业服务队等若干个专业生产队（组），分为生产经营和公益服务两大类。在实际运行中，政府通过财政投入为扶贫互助合作社注入原始资本，归全体村民所有，属全体村民在合作社的共同股份，人人享有股份收益。扶贫互助合作社从最初单纯以组织农户生产增收、壮大集体经济为目标，到现在全面承载了产业发展、乡风建设、环境整治、基础设施管护、公益服务等乡村治理的全部内容。

四 陕西农村集体经济组织发展中的问题

（一）农村集体经济组织市场法人地位尚不明确

国家尚未出台"村集体经济组织法"，村集体经济组织的市场法人地位不明确，关于农村集体经济组织的税法问题缺乏明确规定，在农产品质量认证、商标注册、项目申请等方面尚未得到普遍认可。农业农村部门颁发的"特别法人"证书明显不如工商部门颁发的营业执照在市场经济中的地位高。同时村"两委"与集体经济组织之间存在"政社不分"的问题，法人治理结构不完善。

（二）农村集体经济组织发展能力偏弱，收益偏低

全省农村集体经济起步晚、底子薄，经营管理水平不高、服务成员能力不足，发展能力普遍偏弱、收益偏低，集体经济发展后劲不足，近一半村为"空壳村"。目前全省空壳村8792个，占比

49.5%；薄弱村 6982 个，占比 39.3%；一般村 1325 个，占比 7.5%；富裕村 679 个，占比 3.7%（按照集体经济组织年收入水平、经营管理水平和提供服务的能力，分为四类，即空壳村、薄弱村、一般村、富裕村）。受地域、资源禀赋限制，大部分村发展集体经济缺乏效益高、风险低的项目支撑。部分村集体经济组织主营业务不明确，缺乏主导产业，产业层次低，在管理、经营、盘活资源等方面存在诸多问题。

（三）基层农经机构和队伍建设不足

农村集体产权制度改革各项基础性工作，由市县镇农经机构承担。农经部门力量薄弱，业务指导跟不上村集体经济发展的形势需要。基层农经体系不健全，绝大多数镇办农经机构不独立，工作经费缺乏、人才匮乏，人员多为兼职，业务素质不高，难以胜任面广量大专业性强的农村改革工作任务。村集体经济组织发展壮大缺乏专业性强、综合素质高的带头人，大多数带头人年龄偏大、文化素质偏低、思想保守、创新能力不足。村集体经济组织缺乏专业财务和审计人才，财务人员文化程度偏低，财务专业知识匮乏，难以胜任规范化管理村集体经济组织财务工作。

（四）农村集体经济组织发展环境不够优化

陕西省尚未出台具体明确的发展村集体经济组织相关的土地、财政、税收、金融、人才等扶持政策。资金管理、评价激励、风险防控等运行管理的体制机制还不健全。在税费减免、土地开发、项目承接、品牌创建等方面支持力度不够，特别是经营性资产移交时，交易税额过大。在股权继承转让、有偿退出、抵押担保贷款等方面改革不够深入，试点成果还比较少。村集体经济组织融资困难，对贫困村扶持力度大，但对非贫困村扶持力度小。

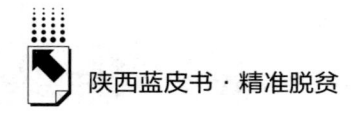

（五）农村集体经济组织内部制度不够健全

组织运行不够规范，村集体经济组织成员大会、理事会、监事会作用发挥不明显，集体成员参与度低，重大事项民主程序履行不到位。各项制度不健全、落实不到位，没有建立有效的资产管理、收益分配、社务公开等制度。对村集体资产运营、资金使用等监管不到位。部分村财务管理存在会计核算不规范、不及时、没有建立合同管理台账和登记备案制度等问题。监管机制不完善，在签订、履行经济合同等方面缺乏长效监管机制。

五 陕西农村集体经济组织发展壮大的对策建议

（一）加快完善相关法律政策，推进制度改革

建议加快推进集体经济组织立法进程，扫除基层工作中法律障碍。建议出台农村集体资产股份权能占有、使用、收益、退出、继承及抵押、担保等方面的政策意见，进一步形成完备的政策法规制度体系。建议出台农村集体资产监督管理办法，规范农村集体经济组织收益分配指导意见。在财政、税收、金融、用地、用水、用电、保险等方面给予村集体经济组织一定程度的支持，同时明确安排人才、资金、考核等指标。建议出台省级农村产权交易配套政策，发布关于农村产权交易市场建设细化的指导文件，明确农村产权流转交易市场建设的主管部门，明确产权交易机构的设立、人员、编制，制定农村产权交易行业标准等。稳步推进农村集体土地制度改革。放活土地经营权，加快土地流转，推进农业生产托管服务、发展服务规模型和土地规模型经营。做好农村闲置宅基地和闲置农房盘活利用试点。

（二）立足资源优势，拓宽集体经济发展渠道

按照"消除空壳村、提升薄弱村、壮大一般村、做强富裕村"的思路，引导各地因地制宜、因村施策，探索新型集体经济发展路径。整合农村集体资源性资产，加强农村集体资产资源的开发和利用，推进"三变"改革。各村（居）可根据本地的资源禀赋，以资源开发、资产盘活、产业带动等模式，因地制宜地发展现代农业，推进农业产业化经营；积极发展以山林、山水、田园等为特色的休闲养生、农事体验的农旅产业项目；加强农产品深加工，打造特色品牌，提高附加值。积极盘活农村集体存量资本、经营性资产和财政扶持资金，按照"县投镇管村使用"的管控机制，积极探索"集体自营、外联经营、合作经营"的发展模式，通过实行股份合作制，对入股村民的土地、人力和村集体的资金、信息等各种资源实行统一经营调配，实现收益最大化。

（三）优化基层组织体系，提高集体经济建设能力

创新人才引用选拔机制，将具备较强管理能力和服务意识的人充实到村干部队伍中，建立人才储备机制。选好"领头雁"，重点选配好村党支部书记、村（居）委会主任、合作社、集体经济理事长，把懂科技、有专业技术、有经营管理能力的高素质人才选配到村级领导岗位。支持鼓励高校、科研院所或事业单位专业技术人员到农村集体经济组织兼职或挂职，并保障其在福利待遇、职称评定、社会保障等方面的权益。对一些相对贫困且又缺乏人才的地方，可以通过下派的方式解决好班子软弱的问题。

加强村"两委"班子成员、集体经济组织领导人的培养和教育。加强村干部经营管理能力的培训，提高村干部的综合素质。扎实开展村集体经济带头人素能优化提升工程，每年分级分批组织开展轮训，

有计划有目的地组织到集体经济发展较快的典型地方考察学习，借鉴经验、因势利导、强身固本。加强村干部、集体经济组织负责人以及农户的专业技能、经营能力、管理能力的培训，加强职业农民培训，培育一批土专家、专业技术员等。

进一步完善激励机制。把发展村级集体经济纳入村干部目标责任制的主要内容，作为考核村干部的重要依据。对在一定时期内村级班子建设和村集体经济发展成效显著的给予精神或物质奖励。制定能充分发挥村干部工作积极性的补贴制度，完善薪酬制度，建立健全干部业绩和收益挂钩制度，充分调动农村干部发展村级集体经济的积极性。

（四）加大扶持力度，优化集体经济发展的政策环境

加大财政政策倾斜力度。安排专项资金，用于发展壮大村集体经济。整合各部门支农惠农项目资金，优先安排村级集体经济组织承担项目。对重视程度高、发展效果好的村集体经济组织在政策扶持和资金分配上给予适当倾斜。加强土地政策支持。优化建设用地布局，建设用地计划指标，优先保障村集体经济发展需要。加强金融支持。鼓励金融机构将村集体经济组织纳入授信范围，为村集体经济组织提供个性化、多样性的金融产品和利率优惠服务。加强社会化服务支持。通过政府或第三方中介为村集体经济组织提供会计委托代理、法律咨询、资产评估等服务，提升村集体经营管理能力。

（五）加强规范化管理，确保农村集体经济增收节支

推行"村财镇管"模式，实行集体经济项目"村选、镇审、县备案"、镇政府代管记账、村委会与集体经济组织账务分设等制度，综合运用巡察、审计等方式，加强资金项目监管。健全内部管理制度，建立财务收支预决算制度、开支审批制度、合同管理制度、财务

公开制度、民主理财制度、收益分配制度以及其他各项制度。制定农村集体资产经营管理、责任考核、收益分配和风险控制制度，进一步规范农村集体资产管理，保障农村集体经济组织及其成员合法权益。压缩非生产性开支，严格控制非生产性开支占村级当年可支配收益的比例和总量。坚持村务公开，强化民主监督，重大投资决策和建设项目必须经村民代表大会讨论通过。加强对集体经济的财务指导和审计工作，加强对村集体财务的规范化管理。

社会科学文献出版社

皮 书

智库报告的主要形式
同一主题智库报告的聚合

❋ 皮书定义 ❋

皮书是对中国与世界发展状况和热点问题进行年度监测,以专业的角度、专家的视野和实证研究方法,针对某一领域或区域现状与发展态势展开分析和预测,具备前沿性、原创性、实证性、连续性、时效性等特点的公开出版物,由一系列权威研究报告组成。

❋ 皮书作者 ❋

皮书系列报告作者以国内外一流研究机构、知名高校等重点智库的研究人员为主,多为相关领域一流专家学者,他们的观点代表了当下学界对中国与世界的现实和未来最高水平的解读与分析。截至2021年,皮书研创机构有近千家,报告作者累计超过7万人。

❋ 皮书荣誉 ❋

皮书系列已成为社会科学文献出版社的著名图书品牌和中国社会科学院的知名学术品牌。2016年皮书系列正式列入"十三五"国家重点出版规划项目;2013~2021年,重点皮书列入中国社会科学院承担的国家哲学社会科学创新工程项目。

中国皮书网

（网址：www.pishu.cn）

发布皮书研创资讯，传播皮书精彩内容
引领皮书出版潮流，打造皮书服务平台

栏目设置

◆ 关于皮书
何谓皮书、皮书分类、皮书大事记、
皮书荣誉、皮书出版第一人、皮书编辑部

◆ 最新资讯
通知公告、新闻动态、媒体聚焦、
网站专题、视频直播、下载专区

◆ 皮书研创
皮书规范、皮书选题、皮书出版、
皮书研究、研创团队

◆ 皮书评奖评价
指标体系、皮书评价、皮书评奖

◆ 皮书研究院理事会
理事会章程、理事单位、个人理事、高级
研究员、理事会秘书处、入会指南

◆ 互动专区
皮书说、社科数托邦、皮书微博、留言板

所获荣誉

◆ 2008年、2011年、2014年，中国皮书
网均在全国新闻出版业网站荣誉评选中
获得"最具商业价值网站"称号；
◆ 2012年，获得"出版业网站百强"称号。

网库合一

2014年，中国皮书网与皮书数据库端口
合一，实现资源共享。

中国皮书网

权威报告·一手数据·特色资源

皮书数据库
ANNUAL REPORT(YEARBOOK) DATABASE

分析解读当下中国发展变迁的高端智库平台

所获荣誉

- 2019年，入围国家新闻出版署数字出版精品遴选推荐计划项目
- 2016年，入选"'十三五'国家重点电子出版物出版规划骨干工程"
- 2015年，荣获"搜索中国正能量 点赞2015""创新中国科技创新奖"
- 2013年，荣获"中国出版政府奖·网络出版物奖"提名奖
- 连续多年荣获中国数字出版博览会"数字出版·优秀品牌"奖

成为会员

通过网址www.pishu.com.cn访问皮书数据库网站或下载皮书数据库APP，进行手机号码验证或邮箱验证即可成为皮书数据库会员。

会员福利

- 已注册用户购书后可免费获赠100元皮书数据库充值卡。刮开充值卡涂层获取充值密码，登录并进入"会员中心"—"在线充值"—"充值卡充值"，充值成功即可购买和查看数据库内容。
- 会员福利最终解释权归社会科学文献出版社所有。

社会科学文献出版社 皮书系列
卡号：768154292523
密码：

数据库服务热线：400-008-6695
数据库服务QQ：2475522410
数据库服务邮箱：database@ssap.cn
图书销售热线：010-59367070/7028
图书服务QQ：1265056568
图书服务邮箱：duzhe@ssap.cn

S 基本子库
SUB DATABASE

中国社会发展数据库（下设 12 个子库）

整合国内外中国社会发展研究成果，汇聚独家统计数据、深度分析报告，涉及社会、人口、政治、教育、法律等 12 个领域，为了解中国社会发展动态、跟踪社会核心热点、分析社会发展趋势提供一站式资源搜索和数据服务。

中国经济发展数据库（下设 12 个子库）

围绕国内外中国经济发展主题研究报告、学术资讯、基础数据等资料构建，内容涵盖宏观经济、农业经济、工业经济、产业经济等 12 个重点经济领域，为实时掌控经济运行态势、把握经济发展规律、洞察经济形势、进行经济决策提供参考和依据。

中国行业发展数据库（下设 17 个子库）

以中国国民经济行业分类为依据，覆盖金融业、旅游、医疗卫生、交通运输、能源矿产等 100 多个行业，跟踪分析国民经济相关行业市场运行状况和政策导向，汇集行业发展前沿资讯，为投资、从业及各种经济决策提供理论基础和实践指导。

中国区域发展数据库（下设 6 个子库）

对中国特定区域内的经济、社会、文化等领域现状与发展情况进行深度分析和预测，研究层级至县及县以下行政区，涉及省份、区域经济体、城市、农村等不同维度，为地方经济社会宏观态势研究、发展经验研究、案例分析提供数据服务。

中国文化传媒数据库（下设 18 个子库）

汇聚文化传媒领域专家观点、热点资讯，梳理国内外中国文化发展相关学术研究成果、一手统计数据，涵盖文化产业、新闻传播、电影娱乐、文学艺术、群众文化等 18 个重点研究领域。为文化传媒研究提供相关数据、研究报告和综合分析服务。

世界经济与国际关系数据库（下设 6 个子库）

立足"皮书系列"世界经济、国际关系相关学术资源，整合世界经济、国际政治、世界文化与科技、全球性问题、国际组织与国际法、区域研究 6 大领域研究成果，为世界经济与国际关系研究提供全方位数据分析，为决策和形势研判提供参考。

法律声明

"皮书系列"(含蓝皮书、绿皮书、黄皮书)之品牌由社会科学文献出版社最早使用并持续至今,现已被中国图书市场所熟知。"皮书系列"的相关商标已在中华人民共和国国家工商行政管理总局商标局注册,如LOGO( )、皮书、Pishu、经济蓝皮书、社会蓝皮书等。"皮书系列"图书的注册商标专用权及封面设计、版式设计的著作权均为社会科学文献出版社所有。未经社会科学文献出版社书面授权许可,任何使用与"皮书系列"图书注册商标、封面设计、版式设计相同或者近似的文字、图形或其组合的行为均系侵权行为。

经作者授权,本书的专有出版权及信息网络传播权等为社会科学文献出版社享有。未经社会科学文献出版社书面授权许可,任何就本书内容的复制、发行或以数字形式进行网络传播的行为均系侵权行为。

社会科学文献出版社将通过法律途径追究上述侵权行为的法律责任,维护自身合法权益。

欢迎社会各界人士对侵犯社会科学文献出版社上述权利的侵权行为进行举报。电话:010-59367121,电子邮箱:fawubu@ssap.cn。

社会科学文献出版社